U0358244

MASTERING
THE CIRCULAR ECONOMY

韧性商业模式

更好地抵御冲击、快速回弹的法则

[荷] 罗珊·亨岑　[荷] 艾德·温克　著　孙树强　译
（Rozanne Henzen）　（Ed Weenk）

中国出版集团
中译出版社

图书在版编目（CIP）数据

韧性商业模式 /（荷）罗珊·亨岑，（荷）艾德·温克著；孙树强译 . -- 北京：中译出版社，2023.7
书名原文：Mastering the Circular Economy
ISBN 978-7-5001-7440-0

Ⅰ. ①韧… Ⅱ. ①罗… ②艾… ③孙… Ⅲ. ①商业模式—研究 Ⅳ. ① F71

中国国家版本馆 CIP 数据核字（2023）第 110689 号

© Ed Weenk and Rozanne Henzen, 2021
This translation of Mastering the Circular Economy is published by arrangement with Kogan Page
Simplified Chinese translation copyright © 2023 by China Translation & Publishing House
ALL RIGHTS RESERVED
著作权合同登记号：图字 01-2023-1043

韧性商业模式
RENXING SHANGYE MOSHI

著　　者：［荷］罗珊·亨岑　［荷］艾德·温克
译　　者：孙树强
策划编辑：苏　畅　朱小兰
责任编辑：朱小兰
文字编辑：苏　畅　刘炜丽　王希雅
营销编辑：任　格
出版发行：中译出版社
地　　址：北京市西城区新街口外大街 28 号 102 号楼 4 层
电　　话：（010）68002494（编辑部）
邮　　编：100088
电子邮箱：book@ctph.com.cn
网　　址：http://www.ctph.com.cn

印　　刷：北京盛通印刷股份有限公司
经　　销：新华书店
规　　格：710mm×1000mm　1/16
印　　张：25
字　　数：350 千字
版　　次：2023 年 8 月第 1 版
印　　次：2023 年 8 月第 1 次印刷

ISBN 978-7-5001-7440-0　　　定价：89.00 元

版权所有　侵权必究
中译出版社

重磅推荐

向循环经济转型是企业和社会面临的生死抉择。越来越多的企业愿意踏上这段旅程,但它们仍缺乏成功所必需的洞察力、技术和工具。《韧性商业模式》一书是促使企业转变为一股积极向上的力量的必备指南。这本由罗珊·亨岑和艾德·温克合著的新书至关重要,它将拓宽你对循环经济的视野,深化你的知识,激发你做得更多、更好的愿望。书中的各章将重要的概念和最佳实践案例结合在一起,为我们力求规避自然、社会和经济的过度发展和崩溃提供了重要线索,我强烈推荐这本书。

——韦恩·维瑟
剑桥大学可持续发展领导学院研究员

以下是我对如何阅读这本既实用又严谨的书提出的两点建议:本书可以作为《蓝色连接》(*The Blue Connection*)① 商业模拟游戏的完美补充(这是我最喜欢的方式),围绕这两个清晰而强大的教学工具设计整个课程,并充分利用它们;本书也可以作为大量小型案例和练习的灵感来源,以获得关于循环经济的实践学习经验。

——瓦伦蒂娜·卡蓬
欧洲高等商学院法国巴黎校区循环经济科学联席主任

---

① 《蓝色连接》是一个基于网络的创新的商业模拟游戏,该游戏让参与者将虚拟电动自行车制造商的线性供应链转变为循环价值链。在四人团队中,参与者将分别代表财务副总裁、采购副总裁、供应链副总裁和销售副总裁的职能角色。——译者注

精彩的结构、亲身实践和引人入胜的写作风格，让读者踏上从想法到实践再到展望未来的旅程。诚挚推荐！

——迪西蕾·克诺彭
西班牙巴塞罗那高级管理学院循环经济与供应链管理副教授

供应链在《韧性商业模式》一书中占有重要地位！循环经济的运行对我们的行业和专业构成了巨大的挑战：本书为我们在运营、商业模式和经济向循环转型的过程中把握供应链的重要性奠定了坚实的基础。

——德博拉·杜尔
美国循环供应链网络创始人

《韧性商业模式》是一本适时且引人入胜的书，原因如下：首先，对于社会和商业来说，从传统的线性模式向循环模式转型是一个挑战；其次，书中包含很多相关的实例和实践，它们在《蓝色连接》模拟游戏中发挥了非常重要的作用；再次，本书提供了一个真正的综合学习方法，促进了体验式学习；最后，本书提供大量插图以辅助学习。我最喜欢哪个？很难选择，非要选的话，我会选图 4.8，'T-型供应链管理者'，这幅图优雅地展现了循环经济挑战的复杂性，这一挑战已经开始被纳入小学教育。所以，就像在《蓝色连接》模拟游戏中那样：游戏开始！

——巴特·沃斯
马斯特里赫特大学供应链创新教授

《韧性商业模式》是应用循环商业实践概念和发展领导能力以推动组织转型的一本积极而实用的书。对于我们所认为的复杂之处，这本书给出了非常清晰的阐释，使全世界的管理者关心其员工、组织和环境。对于有明确目标导向的领导者来说，这是必读之书。

——戴维·迪恩伍迪

《战略型领导力》一书的作者

我们目前的线性方法必须改变，并且要适应一种更谨慎的方法的运用，即认识到人类的活动正在对世界产生影响。采用一种循环的方式来减少我们对所有利益相关者的影响是至关重要的。如何将现有的线性供应链和业务转变为一种更加循环的方式是一个重要的挑战，现在和未来的管理者都需要加深他们对实现这一目标的不同策略的理解。《蓝色连接》是一个模拟案例，它允许我们对电动自行车制造商进行管理，从而应对这种转型。它揭示了我们将在现实中面临的许多挑战，并允许我们通过测试不同的解决方案和方法，理解相互作用和内在复杂性。《韧性商业模式》一书将理论与模拟（游戏）相结合，将为循环教育和培训的发展提供独特的机会，并令经验学习曲线获得显著提高。

——丹妮斯·朱利安

英国克兰菲尔德大学管理学院副教授

循环供应链正成为一种应对全球有限资源问题和适应更负责任的消费趋势的方式。然而，事实证明，将这一理念转化为实际行动具有挑战性，我们需要教育和培训当前和下一代领袖。《韧性商业模式》是一本非常有用的教科书。

——雅恩·布舍利

法国 KEDGE 商学院供应链卓越中心主任

我所认识的艾德·温克是一位优秀的学者和杰出的教育家。在课堂上，他充分发挥了自己的学术背景和长期的专业经验优势。由于这些品质，他真正受到了我们高级管理人员工商管理硕士和专业工商管理硕士学生的赞赏。他对这一领域的深刻理解不仅体现在课堂上，还清晰地体现在他的书中。因此，我很高兴地看到，在他与罗珊·亨岑合著的新书中，他们重点关注了一个适时而关键的话题——循环经济。需要有像艾德和罗珊这样的专家把这些紧迫的问题传授给各界学生和管理人员，确保循环经济也能快速有效地融入今天的商业实践中。

——芭芭拉·斯托廷格

维也纳经济大学行政学院院长

这本适时的新书全面概述了循环经济的各个方面，以及实施循环战略的具体工具和实践。把本书与《蓝色连接》模拟游戏相结合，可实现沉浸式学习，确保学生掌握循环经济所需的知识和技能。无论是教学方法还是教学内容，本书都与荷兰提亚斯商学院所强调的内容非常契合：基于商业模式、可持续创新、协作和负责任的领导力相结合的变革性学习。这本书以综合的方式涵盖了这些不同的挑战。

——艾瑞克·杜姆斯，米尔贾姆·明德曼

前者是荷兰提亚斯商学院战略副教授，后者是该学院的政策顾问

我在可持续供应链管理课程中使用了《蓝色连接》模拟游戏。我相信《韧性商业模式》一书将是一个很好的资源，有助于将模拟概念与可持续供应链管理课程的内容相结合，并为学生掌握《蓝色连接》模拟提供指导。

——伊芙琳·托马奇克

美国宾夕法尼亚州立大学供应链与信息系统学院供应链管理副教授

重磅推荐

这本书对循环经济这一重要主题做出了卓越的贡献。它切合实际，扎根于学术，平衡而有趣，并且与循环商业游戏相结合，是一个有趣且鼓舞人心的教学工具，有助于处理当今和未来的现实问题。我很愿意推荐这本书！

——维克多·艾略特

瑞典哥德堡大学会计与金融高级讲师，比特实验室主任

这本书结合循环经济的理论框架和实践工具，并辅以由荷兰 Inchainge 公司推出的关于虚拟公司的《蓝色连接》在线游戏的支持，令人印象深刻。这是循环经济和物流领域教师的必备参考书！

——海达·范·拉尔特

荷兰鹿特丹应用科技大学物流管理和供应链管理讲师

《韧性商业模式》一书为我们看待新冠疫情大流行后的新现实提供了全面的分析。这本书提供了理论和实践建议，推动我们重新思考、重新设计和重新估值，并在新冠疫情大流行的商业环境中保持韧性。亨岑和温克的研究揭示了循环经济是每一位领导者的责任。这一新方法是迈向人类新时代的重要一步。

——马里奥·崇

秘鲁利马太平洋大学教授

在企业制定未来几年的战略时，循环经济肯定是首要问题之一。在大学里，循环视角将成为教授学生供应链技能的一个主要话题。这本书与模拟游戏《蓝色连接》相结合，为企业高层管理人员和大学教授提供了实用而具体的工具。

——索伦·舒里安

丹麦哥本哈根商学院副教授

太及时了！随着循环经济的概念越来越多地被世界各国政府和企业所接受，更多关于实施循环经济的实际问题开始出现。这本书有助于填补抽象的循环经济政策和计划与最实际的实施之间存在的知识鸿沟。

——巴斯·希勒斯特罗姆

荷兰奇尔科项目运营主管

亨岑和温克在《韧性商业模式》一书中做了非常出色的工作。通过这本书，他们弥合了理论价值链概念和直接应用之间的差距。他们采用了复杂的循环概念，并使用《蓝色连接》游戏清晰地解释了概念和关系，充分整合了不同的循环挑战。他们还提供了许多例子和案例，让学习者思考如何应用数据并克服这些挑战。

——温迪·L.塔特

威廉·J.泰勒商学院教授

《韧性商业模式》一书从易于解释的理论讲到难以获得的供应链循环效率。这本书是对理论概念的全面描述和在线供应链严肃游戏的结合，让读者和用户认识到细节决定成败，从而更好地掌握循环经济，并理解对影响供应链的不同循环因素采取协调的功能策略是成功的必要条件。

——克里斯蒂安·范·代尔夫特

法国巴黎高等商学院教授

《韧性商业模式》是了解何为循环经济以及人们如何掌握其应用的一种真正而有力的资源。这本书将为读者提供基础知识，激发他们的好奇心，挑战他们的传统观念，并从根本上推动读者采取行动。这本书不仅能让你的思想沉浸其中，而且能让你全身心投入其中。我很高兴地看到《韧性商业模式》一书对促进行动起到的作用。现在最关键的是要超越理论，转向实施,这本书有能力促进这一点。

——阿什利·莫里斯
澳大利亚咨询平台开发商 Coreo 公司首席执行官

这是一种亲身实践的方法,可以学习如何向循环经济过渡。尤其是将商业模拟融入教科书中,这让人耳目一新。我认为,这本书可以让学习者在现实和动态的环境中立即应用循环概念和理论,使其成为一种强大的学习体验。

——梅克·达门
过剩材料交易所首席执行官

对于任何热衷于探索循环经济,甚至将其付诸实践的人来说,这本书是一部非常深入的指南。书中涵盖了从循环经济的理论概念到实际挑战和考虑,再到战略和商业模式的实际变化等内容。另外,这本书还提供了关于市场格局、组织视角、领导作用、不断变化的现金流和价值创造的见解。这本书是通过练习、示例和游戏以引人入胜的方式完成的。《蓝色连接》游戏模拟了一个实际的商业环境,在这个环境中,你可以开发循环产品和服务。循环经济在可持续转型中至关重要,这是为我们自己和下一代争取一个宜居未来的唯一途径。如果你渴望成为其中一员,这本书是一个非常好的开端。

——安德里亚·奥萨格
MissionC 循环经济咨询公司的联合创始人

目前,我们从线性经济向循环经济的过渡充满了障碍,这些障碍主要是由我们自己造成的。《韧性商业模式》一书中包含的方法和练习旨在让关于材料使用和再利用的物理设计与经济设计相结合。它们允许学生在高度实际的问题中应用基本概念。《韧性商业模式》一书将有助于你将（功能性）剩余价值考虑在内，重新评估产品的价值主张，同时灵活地减轻面向未来的产品设计所带来的运营成本负担。这本书将比其他书更有助于你实现这个目标。

——奥拉夫·J.布劳

基于系统思维的转型和循环经济高级顾问

这份全面的指南为任何想要学习如何提高价值链循环水平的人树立了一个新的标准。

——朱利恩·阿特格

瑞士 Weleda 公司的供应链管理主管

《韧性商业模式》一书提供了一种创新的多媒体形式，将这本书从不可避免的概念字母汤变成了真正的商业内容美食。作为一名读者，我利用各种媒体来探索这本书的概念，并通过一个实用而强大的计算机模拟强化了这一点，这让我沉浸并投入其中。不要只阅读这本书——亲身体验吧！

——劳伦斯·苏达

Palatine 集团和管理世界有限公司首席执行官

这本书是关于循环主题的非常全面的参考书。你会在其中找到从理论到实践的整个过程，这将对你进行循环转型大有裨益。

——温克·哈格斯玛

普华永道公司欧洲、中东和非洲地区可持续发展总监

在这个割裂的时代，新冠疫情大流行揭示了我们流行的经济模式比我们想象的更不可持续，循环经济模式系统化被视为解决方案之一。因此，

重磅推荐

《韧性商业模式》一书的出版可谓应需而至,许多想要理解、实施和学习这门学科的学生、专业人士和教育工作者都会喜欢这本书。它通俗易懂、清晰明了、朴实无华,涵盖了关于循环经济的最新思考,以及对这一主题的全面回顾。它会让"亲力亲为"的读者和更善于思考的读者(学生或专业人士)都感到满意,因为它提供了一系列练习、工具以及大量的参考书目。这本书是从事该领域工作的人的必读书籍,也是《蓝色连接》循环经济商业游戏的补充,《蓝色连接》也是本书不可分割的一部分。让我们创造循环经济吧!

——菲比·布莱克伯恩
通信和循环经济顾问

这是一本伟大的书,它给读者展示了一张切实可见的蓝图,并开始向循环经济过渡。

——迪特·利嘉德·温德
《变革者未来指南》一书的作者

从商业的角度来看,循环经济是一种战略框架,使公司能够比竞争对手更有效地降低线性风险,抓住循环机会。《韧性商业模式》运用这一视角为读者提供实用工具和可复制的案例,使他们能够立即开始向循环过渡。

——布兰登·埃杰顿
世界可持续发展工商理事会循环经济主任

这本书从商业角度对循环经济有深刻的见解。体验《蓝色连接》模拟游戏真的让我大开眼界,让我了解到公司的循环决策,以及基于循环原则生产自行车的复杂性。当我们成功地将生产转变为循环程度更高的商业模式时,我感觉非常棒。

——马库斯·比耶勒
丹麦商业管理局特别顾问

推荐序一

游戏开始!

我们幸运地发现,为了地球的安全,消费者和监管者比以往任何时候都更加重视环境问题。从碳排放到资源消耗,再到漂浮在海洋中的垃圾,我们都更加清楚地意识到,在如何使用和处置购买的所有东西方面,我们需要更加谨慎。在大多数情况下,制造商和分销链条中的其他参与者都清楚地认识到,他们对社会负有法律责任和道德责任。同时,聪明人也从中发现了商机。

循环经济的概念正在进一步发展,其方法变得更加结构化和复杂化。随之而来的是关于产品所有权和使用的新想法、新商业模式以及支持循环供应链的新金融模式。从学术研究的角度来看,仍然有很多问题有待解答。例如,在我的研究领域,我们研究不断变化的所有权模式、剩余价值的重要性、对现金流的影响以及对可信数据有哪些需求。然而,可以说,合作和整合是这些新兴范式的基石。我们将看到合作伙伴之间在实体、金融和信息供应链上下游方面产生了新形式的合作。

尽管循环经济在自然资源、气候变化和各种污染方面具有明显的优势,但是,向循环经济的协同转型并不容易。温德斯海姆在过去几年与Inchainge 公司和荷兰国际集团(ING)合作开发了一款名为《蓝色连接》

的循环商业游戏，其目的在于使公司员工和大学生了解如何应对向循环经济转型所面临的所有相互冲突的挑战。

现在，通过《韧性商业模式》一书，罗珊·亨岑和艾德·温克将教授、教师、教育工作者和培训人员需要讲授的关于循环经济的所有元素整合在一起。作者将这本书所展示的内容称为真正的综合学习方法。从探索循环经济的当前理论和历史背景开始，这本书将引领学生走上一段新的旅程。然后，学生可以使用《蓝色连接》模拟游戏将这些概念应用到现实环境中，并最终想象未来的过渡将如何展开。教科书和循环模拟游戏的结合支持了一种真正的混合教学方法：线下和线上，个人和团队，软技能和硬技能，严肃又有趣。它将使教育工作者真正接触到具有不同学习风格或文化背景的学生。我甚至可以说，实际上这一代学生和年轻的专业人士正在被这个话题所束缚。

能与这么多作者、游戏开发者、专业人士、研究人员和教师合作，开发这些能够激发这一代人运用自身内在动力的学习工具，我感到非常荣幸。现在，让我们试着影响尽可能多的人，并使他们支持向循环经济发展的潮流。开始游戏吧！

——迈克尔·斯蒂曼

温德斯海姆应用科学大学教授

推荐序二

通过循环为您的企业提供实践指导

世界各地的公司都开始意识到,要想在未来立足,它们的业务和品牌将需要从线性的经营方式转变为循环的经营方式。无论规模大小,向我们寻求建议的公司都有一个共同点,它们都想知道如何以一种具有商业意义的方式来做这件事。对于这些有先见之明的公司来说,不再需要解释"为什么要这么做"。

情况很清楚:自然资源是有限的,因此获取资源会越来越难,成本也会越来越高。监管机构开始意识到社会污染会提高经济成本,因此它们要求企业为其对整个价值链的影响承担责任。与此同时,现有的工具、技术和商业模式以尽量减少资源投入的方式帮助公司还原、再次使用和设计其产品,同时允许维修和翻新,从而使回收成为最后手段,而不是可持续性的核心。顺便说一下,循环也是应对气候变化的一个关键工具:产品产生的温室气体几乎占总排放量的一半!

忽视这些因素的商业模式,或者更糟的是,建立在有计划的淘汰基础上的商业模式是不适应未来的。虽然我们必须彻底重新思考我们做生意的方式,但我们不需要重新"发明轮子"。就在几代人之前,我们发现将"废弃物"视为一种资源是很自然的,当东西坏了的时候,我们会把它们修好，因为这在经济上是有意义的。一些公司和许多人，特别是在发展中国家，仍然保留了这种做法和继承了这种智慧。

在给来自世界各地的本科生和工商管理硕士生讲授可持续商业和面向未来的管理课程时，我总是被他们对可持续发展、循环以及利用商业的巨大力量创造一个更美好世界而产生的强烈兴趣所鼓舞。他们认识到，破坏我们健康和幸福生活所依赖的自然环境在经济上是说不通的。

尽管这些学生有兴趣和热情——事实上，对于员工理解可持续和循环来说，业务是重要的，而且在不断增长，但提供具体指导，如关于循环和可持续的实用教材，仍然非常有限。一代又一代的学生和企业可能缺乏将学术见解转化为具体循环行动的基本实用工具和见解。

这就是《韧性商业模式》一书如此受欢迎和不可或缺的原因。它对你想了解的关于循环经济的任何事情都提供了全面的见解，更重要的是，它提供了丰富的工具，帮助你通过实际操作掌握如何向可持续的商业模式转型。

——爱丽丝·施密特
循环经济咨询师

以飞利浦和荷兰国际集团观之
企业循环势在必行

循环经济不仅在如何组织和完成工作方面有了新的视角，而且在思维模式上也是如此。这种思维模式的一个关键元素是合作，这也是我们在飞利浦和荷兰国际集团所看到的。

飞利浦是一家领先的健康科技公司，我们的目标是通过有意义的创新改善人们的健康和福祉。我们的任务是使飞利浦的发展更负责任、更可持续，并制定了雄心勃勃的环境和社会目标。为了推动世界的可持续发展，我们把从线性经济向循环经济的过渡视为一个必要的边界条件。我们正在从根本上重新思考我们的经济模式和企业在社会中的角色。

循环经济的核心在于将价值创造与自然资源的使用脱钩。商界的每个人都应该经常问自己："我怎样才能用最少的资源为客户、最终用户和整个社会提供价值？"你可以将产品作为一种服务提供给用户，并重复使用、修理或翻新它们。你也可以通过预防性维护和（远程）升级来扩展它们的价值。而且，在这个数字化时代，你通常可以设计出能够提供更大好处且需要更少硬件的软件解决方案。

韧性商业模式

在飞利浦，我们发现商业利益不仅仅是增加收入和降低成本，还包括：通过循环经济推动创新，让员工实现自己的目标，并将与客户和供应商的关系转变为真正的伙伴关系。

要在这一过程中取得成功，你需要远大的目标、个人领导力和承诺，以及横跨企业、政府和知识机构的深度合作。我希望这本书能帮助读者更好地理解这个主题，并获得将理论应用于实践的必要技能。

——哈拉尔德·泰珀

皇家飞利浦公司可持续发展和循环经济项目主管

循环之路是一条早已存在的道路，虽然我们在早期并没有这样称呼它。大约五年前，当我第一次踏上这条路时，我意识到如果我们想要迎接今天面临的环境挑战，这是一条显而易见的道路。幸运的是，越来越多的伙伴加入进来，这是必要的，因为要使循环概念成功，需要企业、行业、国家、政府机构和其他机构的广泛合作。

这种合作方式，以及循环经济与可持续、创新、经济和客户关系之间的明显联系，都深深地吸引着我。作为荷兰国际集团的一名营销人员，我能够探索并将所有这些支柱连接起来。可能性是无穷无尽的，我发现探索公司如何重新思考它们的设计、生产和销售（作为一种服务）的方式是很有趣的。

从经济学的角度来看，关键是要理解在循环经济中，经济增长与资源消耗的关系在逐渐减弱。不同的所有权结构出现了，产品和材料的生命周期延长了，收入模式发生了变化。因此，作为一家银行，我们必须以不同的方式进行估值、应对风险和融资。这确实需要思维模式的转变，荷兰国际集团正在提高对金融解决方案的投资，以支持循环经济和循环思维。

在荷兰国际集团，我看到了应用供应链模拟游戏来增进知识、建立关系和引发商业讨论的魅力。这就是为什么荷兰国际集团，以及我个人，从《蓝色连接》出现的第一天起，就积极参与其中。在世界各地的客户和同事主办的无数会议中，我已经在实践中看到了模拟的力量。它使循环经济

推荐序三

等复杂的概念看得见、摸得着,并允许人们在需要建立自己的循环公司时,利用模拟来体验和试验。在我主持的会议结束后,每次我都会从听众那里听到关于合作的必要性的反馈,这种合作甚至超越自己的专业领域。同时,合作不仅停留在公司内部,甚至向价值链的上下游延伸。

我是体验式学习坚定的拥护者,看到这本书能够通过帮助建立理论支柱来支持《蓝色连接》游戏中的行动学习,我感到非常高兴。我希望有了这些工具后,你能获得动力,让改变发生,期待与你在循环的道路上再次相遇。

——马洛斯·伯奇沃特
ING 批发银行市场代表

背景介绍

Inchainge 是一家致力于以商业模拟为基础的、致力于价值链管理体验学习的荷兰公司。我们不断完善并创建新的模拟和培训项目，以便使整个行业和世界各地的学习者在学习过程中得到有力支持。作为一个小规模的紧凑型组织，我们非常注重在全球范围内维护和发展一个由专业培训师、教师和教授组成的庞大网络。

我们看到，我们目前生活的这个动荡和不确定的世界给企业及其价值链带来了巨大的挑战。在日常业务中，唯一不变的是变化，为了成功地适应供应链，透彻地了解它们的动态演变和相互依存是必要的。但是，仅仅了解整个系统是不够的——持续的适应还需要协作和团队合作方面的领导技能。

在 Inchainge 公司，我们相信这样的知识和相应的技能只能通过积极的实践来获得。我指的是与团队一起管理价值链、以整体的方式进行全方位的处理、探索一切是如何联系的、作为团队进行有效合作。除此之外，我们的使命是帮助学生和企业在战略和执行之间、企业各部门之间以及价值链上的商业合作伙伴之间实现更好的整合。

从 2008 年推出的《橙汁游戏》(*The Fresh Connection*) 开始，我们基于这些目标，设计和构建了所有的商业模拟，帮助学习者理解相关概念，为他们提供一个在虚拟企业环境中体验这些内容的平台，从而获得必要的技能，以便更好地在竞争和有趣的游戏环境中协调复杂性。但我们并没有止步于此——我们还拥有大量的材料,可以支持教师、培训师和学习者使用我们的商业模拟,并通过有意义的内容丰富使用者们的经验。

就像之前出版过的《掌握供应链》(Mastering the Supply Chain)一样,除了现有的模拟和支持材料,我们正在寻找一种方法来进一步弥合理论价值链概念与其直接应用之间的差距,这既是您将在本书所发现的内容,也是本书的目的所在。本书首先概述了关于循环主题的许多关键概念,然后邀请您使用《蓝色连接》作为交互式案例来发现它们的实际应用价值。本书的第三部分超越了纯粹的模拟环境,为学习者提供了大量额外的循环挑战实例以供思考。综上,我相信这本书无论是在商业还是在教育领域,对学习者和他们的导师都是非常有用的。我们相信,《韧性商业模式》一书将为我们树立一个新的标准,将《蓝色连接》的整体体验提升到一个更高的水平。

——艾格·哈克

Inchainge 公司合伙人

本书的结构：向循环商业模式转型的实用方法

根据前面介绍的内容，本书的目标是充分帮助学习者了解所有的基础知识，应用体验式学习原则，训练21世纪所需的技能，同时体验循环经济的简单但并不容易的第一手经验，并以不同的视角来审视循环这一主题。

《蓝色连接》商业模拟游戏将是本书第二部分和第三部分的核心。在接下来的内容中，商业模拟通过提供由概念框架作为补充的多轮游戏模拟的可能性，以及学习者的积极反思，引导进入新一轮模拟，并基于第一手经验创建陡峭的学习曲线，从而成为掌握经验和转换经验的工具。此外，本书还将涉及模拟工具之外的直接应用领域，以进一步拓宽学习者的视野。

首先，在探索循环经济这一部分，我们将简要介绍重要的原则，即循环经济的相关理论、框架和概念以及它们之间的关系。虽然有关的内容相当宽泛庞杂，但我们希望在本书中尽可能保持简单，这就是为什么我们不过多地涉及细节，而是将内容限制在简要和切题的介绍上。如有必要，书中将列出循环领域的主要教科书和文章。书中所涵盖的大部分

韧性商业模式

主题都会伴随一些初步的练习，让学习者积极地融入其中，从而更加熟悉所学的知识。这些练习还有助于开展手头的相关工作。因此，第一部分为第二部分和第三部分中的循环商业模式转型的实际方法奠定了基础（参见下表）。

本书的总体结构

项目	探索	掌握	构想
	第一部分：探索循环经济	第二部分：掌握循环	第三部分：构想从线性价值链到循环价值链的转型
公司	01 探索循环的背景 02 探索循环的企业视角 —目标 —战略 —商业模式简介 —细分和价值主张 —循环策略 —收入模式和成本结构 —金融与融资 —选择和掌握循环业务模式	06 从《蓝色连接》开始：游戏开始！ 07 掌握循环的企业视角 —决策，输入，安装基础和决策支持工具 —目标 —战略 —商业模式画布 —循环策略：映射 —细分市场和收益模式 —循环货币化机制：额外收益 —循环货币化机制：节约潜力 —成本结构 —微调所选择的业务模式	11 从线性到循环的转型 12 从企业的视角构想循环 —构想转型：目标和战略 —构想业务模式转型：循环策略 —构想业务模式转型：客户关系 —构想业务模式转型：供应商和合作伙伴 —构想业务模式转型：收入模式、成本结构和融资
跨越企业边界	03 探索跨越企业边界的视角 —立法 —企业间合作 —生态系统 —教育	08 掌握跨越企业边界的视角 —立法 —企业间合作 —生态系统	13 从跨越企业边界的视角构想转型 —构想转型：立法 —构想转型：企业间合作 —构想转型：生态系统 —构想转型：教育
领导	04 循环的领导视角 —利用极性来领导 —跨越边界来领导 —引领变革 —通过塑造文化来领导 —价值链中的领导者 05 企业循环使命：商业故事和价值之二	09 掌握循环的领导视角 —利用极性来领导 —跨越边界来领导：筒仓 —通过塑造文化来领导 —通过跨越边界来领导：流程和利益相关者 10 企业循环使命：商业故事和价值之三	14 从领导的视角构想转型 —构想转型：目标和平衡记分卡 —构想转型：创新 —构想转型：处理不确定性 —构想转型：变革管理 15 企业循环使命：商业故事和价值之四

其次，第二部分掌握循环着重对第一部分所提出的基本概念进行实际应用。在这一部分，《蓝色连接》商业模拟游戏将作为应用第一部分介绍的各个概念的主要工具。第二部分中使用的模拟的基本设置提供了一个相对稳定的环境，在这个环境中可以做出与循环场景相关的各种基本决策，从而令价值链平稳运行并使公司盈利。如此一来，学习者可以从分析来自不同领域的公司实际数据中获得第一手经验，从而帮助其更好地进行决策。这一部分的反思和练习将按照以下步骤进行：分析、发展和决策。此外，通过模拟，因果（决策和结果）之间将呈现一个清晰可见的联系。

再次，第三部分通过对线性价值链向循环价值链转型的构想，阐述如何实现从现有线性价值链向真正的循环解决方案转型。例如，在公司的目标和战略中引入循环的意义是什么？业务模式如何受到影响？在过渡时期，应该如何有效组织线性价值链的现状和循环未来？第三部分中的思考和练习属于构想公司内部方向的转型，或外部利益相关者对这些方向的预期反应。第三部分中涉及的所有方面都将与第二部分中游戏的核心的公司相关，因此在可能的情况下，我们将使用来自模拟的真实公司数据。

在这三个部分中，每个部分都将讨论以下关于循环的视角：企业的视角、跨越企业边界的视角以及领导和变革的视角。

概览、网络资源和商业模拟游戏

概览

为了便于更好地学习，除了具体内容之外，本书各章节均有如下结构：

每章开头的主题介绍和要点概述。

本书共有 90 多个不同类型的编号练习，读者可以单独完成或者作为课程计划的一部分。

第一部分的章节:"探索",例如通过发掘互联网资源进行探索。

第二部分的章节:"分析""发展"和"决策",使用《蓝色连接》商业模拟游戏作为互动案例,分析来自模拟的详细数据,考虑游戏设置并观察因果关系。

第三部分:"构想",以《蓝色连接》商业模拟游戏中的虚拟公司为参考案例——分析公司应该如何塑造从线性到循环的转型时期。

在每一章的末尾进行总结,并将当前章节和下一章节联系起来。

本书附带的网络资源

《韧性商业模式》一书向学习者、讲师和培训师提供网络资源。您可以通过网址 http://www.inchainge.com/mce 来查看可以访问哪些网络资源。

讲师和培训师的资源示例:

请拨打免费咨询电话,获取如何将本书更好地融入学习计划的建议。

已完成学习项目的鼓舞人心的案例。

申请一位自定进度的在线培训师,以获得《蓝色连接》的认证,并学习如何将其作为与本书结合的互动学习体验(对在大学工作的人员免费)。完成培训后,您可以获得:

- 课程大纲和授课计划案例;
- 若干支持性 PPT 幻灯片,互动课程练习;
- 多媒体教学案例;
- 以及更多其他内容。

参与者的资源案例:

- 阅读清单;
- 支持视频;
- 相关行业协会概况。

前言

获取《蓝色连接》商业模拟游戏

应用《蓝色连接》，并将其作为与本书交互的案例，您需要遵循以下步骤：

1. 将 my@inchainge.com 添加到您的邮件程序中受信任的邮件收件人列表中。

2. 通过 https://my.inchainge.com 在 inchainge 门户网站上注册，选择"还没有账号？"，注册成为一个新用户。

3. 按照指示的步骤操作，包括确认邮件中的说明。

4. 注册完成后，您可以登录 Inchainge 的门户网站。

5. 在"代码输入"（Code Entry）字段中输入代码 MCE_WATCH_ONLY，然后单击提交。

将《蓝色连接》与本书结合使用有几个选项可供选择。作为本书的一部分，您可以免费使用标准选项。根据您的学习目标和预算，还可以在网站 http://www.inchainge.com/mce 上探索其他选项和模式（例如交互式版本）。

标准选项（免费）

标准选项使用代码 MCE_WATCH_ONLY，该代码包含在本书的购买费用中，因此是免费的。它包括浏览所有视图和访问商业模拟游戏中所有元素，从而允许您完成本书中的所有练习。

交互式选项（付费）

《蓝色连接》的交互式设置允许您以更动态的格式使用商业模拟游戏。参与者可以分成团队，每个人在业务模拟中分管一个部门。在六轮决策过程中，团队可以在日益复杂的情况下做出决策，并在每一轮决策后看到对公司的影响。你将看到陡峭的学习曲线、引人入胜的团队经验以及逐步被实施的不同的循环策略。世界各地的大学和公司都在使用这种交互式设置。有关此套餐的使用和定价信息，可通过邮件 Incaingeinfo@inchainge.com 直接联系我们或在 http://www.inchainge.com/mce 网页上了解。

不同学习主题与更加深入的交互式选项（付费）

通过《蓝色连接》的交互式设置，您还可以选择深入探索几个学习主题。Inchainge 正在持续致力于这些扩展（例如立法、供应商开发、银行选择、市场动态和合作等），您可以在网站 http://www.inchainge.com/mce 上找到可用的扩展。

导言

企业循环使命：商业故事和价值之一

> 学生们在积极地做事情而不仅仅是抽象地研究思想时的学习效果最好：比如当他们的好奇心被激发时，当他们提出问题时，当他们发现新想法时，当他们感受到对这些学科的兴趣时。
>
> ——肯·罗宾逊，卢·阿罗尼卡
> 2015 年

循环不仅关乎回收再利用和应对气候变化，循环也不仅是可持续商业的最新号召。事实上，循环甚至不是一个新的概念。

在非洲、印度或南美洲的任何一个大城市，你都能找到大量的汽车维修、家电修理、服装修补等店铺。在欧洲或美国，至少在 20 世纪 50 年代以前，对于大多数人来说，循环可以说是日常生活中相当普遍的元素。在这些时空里，从家用电器到工具再到衣服，凡是坏了的东西都要修理，主要是出于经济需要——因为根本没有钱买新东西。

在欧洲和美国，从 20 世纪 60 年代开始，随着经济的蓬勃发展，消费主义逐渐成为一种潮流，人们已经习惯于把东西扔掉，用更新或更时尚的东西取而代之。最好的情况是，这些物品在它们的物理生命周期结束后被替换，但很多情况下是在物理生命结束很久以前，甚至在使用前就被替换了。如果在发展曲线上落后的其他国家遵循类似的发展模式，未来可能会在那里观察到类似的行为。正如许多研究表明的那样，我们已经在快速接近地球上的资源可用性边界。因此，经济需求可能不再是重要问题；相反，资源的稀缺性可能成为主要矛盾。

常言道，需求是发明之母。我们发现，越来越多的个人、政府机构和企业开始意识到需要采取行动，需要有新的视角和作为。简而言之，循环正在迅速获得关注。

循环是一个非常复杂、多维度的课题，其涉及范畴从产品设计到逆向物流，从财政规则到国际政府政策再到企业生态系统，等等。此外，无论从学术研究，还是从新的立法和循环创业的涌现来看，循环领域正在迅速发展。

与此同时，我们可以从不同的视角来审视循环。参与"循环"的许多人都受到了强烈的生态甚至意识形态驱动，强调必须采取实际行动，以拯救地球，使其免于灾难，甚至拯救人类免于灭绝。其他人则从更技术的角度来看待循环，而不一定出于可持续发展的动机，比如探究如何使用新材料或新技术。我们相信，在某种程度上，当谈到循环的时候，所有这些维度、角度和声音都需要受到重视，从而得到一个更加完整的图景。

话虽如此，循环经济对单个企业又意味着什么呢？一家微观层面的企业为什么要参与解决气候变化等宏观问题呢？况且还要冒着比竞争对手成本更高的风险，在更耐用的产品设计和材料上大量投资。换句话说，企业的使命是什么？企业为什么要关心这些问题呢？这是我们在本书中提出的中心问题之一，叙事和价值是其中多次出现的关键主题。

我们要本着序言开头引用的那句话的精神来做这件事：撰写一本明确而强烈关注学习者实际应用的教科书。据称，爱因斯坦过去常说，与其把重点放在教授和解释理论和概念上，他更喜欢强调为学生提供练习和学习的条件。本着与爱因斯坦相同的精神，本书希望为学习者提供一个从企业的角度来学习和练习如何掌握循环的坚实基础。

《韧性商业模式》是为研究商业、可持续发展、供应链管理等不同主题的人编写的。这本书可以作为学院和大学循环或可持续专业课程的一部分，也可以与从本科到工商管理硕士（行政类）更具通识性质的课程相联系。此外，无论是个人自学还是企业内部培训，这本书的写作方式也适合专业人士使用。

综合学习方法

本着与该系列上一本教材《掌握供应链》相同的精神，本书提出了一种综合的学习方法（参见图0.1）。

有意义的&相关的	需要诉诸学习者的视角：商业、社会、公民
现在&将来	不仅是现在，还要与未来的变化和挑战联系起来
"感受"复杂性！	如果不亲身体验，一切看起来都很简单
知识&技能	不仅"知道概念"，而且"能够决定"（权衡）
个人&团队	个人观点与团队和跨职能联合的对比
吸引人&有趣	激励：通过内容，同时也通过方法（游戏化）

图0.1 综合学习方法

具体来说，本书选择的主题和对实际应用特别重视的背后主要有三个目的：

一是希望将21世纪日益增长的技能需求，如批判性思维、解决复杂问题和与他人协调的能力，纳入循环的实际背景中。

二是希望积极解决重复出现的相对简单但并不容易的问题，即提供一种方法，让学习者切身感受到在循环中实际应用通常相对简单的概念和框架的复杂性。

三是希望将关于循环的多个视角整合成一个连贯和系统的主题观点，特别关注企业视角、领导视角和跨越企业边界的视角。

但是，这里有一个相关的因素值得特别注意。既然我们讨论的是实际技能，体验式学习似乎是发展和训练这些技能的一种非常合适的方式。我们特别要参考大卫·科尔布（David Kolb）的著作，他的《体验式学习》（*Experiential Learning*）一书是这方面的经典之作。在其他重要贡献中，例如个人学习风格的概念，科尔布以学习周期而闻名（参见图0.2）。

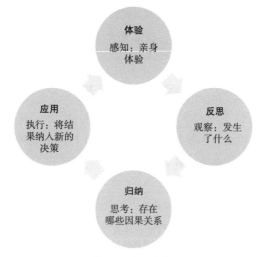

图0.2 学习周期

资料来源：Mcleod（2017），基于Kolb（2015）的研究

学习周期背后的主要思想是"知识是对经验的掌握和转化的结果，掌握经验是指获取信息的过程，转化经验是指个体对信息的解读和行动，这个过程被描述为一个理想化的学习循环或螺旋，在这个过程中学习者'接触到所有的基础情况'"。

在体验式学习中，重点是第一手经验，这允许我们反思发生了什么和为什么，从而形成对情况的概念性观点，这可能被现有的理论或框架所强化。这种结合将成为改进对形势看法的基础，然后可以在课堂或其他学习环境中，或直接在现实世界中应用于下一次体验。在本书中，我们将使用名为《蓝色连接》的商业模拟游戏作为促进这种体验式学习的重要工具。

关于循环的多重视角

循环涉及许多方面，就范围而言，它涵盖了各种各样的活动。但它也有非常不同的维度，这些维度在本质上差别很大。即使我们想要专注于循环在（微观）企业层面的意义，仍然有许多问题需要解决。

首先，我们需要从"企业的视角"理解循环的含义。为什么一家企业

导 言

要践行循环，也就是说，它如何与战略和目标等概念相匹配？在企业层面，循环意味着什么？替代方案是什么？它们对需要管理的货物流有什么影响？与循环战略相结合的可行和可实施的商业模式是什么？这对企业的财务状况意味着什么？

其次，循环也有一个清晰的"跨越企业边界的视角"。与常规业务相比，依赖于政府做什么或不做什么，出现了哪些新的循环生态系统，或者新的教育要求变得显而易见，这意味着企业被迫要对外部发生的事情有一个清晰的认识。

再次，循环需要高度的合作和协调，也需要创新和变革。因此，在企业层面循环也有一个明确的"领导视角"（参见图0.3）。如何测度循环？所涉及的不同部门需要如何协调？从线性到循环的路径是怎样的，如何才能更好地进行转型？

图0.3　本书关于循环的三个核心视角

由于以上三个视角的重要性，以及它们之间的差异和相互依赖，需要明确和单独处理企业视角、跨越企业边界的视角和领导视角。事实上，它们共同构成了本书的结构。

作为本导言的最后一个探讨话题，我想回到前面提到的企业循环使命。关于企业是否应该进行循环，有很多观点。不幸的是，实践表明，一些企业声称自身非常可持续或循环，但事实证明，它们实际做的事情远没有那么积极。约翰·埃尔金顿（John Elkington）是可持续发展的长期倡导者，也是人类、地球和利润三重底线概念的提出者，他最近实际上进行了"概念召回",因为他发现太多企业使用这个概念只是为了看起来光鲜,而不是真的为了做有益的事情。

在本书中,我们希望避免给读者强加先入为主的意见,但书中确实提到了许多可以在实践中发现的观点。我们通过贯穿全书的对话,引入了一些(虚构的)角色,从而在学习者的循环旅程中帮助他们(参见图0.4)。这些角色表达了我们寻常可见的意见,有时赞同,有时反对。一步一步地,他们从背景到公司目标、战略和商业模式,再到实践,从而发现了企业循环使命的商业故事和价值所涉及的诸多方面。我们希望这本书能帮助学习者更好地理解循环这个主题,这些对话能让学习者深入思考,定义他们眼中的企业循环使命,以及与之相关的商业故事和价值。

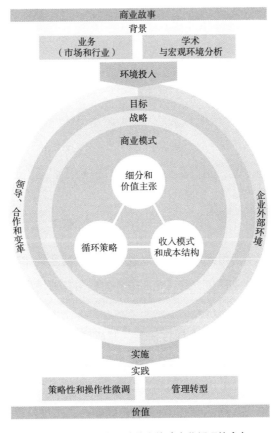

图0.4　商业故事和价值之旅(企业循环使命)

目录

**第一部分　　　第 1 章　探索循环的背景 _005
探索循环经济　　　　　　　当前循环经济的发展势头 _009
　　　　　　　　　　　　　学术背景：研究领域、概念和定义 _010
　　　　　　　　　　　　　地球和社会背景 _016
　　　　　　　　　　　　　建立一个更美好世界的全球方案 _020
　　　　　　　　　　　　　法规与监管、激励措施与标准 _023
　　　　　　　　　　　　　企业与行业背景 _028
　　　　　　　　　　　　　批评与其他复杂因素 _033
　　　　　　　　　　　　　本章小结 _039

　　　　　　　　第 2 章　探索循环的企业视角 _041
　　　　　　　　　　　　　目标 _045
　　　　　　　　　　　　　战略 _055
　　　　　　　　　　　　　商业模式简介 _057
　　　　　　　　　　　　　细分和价值主张 _060
　　　　　　　　　　　　　循环策略 _064
　　　　　　　　　　　　　收入模式和成本结构 _084
　　　　　　　　　　　　　金融与融资 _087
　　　　　　　　　　　　　选择和掌握循环业务模式 _092
　　　　　　　　　　　　　本章小结 _095

　　　　　　　　第 3 章　探索跨越企业边界的视角 _099
　　　　　　　　　　　　　立法 _102
　　　　　　　　　　　　　企业间合作 _108

韧性商业模式

　　　　　　　　　生态系统 _112

　　　　　　　　　教育 _119

　　　　　　　　　本章小结 _125

　　　　　第 4 章　循环的领导视角 _129

　　　　　　　　　利用极性来领导：平衡目标和记分卡 _134

　　　　　　　　　跨越边界来领导：筒仓和利益相关者 _139

　　　　　　　　　引领变革：创新、不确定性和转型 _142

　　　　　　　　　通过塑造文化来领导：组织和团队动态 _148

　　　　　　　　　价值链中的领导者 _152

　　　　　　　　　本章小结 _155

　　　　　第 5 章　企业循环使命：商业故事和价值之二 _157

　　　　　　　　　"循环项目"第一阶段总结 _159

　　　　　　　　　第一部分的最终反思 _164

第二部分　　第 6 章　从《蓝色连接》开始：游戏开始！_169
掌握循环　　　　　　　《蓝色连接》商业模拟游戏（TBC）_171

　　　　　　　　　简介：超级自行车队！_173

　　　　　　　　　简介：凯瑟琳·麦克拉伦！_174

　　　　　　　　　《蓝色连接》：公司、使命、体验 _175

　　　　　　　　　《蓝色连接》存在什么问题？_178

　　　　　　　　　TBC 游戏：你需要了解的内容 _184

　　　　　　　　　本章小结 _187

　　　　　第 7 章　掌握循环的企业视角 _189

　　　　　　　　　决策、输入、安装基数和决策支持工具 _192

　　　　　　　　　目标 _198

　　　　　　　　　战略 _198

　　　　　　　　　商业模式画布 _201

　　　　　　　　　循环策略：映射 _201

　　　　　　　　　细分市场和收益模式 _202

　　　　　　　　　循环货币化机制：额外收益 _204

　　　　　　　　　循环货币化机制：节约潜力 _207

　　　　　　　　　成本结构：新引入的成本 _208

微调所选择的业务模式 _211
本章小结 _216

第 8 章　掌握跨越企业边界的视角 _217
立法 _220
企业间合作 _224
生态系统 _226
本章小结 _227

第 9 章　掌握循环的领导视角 _229
利用极性来领导：平衡目标和记分卡 _232
跨越边界来领导：筒仓 _235
通过塑造文化来领导：组织和团队动态 _236
通过跨越边界来领导：流程和利益相关者 _239
本章小结 _243

第 10 章　企业循环使命：商业故事和价值之三 _245
"循环"项目第二阶段总结 _247
第二部分的最终反思 _250

第三部分
构想从线性价值链到循环价值链的转型

第 11 章　从线性到循环的转型 _257
可视化初始线性价值链：目标、战略、KPI _259
可视化初始线性价值链：业务模式画布 _260
本章小结 _264

第 12 章　从企业的视角构想循环 _265
构想转型：目标和战略 _268
构想业务模式转型：循环策略 _269
构想业务模式转型：客户关系 _270
构想业务模式转型：供应商和合作伙伴 _270
构想业务模式转型：收入模式、成本结构和融资 _271
本章小结 _274

第 13 章　从跨越企业边界的视角构想转型 _275
构想转型：立法 _278
构想转型：企业间合作 _279
构想转型：生态系统 _280

XXV

　　　　　构想转型：教育 _281

　　　　　本章小结 _283

第14章　从领导的视角构想循环 _285

　　　　　构想转型：目标和平衡记分卡 _288

　　　　　构想转型：创新 _288

　　　　　构想转型：处理不确定性 _291

　　　　　构想转型：变革管理 _297

　　　　　本章小结 _297

第15章　企业循环使命：商业故事和价值之四 _299

　　　　　企业循环使命：商业故事和价值 _306

后　记 _309

致　谢 _311

附　录 _313

注　释 _331

参考文献 _335

图形列表 _353

练习列表 _357

探索循环经济

"循环项目"的开始

"哦,别胡说了!"

乔安娜·哈里森·摩尔(Joanna Harrison Moore)听到她侄子彼得的声音从花园里传来。也许他又在和他的表姐玛丽亚吵架,他们似乎总是喜欢在任何可能的场合互相调侃。这是乔安娜家一年一度的家庭午餐,显然她的侄女和侄子找到了一个他们可能存在分歧的新话题。事实上,乔安娜甚至有点喜欢玛丽亚和彼得之间的这种讨论。从本质上讲,他们都是好孩子,总是捍卫自己的立场。幸运的是,他们受过良好的教育,而且有礼貌,从来没有让争论失控。

乔安娜走到他们面前。"嘿,我的宝贝侄女和侄子,你们好吗?又在一起玩了?"她笑着说。

玛丽亚首先回应说:"我告诉彼得我报名参加的新辅修课程是关于气候变化、可持续发展和商业的。但当我看到彼得无动于衷的表情时,我说可能在他那所棒极了的商学院里,他们永远不会讨论这么重要的话题,因为他们会忙于制定计划,把自己变成开着大型豪华汽车的当红高管。"

"是啊,"彼得打断了她的话,"我亲爱的表姐似乎在指责我是一个肤浅的商科学生,只对金钱和豪车感兴趣,这显然是无稽之谈。我只是不明白,微观层面的企业如何能够为解决气候变化等宏观问题负责。它们为什么要这么做呢?在玛丽亚看来,一切总是那么轻而易举。所以,我告诉她,她不应该责怪我,而是应好好找找自身原因。她说我肤浅,但事实上,她和她的'环保朋友'从那些公司购买高级智能手机,然后便指责这些公司滥用环境和廉价劳动力,他们还乘坐污染环境的飞机环游世界,拜访丛林中'真正的'部落,重拾与自然的联系。那么,他们的这些做法又有多可持续呢?"

"哦,你太庸俗了,就像你的商界朋友一样,只要你觉得合适,就吹嘘你有多'环保',"玛丽亚回答说,"但实际上你们什么也不做,真是丢脸!"

"等等,等等,"乔安娜姨妈插嘴道,"我知道你们喜欢辩论,但别太激动了!"

乔安娜姨妈想了想,说:"实际上你们谈论的是一个非常有趣的话题。哈里森·摩尔公司的董事会刚刚与外部执行委员会举行了年度会议,他们真的这样问我,作为首席执行官,我有什么计划能让公司变得更'可持续'。事实上,委员会的一位成员似乎对循环经济这个话题非常感兴趣,事实证明,他们希望我们针对如何提高循环性提出一些具体的想法。听了你们的讨论,我在想,你们是否愿意帮助我为我们的家族企业解决这个问题。"

"你有什么想法,乔安娜姨妈?"彼得问。

乔安娜姨妈说:"你们俩何不利用暑假的一部分时间来我们公司实习,我们把循环经济确定为主要话题。我们就叫它'循环项目'吧,显然你们对这个话题的看法截然不同,我认为我们只有把这些观点联系起来才有意义。"

"听起来很酷,乔安娜姨妈,可以算我一个。"彼得回答,"你呢,玛丽亚,你也参与吗?"

"彼得,你以为我会相信你一个人就能把事情做好吗?"玛丽亚不假思索地回答:"我当然参加!"

"太好了!在开始之前,我想制定一条规则",乔安娜姨妈说,"显然,每个人都有权发表自己的观点,但我希望最终都能尽量客观,好吗?我有一个重点关注的问题,那就是研究循环对我们公司意味着什么。"彼得和玛丽亚都点头表示同意。

"那好吧!我希望你们下周一到我的办公室来。我对这个项目有几个阶段性的想法。"乔安娜姨妈说着,从桌子上的一堆啤酒杯下面拿了一个杯垫,开始写她的计划(参见图1.0),"你们的第一个任务是从多种角度帮助我探索循环。这将为我们在项目的第二部分深入研究如何在实践中实际掌握循环的细节提供一个良好而坚实的基础，然后构想实现该目标可能需要的转变，这将是第三部分，也是最后一部分。作为热身，你们可以先在网上搜索一些关于循环经济的研究。"

图 1.0　写着乔安娜姨妈项目计划的啤酒杯垫

第 1 章
探索循环的背景

星期一早上，乔安娜阿姨的办公室：
"循环项目"的第一天

"早上好，我的宝贝侄女和侄子，在办公室见到你们真是太好了！"乔安娜姨妈欢迎玛丽亚和彼得。"家庭午餐后的周末你们过得愉快吗？你们能精力充沛地工作吗？和我一起喝一杯咖啡或茶吧，然后我带你们四处看看，说明一下我想让你们从哪里入手，好吗？"

"听起来不错，乔安娜姨妈，"玛丽亚说，"我真的很期待这个项目，当然还有期待和我那怪物表弟一起工作！"她脸上带着灿烂的笑容补充道。乔安娜姨妈很高兴看到彼得和玛丽亚的心情都很愉悦，似乎非常渴望马上开始行动。

喝完咖啡，他们匆匆参观了公司的办公设施，回到办公室后，乔安娜姨妈请玛丽亚和彼得坐下。她拿起一支马克笔，走到白板前。"我昨天想了一下，"她说，同时在白板上方用蓝色大字写下了"循环项目"（Project Circularity）四个字。"就像我周六说的那样，我想让你们帮我弄清楚循环对我们公司意味着什么，是好还是坏。"

"我曾经读过一篇不错的文章，是关于商业模式的，它谈到了'商业故事和价值'。我认为这也是我们需要探索的。无论最终的结论是什么，我们都需要一个引人入胜且连贯的故事情节，我们也需要价值来刻画一个令人信服的计划全貌。有了这些，我就有了说服董事会其他成员、员工、股东，当然还有执行委员会的理由。"

乔安娜接着说："在项目的第一阶段，我希望大家交代好故事发生的背景，从几个完全不同的角度来探索循环经济。"她继续说道："所以第一个问题是'哪些不同的角度可以帮助我们为这个话题勾勒出一个宽泛和多维的视角？'你们怎么看？"

玛丽亚首先说："很明显，如果我们现在不接受循环，我们就会完全毁掉地球，再也没有适合人类居住的星球了。此外，还有社会方面的因素，因为越来越多的人认为循环是创造更美好世界的重要一步，我们应该控制对增长和消费的过分痴迷。"

"这涉及另一个话题，"她继续说，"那就是正在创建的一个更美好世界的全球计划。你知道，这有点像联合国的可持续发展目标之类的项目。"

彼得提到，他们可能还得看看过去商界和工业界是如何看待这个话题的。他继续说："而且，我建议把政府和政策考虑进来，从而了解支持或反对循环的规章制度的意义。"

"很好，孩子们，"乔安娜姨妈热情地说，"我们肯定找对了方向。继续，还有什么？"

"我认为我们也应该看看学术研究，"玛丽亚说，"关于循环，重要的思想流派有哪些？主要的概念是什么？我认为，同样重要的是，我们要了解学术界对循环的定义是什么。"

"我想还有一件事。"彼得脸上带着揶揄的表情说，"到目前为止，我们似乎只把循环经济视为问题的明确解决方案，但你不认为其中有些问题实际上是存疑的吗？"

"真的，我是认真的。"当他看到玛丽亚脸上不相信的表情时，他继续说，"并不是每个人都想要实现循环。看看消费者的行为就知道了。比如，很多人总是买便宜货，想想那些对人类因素导致气候变化的观点嗤之以鼻的人。或者瞧瞧我们目前的供应链为降低成本而优化的程度，所需的改变成本非常高。所以，我认为，我们也应该研究一下循环经济的批评观点和复杂性。"

"我同意，我们可能会在哈里森·摩尔公司发现一些这样的批评和复杂性，所以我们需要做好准备，准备好我们的答案。"乔安娜姨妈边说边转过身来看着他们头脑风暴的结果。在白板上，现在可以看到图1.1所呈现的内容。

"看起来太棒了，孩子们！那么，你们现在知道在探索循环经济的第一步中要关注什么了。"乔安娜姨妈说，"我对这个概述非常满意。虽然我可以看出，我们所确定的主题不一定是百分之百不同的，它们之间可能存在联系甚至重叠，但我认为，为了辩论需要和明确起见，我们应该分别处理它们。我认为，详细分析这些主题应该可以为我们全面阐述循环经济提供一个良好的起点。我们过几天再见面，看看你们的发现，好吗？"

图1.1 探索循环经济的背景

当前循环经济的发展势头

有很多不同的因素可以用来解释最近人们对循环经济的关注。粗略地说，它们可以概括为两个方面：社会的拉力和使能者的推动因素。在某种程度上，社会拉力反映了气候变化、资源稀缺和全球不稳定等潜在问题，而个人、企业、非政府组织（NGO）和政府等社会利益相关者正越来越积极地解决这些问题。通过呼吁采取行动，他们创造了对新解决方案的需求。

使能者的推动反映了技术和商业模式创新发展的一面，创新发展意在提供有效的前进方式，也是监管和激励措施推动作用的结果。其中一些发展在其起源上可能与循环关系不大，但由于对解决方案的新需求，它们可能也在向循环领域的应用迈进。

越来越明显的是，由于不断增加的社会拉力，循环经济现在已经"坚定地"出现在政策制定者、学术界和非政府组织的议程上。在商业方面，我们可以观察到，最近对循环经济的关注度也明显提高，导致与该主题相关的企业、咨询和创业活动大幅增加。本章的其余部分将详细阐述社会拉力和使能者推动因素。总而言之，似乎可以说循环经济会一直存在下去。

学术背景：研究领域、概念和定义

循环经济学术研究已经达到了 3.0 时代

丹尼斯·雷克（Denise Reike）等人在 2018 年提出了循环经济的历史演进顺序，其中大多数前述主题也会在后面以某种方式出现。他们将循环经济 1.0 称为"处理废弃物"时期，并将这一时期划定为 20 世纪 70 年代至 90 年代。这一时期的重点是关注价值链的"下游"，即产品在生命周期结束时发生了什么，以及对主要制造过程中的所有副产品进行了哪些处理。

雷克等人继续定义了循环经济 2.0 时代，该时代的时间跨度从 20 世纪 90 年代到 2010 年，并专注于"在生态效率战略中连接投入和产出"，换句话说，从整体视角看，将废弃物（产出）与材料、设计和生产过程（投入）有效联系起来。根据他们的说法，我们现在已经达到了循环经济 3.0 时代，这一时期始于 2010 年左右，并仍在继续，被称为"在资源枯竭的时代最大化价值保留"。通过这个命名，作者强调了公众对资源稀缺紧迫性的日益关注，以及 10-R 框架（稍后将在本节中详细介绍）所表达的更为不同的潜在循环方法。

可以注意到对该主题日益关注的另一种方式是，近年来我们也看到了具体的循环绩效指标和报告的出现。微观（企业）层面的指标将在第 4 章中讨论。目前，我们重点介绍一份关于国家层面及超越国家层面的循环经济宏观报告——《循环差距报告》（Circularity Gap Report，2020）。

关于循环的一些研究领域

多年来，学术界对发展与循环相关的概念做出了非常多的贡献。闭环系统（closed-loop systems）和产品回收管理（product recovery management）这两个术语在 20 世纪 90 年代已经出现在科学论文中，通常来自运营和物流领域，并侧重于支持决策的数学建模方法。据称，1999 年，在埃因霍温理工大学举办了第一场关于再利用的国际学术研讨会。

正如雷克等人清晰而全面地阐述的那样，其他关于循环的学术出版物"集群"包括废弃物管理和环境科学、产品设计、清洁生产和工业生态学。看名字就能比较容易理解前两者，工业生态学指的是一门"追踪能源和材料从自然资源通过生产、产品使用到最后回收或处置的学科"。从 2010 年起，"循环经济"一词才在学术出版物中受到关注；换句话说，它是最近才出现的概念。

除了上述的学术出版物外，以下概念也经常被当作与循环相关的主要思想流派，正如肯·韦伯斯特（Ken Webster）和凯瑟琳·威特曼（Catherine Weetman）所述，每一个流派通常都与它们的概念创始人有关。

绩效经济，基于瓦尔特·斯塔赫尔（Walter Stahel）的工作；
仿生学，基于珍妮·本耶斯（Janine Benyus）的工作；
蓝色经济，基于甘特·保利（Günter Pauli）的工作；
再生设计，基于约翰·雷尔（John Lyle）的工作；
从摇篮到摇篮，基于迈克尔·布劳加特（Michael Braungart）和比尔·麦克多诺（Bill McDonough）的工作。

尤其是"从摇篮到摇篮"被许多人视为循环经济成熟过程中的一个概念突破。艾伦·麦克阿瑟基金会推广的著名循环蝴蝶模型（butterfly model of circularity）的灵感主要来源于此（参见图1.2）。

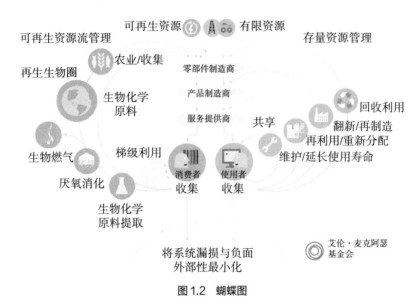

图1.2　蝴蝶图

注：1. 狩猎和捕捞
2. 可以将收获后和消费后的废弃物作为投入要素

资料来源：艾伦·麦克阿瑟基金会循环经济系统示意图（2019年2月）www.ellenmacarthurfoundation.org 绘图基于 Braungart & McDonough，从摇篮到摇篮（C2C）

此外，同样在学术界，循环和可持续之间存在明显的联系。基斯道夫等人在大量文献综述的基础上，强调了这两个概念之间的差异和相似性或者说重叠性。此外，足迹（碳足迹、水足迹、能源足迹等）的概念通常用于可持续领域，现在也出现在循环的背景之中。

蝴蝶图：生物和技术循环

蝴蝶图展示了价值链中连续流动的系统，其中区分了两个循环，每个循环都围绕不同类型的材料：生物循环（在左边，专注于生物材料）和技术循环（在右边，专注于技术材料）。生物材料和技术材料需要不同的再利用过程。为了使生物材料和技术材料得到正确的再利用，在使用后将其单独收集是非常必要的。

技术循环：循环策略和 R- 阶梯

洗衣机、冰箱或手机等产品是不可进行生物降解的，它们由人造材料组合而成，通常以有限的可用资源为基础。在技术循环中，我们会寻找重新使用这些有价值的金属、聚合物（各种类型的塑料）或其他原材料的方法。在这里，产品以可重复使用的方式进行设计。因此，在这个周期内，有限材料库存的管理是非常重要的。在被使用后，技术材料得到恢复并再次投入技术循环中，这意味着从废弃物中回收材料，通过翻新、再制造或修理等程序，使其恢复到其原有的或更高的价值。由于技术循环备受关注，我们将在第 2 章中详细介绍循环策略和 R- 阶梯，在第二部分中，你将有机会通过《蓝色连接》商业模拟游戏来具体应用它们。

生物循环：以生物为灵感和以生物为基础的循环策略

在循环经济中，木材或食物等生物材料在使用结束时会重新进入生物圈被制成堆肥[①]，或成为有机营养物质，它们可以安全地返回生物循环，成为其他形式生命的"食物"，而不会产生废弃物，这意味着一种"产品"的废弃物在另一种"产品"中重复使用。例如，使用后可以安全地与有机废弃物放在一起的可堆肥包装，或生长在咖啡渣上的平菇，咖啡渣通常是一种废弃物，具体可以看看华奥物

---

① 堆肥是指利用自然界广泛存在的微生物，有控制地促进固体废物中可降解有机物转化为稳定的腐殖质的生物化学过程。——译者注

种集团公司（GRO），Rotterzwamen Zwamburg 等公司的情况。或者以 Peel Pioneer 公司为例，该公司为超市、餐厅和酒店等必须处理果皮的机构提供循环解决方案。这家公司收集果皮，从中提取精油，用于化妆品行业。

虽然大多数企业（循环）的重点似乎是技术循环，"为生物循环而设计"的价值也很重要。它代表了受自然生态系统启发（或在自然生态系统中发生）的设计解决方案，"它的生物性质代表了一种接近自然闭环生态系统效率内在完美的效率水平，而不是影响最小化的技术循环"，安东尼奥·梅斯特（Antonio Mestre）表示。生物循环设计包括以生物为灵感和以生物为基础的循环策略。以生物为灵感的策略借鉴了仿生学（研究自然系统以解决人类工程问题），例如达·芬奇通过对鸟类翅膀结构的研究来设计飞行物。以生物为基础的策略旨在利用生物材料，在其生命周期结束时，可以安全重返生物圈，为其他生物生命提供营养，例如生物基[①] C2C[②] 咖啡杯，使用（生物）咖啡废弃物来制造一个寿命较短的一次性产品。你可以在梅斯特和库珀关于循环产品设计的论文中找到有关生物灵感和基于生物循环的生命周期设计策略更多的信息。上述内容也与有机回收有关，也将在第 2 章中提及。

一些重要的概念

在本节讨论循环的可行性定义并深入探讨第 2 章的细节之前，现在有必要简要介绍一些与循环相关的最重要的术语和概念：

产品和材料在出售后的价值保留概念；

---

① 生物基主要指除粮食以外的其他生物原料。——译者注
② C2C 是指用咖啡渣生产的咖啡杯。——译者注

价值保留与循环的概念密不可分,即产品和材料回流的组织方法;

原始材料的关键指标或线性流入的概念,定义为未经使用或加工的原材料,而非原始材料的生产制造。原始材料被用作生产过程中的所谓原料,因此被视为需要投入最小化,例如,就像材料循环指标或循环过渡指标所表示的那样;

考虑两个不同周期的相关性,即产品概念和设计周期以及产品生产和使用周期,类似于开发链和供应链的概念;

在上述概念和设计周期中存在的设计利用废弃物的概念,换句话说,通过在产品设计中考虑废弃物的利用来实现循环成为未来的选项,从而避免整个生命周期中存在的浪费;

在策略方面,有闭合、缩小和减慢循环等概念,它们直接与废弃物层次的概念和建立在兰辛克阶梯基础上的 10-R 框架相联系(本章后面将简要介绍);

可持续商业模式的概念和其中发生的创新,旨在将可持续性纳入新的商业模式开发之中。

循环经济的定义

最近围绕循环主题的研究成果急剧增加表明了这个概念的重要性,最重要的是,这也显示出目前还缺乏标准化的定义和术语。

由于我们的目标不是全面讨论循环经济的众多潜在定义,而且学者们还没有就一个明确的定义达成一致意见,因此我们建议使用两种解释作为本书其余部分的实践支柱。第一个经常在相关文献中被引用,表达了一个更通用的定义,而第二个则与一个更具体的框架相关,适合在企业中应用,即

循环经济是一种通过计划和设计而实现的可恢复和可再生的工业系统。它用取代了"生命终结"的概念,转向使用可再生能源,不再使用对再利用不利的有毒化学品,并旨在通过对材料、产品、系统以及在此基础

上的商业模式的良好设计来规避浪费。

循环定义为实现循环过程的不同具体策略。企业能以实际的方式进行应用，10-R框架涵盖了循环的相关内容，10-R的层级是从R0到R9，主要应用于概念和设计周期，以及生产和使用循环。

因此，在本书的其余部分，我们将把循环经济作为一个更广泛、更全球性和更通用的概念，而在提及更具体微观的单个公司时，我们将使用循环这一术语。

地球和社会背景

现在人们对循环经济与地球和社会的关系这一话题的关注是许多不同倡议支持的结果，其中一些倡议的起源非常不同。有些以循环为主要关注点，有些则涵盖更广泛的范围。

气候变化

毫无疑问，与地球和社会相关的主要问题之一是气候变化。如今，各种出版物、指标和排名都在确保这一主题始终在聚光灯下。这类指标的例子有：

大加速（The great acceleration），由斯德哥尔摩应变中心（Stockholm Resilience Centre）发布，这可能是第一份此类报告，于2004年首次发表，2015年进行了更新；

地球透支日，也被称为"生态债务日"，由全球足迹网络每年更新；

地球生命指数（LPI），由世界野生动物基金会和伦敦动物学会联合编制，特别关注生物多样性，每两年更新一次。

第 1 章　探索循环的背景

尽管方式略有不同，这些指标的共同点是，它们都试图反映地球的状态。它们还有一个共同点，就是在它们所指出的趋势和人类（经济）行为之间建立了直接联系，人类（经济）行为是这些趋势发生的主要驱动因素。这种现象被称为"人类世"，这个概念经常与循环经济联系在一起。作为人类世概念及其影响的直接结果，有这样一个结论："如果人类行为是问题发生的主要原因，那么人类行为也应该是解决问题的重要部分。"

就气候变化而言，循环被认为是解决方案的一部分：循环可以减少新增生产，因此意味着更少的能源消耗和污染，这对减少温室气体的排放有很大帮助。

尽管大量的科学文献意在证明气候变化的事实，但似乎这个话题最近才被提上企业的议程。例如，世界经济论坛在其《2020 年全球风险报告》中指出，"在全球风险感知调查的历史上，环境问题首次在世界经济论坛的多方利益相关者共同体成员中成为概率最高的长期风险；按影响排名，前五个风险中有三个是环境方面的风险。"

资源越来越少

另一个经常提到的需要转向循环的原因是，由于世界人口的增加和相应的消费水平的提高，资源可用性正在降低已成为突出问题。对于这一资源问题的广泛认识，最常被引用和最著名的三个参考文献分别是 1798 年托马斯·罗伯特·马尔萨斯（Thomas Robert Malthus）的《人口论》，1966 年肯尼思·艾瓦特·博尔丁（Kenneth Ewart Boulding）的文章《未来宇宙飞船地球经济学》和 1972 年罗马俱乐部（Club of Rome）的著名报告《增长的极限》。这三个文献都传达了一个相似的信息：地球将无法维持预期的增长水平。

事实上，罗马俱乐部报告背后的项目是由麻省理工学院的一组研究人员发起的，该项目试图创建一个计算机模型，以尽可能准确地预测地球的增长极限。项目确定了五个相互作用的因素：人口增长、农业生产、不可再生资源消耗、工业产出和污染。

他们的结论是，"地球上的资源是相互关联的，我们生活在全球自然系统当中，即使有先进的技术，也可能无法将目前的经济和人口增长速度维持超过公元2100年。"

大约20年前，联合国发表了一项名为"千年生态系统评估"的研究，该研究揭示了24个被分析的生态系统中，有15个正在退化（或被不可持续地使用）。这意味着我们的消耗超过了生态系统的承载能力。这项研究的结论是地球的自然资本正在被人类活动消耗殆尽。人类给环境造成的负担如此之大，以致不能再认为这些生态系统满足子孙后代需求的能力是理所当然的。幸运的是，该研究当时也带来了一些令人鼓舞的消息：通过适当的措施，有可能在未来50年（从2005年报告发表开始计算）扭转许多生态系统退化的趋势。

全球不稳定与韧性

在日益关注气候变化和资源稀缺的同时，近代史也表明，人们越来越意识到国家之间的相互依存关系以及由此带来的相关脆弱性程度。地缘政治紧张局势和新冠疫情大流行就是这些相互依存关系可能产生影响的例子，它们给公民和政府领导人带来恐惧，激发了寻找解决方案的动力。

甚至可以说，气候变化对全球不稳定有直接影响。例如，气候变化使世界上某些地区几乎没有合理的农业和粮食生产选择，最终导致人们迁移到其他地区，这是产生紧张局势的一个原因。同样，资源稀缺也会导致不稳定，例如物资流入关键行业的中断，甚至导致政治紧张局势。

越来越多的声音表示，循环解决方案能够更好地抵御这种脆弱性。例如，循环解决方案减少了对资源的需求，循环解决方案往往也更加本地化，从而减少了对他人的依赖。

亟需一个新的经济范式

看待地球和社会问题的另一个角度与一些新的流派有关,这些思想流派认为,目前的主导经济范式是失败的。粗略地说,这些思想流派的思路是,当前(新自由主义)资本主义的主导经济范式过于关注资本和增长,将其作为经济健康和个人福利的关键指标。这既适用于宏观层面,即各国 GDP 的增长,也适用于微观层面,即企业收入和利润的增长。

有人认为,当前的经济增长以及不断扩大的人口规模是无法持续的,最终将导致社会的极端不平等,并耗尽地球上的资源。因此,应该定义一种新的资本主义。在这里,循环也被视为问题可能解决方案的一部分。

有些人甚至持有更广阔的视角,实际上,他们把循环经济视为主要的替代经济范式,而不仅仅是单个企业层面的事情。例如,艾伦·麦克阿瑟基金会关于循环经济的愿景是"一种为人类和环境带来更好结果的新经济体系。商业模式、产品和材料的设计是为了提高利用率和重复使用,恢复自然界的平衡,在那里没有任何东西成为废弃物,一切都有价值。循环经济日益建立在可再生能源和材料之上,具有分布式、多样化和包容性的特征。"

练习 1.1　探索地球和社会背景

探索

探索气候变化、资源稀缺、全球不稳定与韧性、新经济范式。
- (在网上)对上述主题做一些案头调查,例如,查看书中提到的参考文献和相关资源。
- 你对这些主题有什么看法?
- 你认为它们和循环有什么关系?

建立一个更美好世界的全球方案

全球方案和多边国家协定

2000 年，在科菲·安南（Kofi Annan）的领导下，联合国发起了"联合国全球契约"（UN Global Compact），作为"世界上最大的企业可持续发展倡议：将有关人权、劳工、环境和反腐败的全球契约纳入企业战略和运营中，并采取行动推动实现社会目标"。落实这些措施花了相当长的时间，最终在 2015 年，联合国 193 个会员国签署并提交了《2030 年议程》（The Agenda 2030）。

《2030 年议程》的核心内容是 17 个可持续发展目标（SDGs），这一术语如今被政府、企业和教育界广泛使用。循环与许多可持续发展目标直接或间接相关。

2019 年，在著名的罗马报告发表 47 年后，鉴于人们认为各国应对变化速度过于缓慢，罗马俱乐部发布了一份附加声明，"建议各国宣布 2020 年气候和自然环境进入全球紧急状态"。在相应的《地球应急方案》（Planetary Emergency Plan）中，提出了 10 项承诺，分为三大主题：

转型能源系统；
转向循环经济；
建立一个以人类和生态福祉为基础的公正、公平的社会。

可以看出，"转向循环经济"被明确列为三大主题之一。

对地球和气候的关切也促使各国以多边国家协定的形式制定目标。这里有两个较重要的倡议，一个是《巴黎气候协定》，它也源于联合国，但这次不是《全球契约》，而是《联合国气候变化框架公约》（UNFCCC）。2015 年 12 月，为了应对气候变化，并加快和提高为实现可持续低碳未来所需的行动和投资,《联合国气候变化框架公约》的缔约方达成了一项具有里程碑意义的协议。值得一提的是,该协议背后的主要行动路线是,碳减排的全球目标将由各个国家的强制目标转变为"各国自主贡献"。在一些国家,这可能会导致有助于循环的项目大规模涌现。

2020年,欧盟提出了它们的绿色协议和循环经济行动计划:"气候变化和环境恶化是对欧洲和世界的生存威胁。为了应对这些挑战,欧洲需要一个新的增长战略,将欧盟转变为一个现代的、资源高效的和有竞争力的经济体:

到2050年没有温室气体净排放;
经济增长与资源使用脱钩;
没有一个人、一个地方被落下。

《欧盟绿色协议》(The European Green Deal)是使欧盟经济可持续发展的计划。我们可以通过将气候和环境挑战转变为机遇,实现公平和包容的过渡。"特别是第1点和第2点与循环有直接的联系,很可能是循环倡议背后的驱动力。

私人倡议

除了上面提到的由政府发起的倡议外,私人倡议也开始出现,目的是帮助塑造一个更美好的世界,为地球和社会造福。谈到循环,最著名的例子可能是艾伦·麦克阿瑟基金会。该组织成立于2010年,目标是加速向循环经济的过渡,为学习、商业、机构、政府和城市提出愿景。

奇点大学[①](Singularity University)也是一个私人项目,它们制定了自己的目标,以使世界变得更美好。它们称之为"全球12大挑战"(GGCs)。

---

① 奇点大学位于加州硅谷心脏地带,是为迎接电脑优于人脑的时代来临,谷歌与美国宇航局展开合作,开办的一所培养未来科学家的学校。——译者注

在应对每个挑战时，它们的目标是解决以下三个方面的问题：确保所有人的基本需求得到满足，维持和提高生活质量，减少未来的风险。它们区分了两类需求：资源需求和社会需求。在某种程度上，这两类需求可以被视为"奇点"版的联合国可持续发展目标。

从企业的角度来看，对于符合企业利益相关者的方法和企业社会责任的概念，也可以观察到大量的举措。例如，1995年成立了世界可持续发展商业理事会（World Business Council for Sustainable Development, WBCSD），"这是一个由首席执行官领导的全球性组织，由200多家领先企业共同努力，加速向可持续的世界过渡。"2010年，世界可持续发展商业理事会发布了它们对2050年的愿景，其中循环作为解决方案的一部分发挥了作用，特别是通过它们的因子10（Factor 10）项目。

另一个来自商业方面的例子是美国的商业圆桌会议组织（Business Roundtable），该组织在2019年发表了一份声明，正式脱离以股东为中心的原则，提高对社会、人员等其他利益相关者的关注，从而间接地关注地球。本着类似的精神，世界经济论坛发表了《2020年达沃斯宣言：第四次工业革命中企业的普遍目标》。

练习1.2　探索建立更美好世界的全球方案背景

探索

深入对《地球应急方案》、可持续发展目标、《巴黎气候协定》、《欧盟绿色协议》、艾伦·麦克阿瑟基金会愿景、奇点全球大挑战、商业圆桌会议和世界经济论坛宣言、世界可持续发展商业理事会2050愿景的探究：

- （在网上）对上述主题做一些案头调查，例如，查看书中提到的参考文献和相关资源。
- 你对这些事例有什么看法？
- 你认为它们的作用如何？

法规与监管、激励措施与标准

政府层面

国家或地方的法律通常不涉及建立更美好世界的全球方案，这就导致政府和政策方面容易出现问题。企业通常需要与不同级别的政府机构打交道。在最好的情况下，这些不同级别政府机构的政策是一致的，但在许多情况下，并非易事。需要考虑的一个维度是地理范围，地方政府处于最底层，其次是一个国家内的区域（省）和国家层面，然后是国家以外的层面（例如欧盟），最后是全球层面。

需要考虑的另一个维度是这些地理层级在某些问题上的自治程度。有时，地方政府可以做出它们认为适当的决定；有时，可能会有地区或国家的政策推翻地方政府的决定。在某些情况下，政府可以强制执行；在另外一些情况下，政府只能采取建议、推进或激励的办法。此外，没有两个国家是完全相同的，所以整体环境非常复杂，特别是对于那些业务跨越两个或两个以上国家边界的公司。

本书将在以下各节中阐述与循环有关的政府和政策方面的一些最重要的问题。

监管：限制和财政激励

第一个可能也是最重要的与政府相关的话题是限制性法规。简单地说，首先要在法律层面定义什么是被允许的，什么是不被允许的，然后投入资源来执行这些法律（例如派出警察执法），并伴随着适当的惩罚制度，作为对个人和公司尊重规则的（消极）激励方式。

与循环相关的例子是围绕废弃物的法律，这些法律一方面旨在通过确保"造成污染的人要付出代价"来减轻废弃物对公众的影响，另一方面旨在使处罚成为对造成污染者（如公司）寻找创新解决方案以有效减少产生废弃物数量的激励。

1975 年，欧洲委员会（欧盟的前身）发布了《废弃物框架指令》（Waste Framework Directive），该指令后来还包括了所谓的"兰辛克阶梯"（Ladder of Lansink，参见图 1.3），这是一个表示废弃物从更可取到更不可取的等级分类的图形：涵盖了防止产生废弃物、再利用废弃物、回收废弃物、焚烧并从废弃物中回收能源、掩埋废弃物等环节。在某种程度上，它可以被认为是 R- 阶梯框架的基础之一（关于 R 阶梯的更多信息请参见本书第 2 章）。

图 1.3　兰辛克阶梯

由于这些与废弃物有关的条例和人们越来越注意减少废弃物，又出现了另一个监管领域。这些其他的法规不仅关注制造过程中不受欢迎的以副产品形式出现的废弃物，还包括主要产品本身以及这些产品生命周期结束会产生哪些影响。这种立法处于被称为"生命终结责任"（EOL）和"回收立法"的范围之内。

在欧盟，这方面最著名的法规之一是所谓的 WEEE 指令，WEEE（Waste of Electrical and Electronic Equipment）代表废弃电气和电子设备。根据欧盟委员会，"第一个废弃电气和电子设备指令即'指令 2002/96/EC'于 2003 年 2 月生效。该指令规定了消费者免费返还废弃电气和电子设备的回收方案。这些计划旨在提高废弃电气和电子设备的回收和再利用"的程度。

金融和财政激励

正如废弃电气和电子设备例子中提到的"免费"回收计划所表明的那样,并非所有的法律或监管都是关于强制实施规则和将法律落到实处的。政府还可以通过向企业或公民提供财政或其他激励措施来推动某些法案。与气候变化相关的例子是,对安装太阳能电池板或使用电动自行车上下班给予财政补贴激励。在循环和废弃物方面,德国有一个著名的例子,对一次性瓶子和易拉罐实施押金制度(Pfand),在将瓶子或易拉罐退还给零售商或认可的回收中心时,押金将退还给消费者。

财政激励措施通常会产生非常明显的效果,这在荷兰以一种非常奇特的方式得到了证明,特斯拉仅在2019年12月就售出了约1.1万辆Model 3,占其当月欧洲总销量的一半。销售强劲增长的主要原因是,荷兰刺激消费者购买电动汽车的具体财政法规将于同年12月31日失效。

行业倡议:标准化和行为规范

监管压力不一定都是政府施加的,也可能源于行业内部,在某些情况下,其影响与政府监管几乎相同。在荷兰的啤酒行业可以看到一个有趣的例子,非政府强制的行业合作几乎与正式的政府政策影响一样大。

20世纪80年代,随着棕色荷兰回收瓶(Bruine Nederlandse Retoureres,BNR)计划的推出,整个行业达成了一项协议,对啤酒瓶的材料、颜色、形式和形状进行标准化规定。此外,已经存在的对板条箱和啤酒瓶实施押金制度,使回收使用过的瓶子成为消费者普遍接受的做法。这两个因素都极大地促进了酒瓶回收的标准化规定的实施,从而提高了在全球系统中对啤酒瓶和板条箱再利用的规模和效率。这使循环概念的吸引力向前迈出一大步,促使工业上更广泛地采用循环措施,也是有效地实施"闭环"策略的一个很好的例子。

另一种由行业驱动的举措是所谓的行业标准的创建,例如英国标准。

从形式上讲，这可能被认为与政府政策不同，因为英国标准是由商业机构英国标准协会（又称 BSI 集团）提出和维护的，这意味着这些标准不能由法律强制实施，也意味着原则上实施这些标准是自愿的。

可以说，与"环境管理"相关的英国标准的发展和传播以及相应的认证和审计系统在推动企业走向更可持续的实践方面发挥了重要作用。例如，对一些企业来说，这种认证现在是选择供应商时使用的"必须遵守"的标准之一。

谢菲尔德大学的工程学教授尼尔·霍普金森（Neil Hopkinson）等人在关于日本打印机、成像和文件原始设备制造商①（OEM）理光公司（Ricoh）的论文中指出，英国标准甚至提高了翻新和再制造产品在市场上的接受度。由于英国标准的规定，这类产品的制造商必须保证原始规格，因此翻新和再制造的产品必须在质量上与原始产品相同，从客户的角度来看也应该是这样（"基本上不可能区分这两种产品"）。据称，这大大降低了顾客对翻新和再制造产品质量的潜在厌恶和怀疑，从而有效地消除了购买这些产品的障碍。正如理光的例子所表明的那样，这些措施可以对再制造产品产生巨大的积极推动作用，从而刺激企业采用循环方法。

在所谓的"行为准则"中也有类似的设想，其中许多不像标准那样明确和具体，但可以作为指导行为的框架。在世界各地的行业中获得不同程度采用和接受的标准和行为准则的例子如下：

ISO14000 环境管理标准，由国际标准化集团制定，是一套专门与环境有关的自愿性标准，并辅以认证和审核。标准包含最小化企业对环境负面影响的指导方针，例如减少能源的使用，或改善空气、水或土地。

《温室气体议定书》（Greenhouse Gas Protocol），由世界资源研究所与世界可持续发展商业理事会联合制定。根据网站上的信息，"《温室气体议定书》建立了全面的全球标准化框架，以衡量和管理来自私营和公共部门

---

① 原始设备制造商俗称代工厂商。——译者注

业务、价值链和减除行动的温室气体排放"。

森林管理委员会原则（Forest Stewardship Council Principles），由非营利性组织森林管理委员会制定，在从书籍到包装材料等许多与纸相关的行业中被广泛接受。森林管理委员会原则"确认森林的管理方式保护了生物多样性，有利于当地人民和工人的生活，同时确保森林能够保持经济活力"。

能源与环境设计领先标准（LEED），最初由美国绿色建筑委员会制定。正如它们在网站上所说："能源与环境设计领先标准适用于几乎所有的建筑类型，为健康、高效、节约成本的绿色建筑提供了一个框架。"

共益企业认证（B Corp Certification），由共益企业运动（一个企业社区）推出，认证基于企业相互依存的宣言，并得到共益影响力评估（B Impact Assessment）的支持。该认证声称是"唯一衡量企业整体社会和环境表现的认证。共益影响力将评估企业的运营和商业模式对员工、社区、环境和客户的影响"。

值得注意的是，由于行业标准、行为准则和意向声明不受政府监管，因此它们不可能在法律上强制实施。这在很大程度上取决于行业内的同行压力、来自市场上客户的压力和行业内领先企业（主要是大型企业）的压力，这些公司确实设定了标准，因此行业内其他企业必然要效仿。

生态系统

政府对循环解决方案发展的另一个贡献是积极促进"循环生态系统"的创建，这与所谓的公私合作伙伴关系（PPP，3P或P3）这一更广泛的话题密切相关。这些是不同利益相关者合作的举措，最终为社会谋求利益（OECD，2012）。在以创新为目标的伙伴关系具体案例中，公私合作伙伴关系一直是三重螺旋（Triple Helix）概念发展的基础，在这种情况下，学术界作为合作伙伴也参与进来。

在更基层或国家的层面上，循环生态系统可以被视为类似于最近不断涌现的更一般的"创业"生态系统，在这些生态系统中，政府、学术界和企业家通常会在所谓的孵化器中联合起来，在许多情况下围绕特定的主题和行业，由政府（有时也是行业）提供资金支持。关于生态系统的更多内容将在本书第 3 章中介绍。

你可以通过以下练习来探索规则、监管和标准的地理维度：

练习 1.3 探索规则、监管和行业标准的背景

探索

对于你所选择的国家，探索与循环相关的政府政策（从地方到国家层面）：

- 关于循环的立法情况如何？
- 与循环相关的财政政策情况如何？
- 与循环相关的生态系统情况如何？
- 存在哪些具体的行业标准？它们是什么？
- 如果有机会这样做，你可能会想把你的发现与同事或队友的进行比较。不同国家和地区的政策有哪些不同或相似之处？

企业与行业背景

企业：循环术语出现之前的循环方法

除了与地球、社会或政府和政策相关的循环倡议之外，企业也已经探索循环很多年了，在多数情况下，学术界紧随其后，旨在提出支持性概念和框架。这些举措可以被认为是循环方法的"先锋"，因为非常有趣的是，

当时没有人使用"循环"这个术语,如果现在出现这些解决方案,它们肯定会被贴上这个标签。

作为消费者,我们大多数人都知道二手商品市场已经存在很长时间了。这些市场给了产品第二次机会,否则这些产品将不会被再次使用,而是作为废弃物处理的一部分被焚烧,或被运输到垃圾填埋场填埋。在二手市场方面,翻新有时由二手产品的零售商负责,有时由专门修理和翻新的特定公司负责。一些具体的例子包括汽车、服装、手机或办公使用的信息技术设备的翻新,即使是像典当行这样古老的存在在本质上也是循环的一种方式。

类似的例子包括存在很久的保养和修理服务,例如汽车、家用电器或鞋子的保养和修理。在许多国家,这种服务正在逐渐消失,特别是对于那些价格非常低的产品,因为修理费用非常高,修理它们实际上比买一个新的还要贵。

在相对昂贵的资产型产品市场,你可以观察到另一种有趣的发展,如大型办公室复印机。在20世纪90年代,美国施乐公司(Xerox)开始提供按页付费的服务,而不是让客户购买设备以及耗材和单独的维修服务。施乐改变了做法,努力将其产品转变为一种服务,包括设备、耗材和维护的供应,这一概念如今被视为一种创新的商业模式,非常接近循环的核心。

来自同一行业的另一个例子是日本著名的办公设备及光学机器制造商理光集团,它也在20世纪90年代开始探索再制造旅程的可能,并在1994年正式开发了理光再制造和资产回收框架,理光集团用彗星圈(Comet Circle)来表示这个框架,这是一个涉及产品回收、部件回收和材料回收各种步骤、层次和相关方的直观图形。

企业:具有循环影响的"非循环经济"概念

严格地说,在循环的范围和目标之外出现的,在商业中发展起来的其他概念也可能有利于循环的实施。例如，运输路线优化等基本概念或广泛应用的精益管理原则（Lean Management），即确定并减少七种废弃物，都非常符合循环经济的目标。产品模块化的设计原则、物流设计和拆卸设计（有利于有效运输和拆卸）、可服务性设计（有利于维修和维护）等一样具有循环特征，从原材料的角度看，耐久性、可翻新或再制造设计等概念，也同样蕴含循环意义。

类似地，还存在逆向物流和增值物流（VAL）等操作概念，在这些概念中，物流服务提供商从客户处重新取回产品，检查质量，进行分类，有时甚至拆卸。尽管最初主要是从客户满意度的角度提供的附加服务，例如，如果客户不喜欢产品，可以方便退货，但目前这些概念已经得到了很好的发展，适合作为更全面的循环方法的一部分进行推广应用。

企业的社会责任

来自社会的压力越来越大，也许与循环的关系不是很直接，但肯定是有影响的，这些压力要求企业的经营要负责任，由此产生了企业社会责任（CSR）的概念。从本质上说，企业社会责任与企业在社会中的角色与商业伦理等话题密切相关，这是一个非常有争议的领域，针锋相对的观点往往会导致冲突。

在进入 21 世纪之前，所谓的"弗里德曼主义"（Friedman Doctrine）一直是企业经营的主流逻辑。该经营逻辑是以经济学家米尔顿·弗里德曼（Milton Friedman）的名字命名的，弗里德曼写了一篇著名的文章，题为《企业的社会责任是提高利润》（*The social responsibility of business is to increase its profits*），他在文中描述了公司管理层的义务，应该完全专注于为所有者，即要为公司的股东提供回报。

随着时间的推移，这种看法开始受到来自社会的批评和压力，最终导致了一种相反的观点，称为"利益相关者方法"。R. 爱德华·弗里曼（R. Edward Freeman）据说是第一个在 20 世纪 80 年代早期大量撰写这方面文章的人。在他的文章中，循环被视为解决方案的一部分，是企业可以采取的行动之一，从而令企业变得更有社会责任感。

随着人们对地球状况认识的丰富，以及社会对企业采取行动压力的增加，约翰·埃尔金顿（John Elkington）[①] 提出了他著名的三重底线（Triple Bottom Line，TBL）概念，在该概念中，他认为公司业绩应该被定义为财务、环境和社会参数的均衡组合。如今，在许多公司的年度报告中，三重底线被称为人类、地球和利润的三角关系。

随着三重底线概念被广泛接受，共享或整合价值的概念出现了，本书将在第 2 章中对其进行更深入的讨论。此外，一些排名榜单已经开始出现，在这些排名中，企业的表现不仅仅以财务指标为衡量标准。比如标准普尔发布并持续更新的道琼斯可持续发展世界指数（DJSI），瑞典 SB Insight 公司发布的按年度更新的可持续品牌指数，以及埃科瓦迪斯（Ecovadis）[②] 公司发布并经常更新的企业可持续发展风险和绩效指数。

从三重底线的概念在企业界出现和企业可持续性排名的发展可以清楚地看出，企业的可持续性表现越来越受到公众的关注。

循环创新是一个商机

企业对循环话题的兴趣也许仅仅是因为循环提供了新的商业机会，例如埃尔金顿在文章"从生态灾难中拯救地球是一个 12 万亿美元的机会"中所描述的，以及沃尔特·R. 斯塔赫尔（Walter R. Stahel）所说的"循环经济创造了大量机会"。

独立于循环经济之外，我们越来越多地听到我们正在进入第六次工

[①] 根据埃尔金顿的网页介绍，约翰·埃尔金顿是企业责任和可持续发展领域的全球性权威。他目前是 Volans 的创始合伙人和执行主席。Volans 是一家专注于未来的企业，致力于可持续性、创业和创新运动的交叉领域。——译者注

[②] 自 2007 年成立以来，Ecovadis 已成长为世界上最大和最值得信赖的商业可持续性评级提供商。——译者注

业革命，这与工业 4.0 的概念密切相关，在这种情况下，大量新技术在看似相对较短的时间内出现。一方面，这带来了很多不确定性，因为许多创新需要时间来验证，而另一些创新甚至可能在根本没有产生效果的情况下就消失了。另一方面，这波创新浪潮毫无疑问将导致约瑟夫·熊彼特（Joseph Schumpeter）在 20 世纪 30 年代提出的"创造性破坏"，该理论认为新技术范式的出现将取代现有的技术范式。循环领域肯定会受到这波创新浪潮的影响，但同时我们也可以认为，对循环日益增长的驱动力本身就会激发新的创新。

在研发方面取得的一些进展推动了材料、产品、工艺和商业模式的创新，一些与循环有直接或间接关系的案例如下：

新材料的发展，如植物基材料，可回收和生物降解材料等，使新的和更循环的产品设计成为可能。

旨在创造透明度和分析价值链活动的技术，如物联网（IoT）、区块链、射频识别（RFID）、人工智能（AI）和大数据，能够有效追踪已安装的产品。例如，可以获得对产品去向、材料特性和更有效维护方案的更多洞察。

3D 打印、机器人、模块化和拆卸设计等技术和概念使生产、翻新和再制造更加高效。

材料护照（Materiality Passports）等新概念令工作流程更加清晰，并能够更好地对产品设计、材料使用和退货流做出决策。

可再生能源的发展可以降低产品的整体能源足迹。

"产品即服务""共享用户模式"等新商业模式的发展和扩散提高了循环的程度。

正如本节所显示的，企业和行业与循环的关系可以追溯到很久以前，甚至在"循环"这个术语被使用之前。同时还表明，企业与循环的联系可以有不同的背景，从利益相关者的压力到对效率的追求，再到作为探索新商业机会一部分的创新。

由于本书的大部分将致力于从企业的角度探讨循环问题，因此现在可以进一步探讨企业社会责任这个话题。

练习1.4　探索股东和利益相关者方法的背景

探索

- 对股东关于企业的看法("弗里德曼主义")进行更多的案头研究。
- 对企业的利益相关者(如弗里曼)进行更多的案头研究。
- 你认为赞成和反对这两者的主要论点有哪些?
- 对于这两种思想流派,你更倾向于哪一方?为什么?

批评与其他复杂因素

为了避免给人留下偏向一方的印象,我们不妨简单来说明这样一个事实:并非围绕循环经济这个话题的每件事都没有争议,与之相关的各种倡议也并非都取得一致意见。以下是一些有争议话题的案例。

气候怀疑论者

尽管大多数人似乎都同意(人为造成的)气候变化是真实存在的,但不可忽视的是,部分有影响力的科学家可能不否认气候变化,但至少保留疑问。这些疑问或许是关于气候变化的程度,也或许是关于为应对气候变化而采取的措施。除了这些领先的科学家,普通人群仍然存在怀疑主义和漠不关心的态度。

人口增长

根据研究，世界人口确实仍在增长，但这种增长自 20 世纪 60 年代末以来一直在稳步放缓，预计在 2064 年左右出现转折，届时人口预计将开始减少。批评人士强调，这种预期的世界人口下降在资源稀缺等问题的讨论中没有受到足够的重视。

资源稀缺

常识认为，人口越多，资源的使用就越多。然而，也有观点认为并不一定是这样的。例如，经济学家朱利安·西蒙（Julian Simon）提出了"西蒙丰富指数"（Simon Abundance Index），该指数表明，随着人口的增长，原材料会变得更丰富，也会变得更便宜。据说，这是因为更多的人也意味着更多的创造力和更多解决关键问题的方案。

企业社会责任与利益相关者原则

另一种批评则是针对那些参与社会责任相关活动的企业，或那些信奉利益相关者原则而非股东主义的公司。尽管企业声称会积极参与企业社会责任相关活动，但研究表明，通常很难看到具体的行动和实际结果，来自股东的压力似乎仍然发挥了压倒性的作用。

看待这个问题的一种方式是，在这些情况下，企业可能处于承担企业社会责任的早期阶段，仍在理解其真正的含义。然而，批评人士实际上会质疑这些公司是否真的有意愿承担社会责任，或者它们是否只是在"漂绿"：试图看起来不错，但实际上并没有努力做有益的事。埃尔金顿在 2018 年对他自己的三重底线概念进行了前所未有的"概念召回"（Concept Recall），称它只是被用作一种会计手段，而不是一种用于实现其真正目标的工具，即推动实现资本主义转型的制度变革。

消费主义与人类的两极性

企业试图开发符合消费者期望的产品和服务，毕竟这是收入的来源。那么，如果一家企业想变得更加循环，但消费者似乎并不在乎呢？改变消费者的行为可能很难。

我们都是公民。作为社会的一员，每个人都对希望这个社会成为什么样子持有自己的看法，对我们的经济和赖以生存的地球也是如此。可能很少有人会反对循环经济的主要目标，即创造一种同等水平的工业生产所需资源和能源更少的局面。这个目标本身是没有争议的，谁会反对呢？

除了公民的身份，我们还是消费者，我们也通过消费模式表达自己。在我们的一生中，我们把钱花在食物、衣服、住房、休闲等方面。作为二战以来财富大幅增长的直接后果，在许多国家，现在存在着所谓消费主义占主导地位的现象，传统媒体、社交媒体、有影响力的人和我们的身边人告诉我们应该购买和使用什么，并与他人分享我们的经验。

显然，我们作为消费者的行为方式往往不符合我们作为公民的愿望。似乎我们所有人都在某种程度上遭受着双重情感的折磨。作为公民，我们说我们喜欢什么或不喜欢什么，这往往无法得到我们作为消费者的行为的支持。

我们抱怨气候变化，但我们仍然继续乘坐廉价航班绕地球飞行。我们抱怨童工、工人不公平的工资和工作条件，但我们仍大量购买廉价时装。我们抱怨企业越过隐私法律的边界，但我们对社交媒体平台的使用却在以前所未有的速度增长。我们抱怨一些企业的产品设计存在"计划性淘汰"，但当最新款智能手机上市时，我们仍然前去排队购买。

消费主义和不断购买新东西的欲望在逻辑上与循环的目标不协调；在很多情况下，二者恰恰相反。但由于驱动需求的是消费者，为了达成循环目标，最终我们必然要求大众消费者市场在循环方向上迈出一大步。就目前而言，能否达到心口合一尚有待观察。

优化的供应网络

正如前文所说，消费主义已经成为许多国家日常生活的一部分。低成本产品、特别优惠和折扣将消费推向更高水平。为了支持高水平消费，我们发现目前的状况是，多年来建立的许多供应链都在以能够提供大量价格合理（即廉价）的产品为前提。在大多数情况下，已经出现了非常复杂的全球供应网络，改变现状将是一项极其复杂和耗时的任务。

一个复杂的因素是这些供应链的效率已经优化到极致，导致消费者需要支付的价格非常低。新产品的价格极低意味着在具有竞争力的价格水平上，几乎不可能找到对产品进行回收和再循环的替代办法。例如，新的塑料产品太便宜了，大多数制造商没有任何想要建立循环系统或转向更昂贵的回收原材料的动力。如果一台全新的设备可以在网上买到，两天内只需花 70 欧元就能送到你家门口，又有多少人愿意花 60 欧元来修理一台用了 4 年且需等待 3 周才能修好的设备呢？

全球监管的复杂性

本章前面讨论了规则和监管的问题。由于循环可以帮助解决的一些问题都是全球性的，如气候变化或资源稀缺，因此全球层面的立法肯定会有利于在全球范围内实施循环倡议。有兴趣探索循环机会的企业将受益于一个公平竞争的环境，在这个环境中，所有竞争对手的市场和法律条件都是相同的，至少是相似的。

然而，国际立法是一件非常复杂的事情。各国不仅有截然不同的法律体系，而且可能有截然不同的优先事项。这在很大程度上取决于国民经济的当前状况，取决于各国的国际地位，也取决于占主导地位的民族产业。

对批评和复杂因素要实事求是

上述批评和复杂因素是非常重要的，因为它表明，无论哪家企业想走上循环之路，为了证明自己的行为是合理的，无论是在企业内部还是在外部利益相关者之间，它很可能必须应对这些批评的声音。

练习1.5 探索批评和其他复杂因素的背景

探索

探究对气候变化、人口增长、资源稀缺、企业社会责任的批评，以及消费主义、优化的供应网络和全球监管等复杂因素：
- 对这些批评和复杂因素进行更多（互联网）案头调查。
- 你对这些批评和复杂因素有什么看法？为什么？
- 你认为这对单个企业的主要影响是什么？

关于循环经济的论述与实践

正如本章到目前为止希望呈现的那样，围绕循环主题仍有许多不明确之处。关于循环经济的讨论一直由非政府组织、咨询公司、政府、学术界、欧盟委员会和跨国公司等参与者主导。循环经济的原则常常受到推崇，而不是被批判性地审视。然而，正如我们所看到的，对于推动循环经济到底需要什么，并没有一个唯一的定义和理解。在实践中，不同的学派可能会对循环经济原理有不同的解释。这可能导致循环成为大多数人的想法或理想，而它的实施可能是缓慢和有限的。对于一些立法者来说，一家企业生产的产品完全是可回收的，已经可以被认为是"循环的"；对于其他人来说，仅仅实现"可回收"还很难被认为是真正的循环。

循环经济依赖于系统性的创新，而不仅仅是一种产品或一家企业的创新，它的目标是"重新定义产品和服务来摒弃浪费和污染，同时最大限度地降低负面影响。在向可再生能源过渡的基础上，循环模式统筹考虑了经济、自然和社会资本"。对材料回收和流程重新设计的强调有助于实现更可持续的商业模式，但它也包含了限制和张力。例如，有些产品太过复杂，无法回收。正如我们所说的那样，循环经济的概念并不新鲜：几个世纪以来，人们一直在将废弃物转化为资源。然而，不同的是，我们现在使用的材料要复杂得多。2018 年对 Fairphone 2（一款模块化智能手机，可修理、可回收并具有更长的寿命）的研究表明，这款手机使用复杂的人造材料，如电池和微芯片，使闭合循环根本不可能。经拆解发现，Fairphone 2 中使用的材料只有 30% 可以回收。

另一个讨论的话题是材料的投入超过了材料回收的所得。全球资源的使用在逐年增加。这种增加使得循环经济不可能实现。因为简单来看，虽然 100% 的材料都是可回收的，但全球资源的使用量每年都在增加，回收材料的数量将永远小于增长所需的材料总量。因此，我们必须不断使用更多的资源。在这里对一些学者来说，一个最重要的方面是生产和消费方面需要发生什么变化的情况被忽视了。为了实现可持续和循环，循环经济原则在讨论和实践中都必须注重减少对新产品和材料不断增长的需求，并拒绝过度消费。

此外，在大多数定义中，缺乏可持续发展所固有的社会维度，限制了循环经济的伦理意义。因此，一些学者提出，应将人类福祉、参与式民主决策、可持续发展目标或社会经济学等社会目标纳入循环经济的概念、度量和工具中进行考虑。

但这一切对单个企业意味着什么呢？单个企业在多大程度上可以承担被认为超出其范围的活动，如竞争对手、消费主义等？这似乎在实践中引发了很多争论，但争论似乎还远远没有得到解决。

第1章 探索循环的背景

本章小结

"循环项目"第一阶段第一步的研究结果：探索循环经济的背景

在"循环项目"启动的几天后，乔安娜姨妈、彼得和玛丽亚又聚在一起讨论他们的研究成果。这幅图令人印象深刻，但同时也相当复杂（参见图1.4）。"我真没想到循环有这么多不同的角度，"彼得说。"是啊，我也不知道，"玛丽亚回答说，"我真的不知道这个话题可以追溯到这么久以前，我还以为是最近的事情呢。"

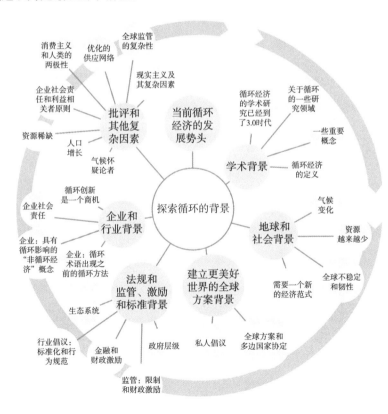

图1.4 探索循环经济背景的复杂性

"我同意,但我们还是开门见山,试着总结一下我们目前的情况吧。"乔安娜姨妈说,"我们现在对循环经济的总体背景有了一个相当清晰的认识。很明显,社会有一种推动力,呼吁采取行动来处理与地球有关的一系列问题。此外,还有来自许多相关推动者的推动。这两个因素共同解释了为什么循环经济最近获得了如此多的关注。"

"此外,"她继续说,"我们现在有了一个清晰的画面,显示循环是一个非常多样化的话题,它有广泛的角度,但也必须应对批评和其他复杂的因素。这意味着来自学术界、商界、政府以及公众等不同领域的人都参与其中,这反过来可能使每个人都不太可能就应该选择的方向达成一致。我认为这对于我们自己的实践来说是很重要的。"

乔安娜姨妈继续说:"好吧,我们先把这些结果放在一边,继续下一步,从企业的角度探讨更多细节。企业为什么应该参与循环,以及在企业层面的活动、货物流动、商业模式等方面,循环到底是什么样子的,我对找出答案非常感兴趣。"

第 2 章
探索循环的企业视角

"循环项目"第一阶段的第二步，在乔安娜姨妈的办公室

"哇，你这张苦瓜脸是怎么回事？"彼得走进姨妈的办公室时对玛丽亚说，他发现他的表姐已经坐在桌旁了，"这周开局不好吗？"

"我不知道，"玛丽亚回答说，"我在来的路上听了一个关于可持续发展的播客，他们在谈论'漂绿'。你知道吗？企业假装在做'绿色的事情'，但实际上它们什么都没做。在一些学校，'绿色营销'甚至成了一门官方课程，你可以学习如何让产品看起来比实际更环保，这样别人才会买。"

玛丽亚继续说："他们讨论的焦点是那些设计容易过时的产品的企业，这样过一段时间，这些产品就不能再用了，你不得不扔掉旧的，再买一个新的。最重要的是，他们说我们的政府领导人否认气候正在发生变化，还说别担心，这件事很快就会被淡忘的，我的意思是说，这一切可太糟糕了。"

"哇，你现在可真是挺忙啊，"彼得一脸揶揄地说，"那是什么播客？你确定这是一份内容丰富而客观的报告吗？还是你那些积极分子朋友做的播客，他们总是试图让企业和政府看起来像邪恶的敌人。"彼得显然想激怒他的表姐，让他们之间发生一场过去常有的口头冲突。

"不，不是你想的那样。"玛丽亚并没有被激怒，她严肃地回答道："你以为我所有的信息都是从朋友那里得到的吗？你可能不相信，但我有时确实会从其他渠道获得信息。这其实是一位著名记者的播客，她显然做了很多研究。"

"好了，好了，"彼得说，"我已经相信你了，别担心，看看就知道了。"

"好吧，也许我能让你高兴起来，"他继续说，"因为我实际上带来了一个关于一家企业的故事，它们提出一个非常伟大的循环倡议。

韧性商业模式

我认为这将向你证明,并不是所有的企业都是邪恶的,它们实际上可以为一个更绿色的世界做出贡献,有些企业确实做到了。"

彼得继续说:"我觉得你不能一概而论。当然,周围总有一些坏人,但不要让他们扭曲了你的观点,因为周围也有很多好人和良心企业,就像有一些生态学家只会大声呼吁,他们也不是很有建设性或实用性。不管怎样,我先和你分享这个循环企业的倡议。"

"你们好,早上好!我刚刚是不是听到我的宝贝侄子和侄女在同一句话里提到了'企业'和'循环'?"乔安娜姨妈走进房间时笑着说,"因为这正是我们'循环项目'清单上的下一个话题,不是吗?"

乔安娜姨妈带着她一贯的热情,直接切入正题,继续说:"听着,我很想知道以下几点:

企业为什么要致力于循环?这和它们的目标有关。

那么我们就应该清楚地了解循环到底是什么样子的,以及它在企业层面的商业模式是如何具体运作的(参见图2.1)。例如,细分和价值主张、循环策略、收入模式,等等。

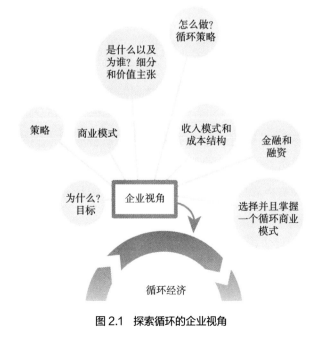

图2.1 探索循环的企业视角

第 2 章 探索循环的企业视角

> 当然,我想了解一家企业的财务状况会因循环受到多大的影响,损益表、资产负债表和融资的情况如何。"
>
> 她说:"我的感觉是,下一步对我们来说是重要的一步,这样我们才能在企业层面上真正而彻底地了解循环。"
>
> "听起来很酷,乔安娜姨妈。"玛丽亚说,她显然高兴起来了,被彼得和姨妈今天早上的活力所鼓舞,"彼得和我马上就开始。来吧,亲爱的表弟,别偷懒,我们还有很多工作要做呢。你可以从分享你发现的循环企业的例子开始。"

目标

作为人类,我们一直在努力寻找生活的目标和意义。这种长期的探索现在已经渗透到我们的企业和组织中。亚伦·赫斯特(Aaron Hurst)在 2014 年提出的"目标经济"理论(Purpose Economy)认为,从长远来看,如果企业对自己的目标有非常清晰的认识,员工也能与之紧密相连,那么企业就会达到最成功的状态。这一思路的核心有三种目标类型(参见图 2.2):

个人目标(personal purpose):我们喜欢做的事,享受激情;

交际目标(social purpose):分享你所做的有意义的工作,人际关系对人类来说比什么都重要;

社会目标(societal purpose):努力为我们周围的世界、社会和我们自己的福祉做出贡献。

综上所述,目标经济服务于人们发展自我(个人目标),成为社区的一部分(交际目标),影响比自己更大的范围(社会目标)的需要。

图 2.2　三种目标

早在 20 世纪初，福特汽车公司（Ford Motor Company）就已经将目标与利润放在了一起考虑，提出将工人的工资提高一倍，将每天的工作时间缩短到 8 小时，并与工人分享利润。结果，该公司成为业内最受欢迎的雇主之一，并在整个世纪的剩余时间里持续盈利。

21 世纪初，目标导向型企业的出现标志着商业世界的范式转变。畅销书《从为什么开始》(*Start With Why*)的作者西蒙·斯涅克（Simon Sinek）是有史以来位列最受欢迎排名第三的 TED 视频的主持人。在他看来，商业世界这种范式转变的核心是做生意背后的"为什么"，即"人们和那些相信他们所相信的人做生意。人们不仅仅为你生产的东西付钱，他们更在意你为什么要这么做"。为了利润、削减成本和增加产出而存在是不够的。了解为什么这样做也就是企业存在的目的，才能经得起时间的考验。

为了实现它们的目标，近年来，越来越多的企业在它们的"使命宣言"之外还发布了"目标宣言"。使命宣言是说明企业想要完成什么，而目标宣言则是说明为什么。在过去，苹果的使命是成为领先的电脑公司，而史蒂夫·乔布斯的目标是设计创新、强大和美观的产品，让客户满意。苹果不关注股东，也不采取捷径或短期行动来最大化股东价值。相反，它专注于客户。它的成功，以及对股东的价值，是一个长期的产品设计、创新和产品逐步变得卓越的过程。

最大、最著名的企业之一是联合利华，它于 2010 年推出了联合利华可持续生活计划（Unilever Sustainable Living Plan，USLP）来为股东和社会创造短期和长期利益。联合利华可持续生活计划是一个可持续的未来蓝图,每个人都可以在地球的可承受能力范围内很好地生活,这超越了最初的目标概念。凭借联合利华可持续生活计划,联合利华还在社会和政治问题上发挥了领导作用。其目标是将业务增长与环境影响脱钩,转向循环经济,方法包括关注可持续采购、工作场所的公平、女性的机会以及对塑料包装的重新思考。这样,在企业规模扩大的同时,也将减少整个价值链在环境中总的足迹。

练习 2.1 探索目标和使命

探索

探索目标宣言和使命宣言:
- 在网上做一些案头调查,找到更多关于企业宗旨和使命的例子。例如,看看你最喜欢的企业,看看它们的目标和使命是什么;
- 如果企业没有明确自己的目标,你认为它们的目标会是什么;
- 用一句话说明它们为什么要这样做和做了什么。

由于经济发生了基础性变化,政府未能为社会、经济和政治问题提供持久的解决方案,社会越来越指望公共和私营企业来解决这些问题。考虑到我们今天所面临的全球挑战的规模,毫不奇怪,社会的利益相关者,如公民、企业、非政府组织和政府,都在敦促企业避免成为问题之源,而要贡献更多解决方案(在第 1 章中我们将其描述为社会拉力)。

就像联合利华可持续生活计划一样,这些问题从性别和种族不平等到保护环境、退休,等等。投资公司贝莱德(Black Rock)的首席执行官拉里·芬克(Larry Fink)2019 年在向其他首席执行官的年度致信中呼吁,不仅要确保他们的组织有明确的目标,为利益相关者提供比财务利润更多的东西(正如他在 2018 年的致信中所强调的那样),还要在社会和政治问题上发挥领导作用。

对于企业来说，仅仅生产一个好产品已经不够了。拉里·芬克在2019年写道："目标不仅是口号或营销活动，这是一家企业存在的根本原因——它每天都在为股东创造价值。目标不是对利润的唯一追求，而是实现利润的动力。"人们希望支持那些有目标、价值观相一致并真正按照这些原则行事的企业，而不仅仅是为了环保目的才遵循这些原则。

为了消除人们对"漂绿"做法的怀疑，企业正承受着越来越大的压力，需要衡量和监督其环境、社会和治理活动，以对其目标驱动的行动做出更精确的评估。许多企业遵循全球报告倡议（Global Reporting Initiative，GRI）的原则，世界经济论坛与四大会计师事务所一起制定了一套非财务环境、社会和公司治理因素的披露标准。标准涵盖了一些关键措施，如温室气体排放、自然损失、资源循环以及性别和种族薪酬差距等。

毋庸置疑，企业需要目标。在当今竞争激烈的市场中，明确的目标能使企业蓬勃发展。目标驱动型企业不能盈利的旧观念已经改变。一个平衡利润和目标的第三方认证标准是共益企业。共益企业要求企业满足社会和环境绩效、法律责任和公共透明度要求。由于社会上最具挑战性的问题不能仅靠政府和非营利组织来解决，共益企业社区致力于减少不平等，降低贫困水平，创造更健康的环境、更强大的社区，并提供更多有尊严、有目标的高质量就业机会。截至2020年4月，在71个国家的150个行业中，共有超过3 300家经过认证的共益企业[①]。

第1章已经简要介绍了可持续发展目标，它为企业提供了方向和指引，指导它们如何使其战略与我们的地球所面临的严峻经济、环境和社会挑战相一致。促使制定可持续发展目标的指导原则如下：

1. 人类（people）：消除一切形式的贫困和饥饿，确保尊严和平等；

---

① 根据共益企业官方网站的最新介绍，截至2023年2月18日，全球89个国家160个行业中，共有6 414家企业经过共益认证。——译者注

2. 地球（planet）：为子孙后代保护地球的自然资源和气候；

3. 繁荣（prosperity）：与自然和谐相处，确保生活富足充实；

4. 和平（peace）：促进和平、公正和包容的社会；

5. 伙伴关系（partnership）：通过稳固的全球伙伴关系落实议程。

全球报告倡议（GRI）、联合国全球契约和世界可持续发展商业理事会创建了一个可持续发展目标指南，以帮助企业实现这些目标（参见图 2.3）。

图 2.3 可持续发展目标指南

练习 2.2 探索可持续发展目标和循环经济

探索

探索可持续发展目标、循环经济：
- 做一些关于循环经济和可持续发展目标的（互联网）案头研究——

哪些可持续发展目标能从循环经济中较大且直接地受益；
- 你还能找到促进循环经济实践的其他可持续发展目标吗？

目标的目的

行业刊物和学术文献都表明，目标导向型的企业不仅能更好地吸引并留住员工和客户，还能促进创新、提高收入增长率和股东价值。克兰菲尔德大学对两代领导者，超过 50 名首席执行官和 150 名未来领导者进行了关于商业目标的研究。结果发现，这两代人对企业的目标以及企业如何实现目标方面的看法非常不同：

他们都认为企业应该有一个社会目标，但只有 19% 的未来领导者认为企业目前有明确的社会目标，相比之下，首席执行官这样认为的比例是 86%。

他们还一致认为，盈利能力和股东价值是衡量当今企业成功的关键指标。但是，虽然现在的领导者认为这些仍然是最重要的指标，但未来的领导者认为，未来人才的发展、社会和环境影响以及创新等其他因素将决定企业的成功。

2019 年德勤的一项调查显示，42% 的千禧一代因为他们认为企业的产品或服务对环境和社会有积极的影响，因而开始或加深了与这些企业的商业关系。此外，约 37% 的人表示，由于某家企业的不道德行为，他们已经减少或停止与该企业打交道。此外，千禧一代占总劳动力的 35%。贝莱德集团的首席执行官拉里·芬克在 2019 年的首席执行官致信中写道，千禧一代对自己为其工作、从其购买产品和向其投资的公司有新的、更严格的期望。员工，而不仅仅是股东，在确定公司的优先事项和目标方面有更大的发言权。芬克认为，这种转变已经可以从过去一年"熟练员工"的离职中看到。有鉴于此，希望吸引和留住人才的企业将需要适应这些新的期望。

这不仅仅是年轻人关心的问题：在所有年龄组中，近三分之二的人希望企业在公平劳动实践、透明度和可持续等问题上表明立场。

目标导向型企业的员工利益

如今,目标驱动型企业专注于识别社会需求并努力满足这些需求,它们动员人员和资源,而不是管理他们。该类企业推动道德行为建设,指导文化,并为一致的决策提供框架。目标驱动型工作能让员工更自豪、更高效、更成功。

以目标为导向的业务重心往往与员工的个人价值观产生共鸣。这创造了一种健康的平衡,因为员工能够在工作中不经历任何与个人情感和价值观的冲突。无论文化、语言、地域和职业如何,企业的目标都是员工的激励因素。它把员工变成组织的形象大使。

领英的一项研究发现,73%的目标导向型员工对他们的工作感到满意。人们希望为他们的组织所做的事情感到骄傲。他们希望自己的工作很重要,希望在商业、社会和环境影响方面做出更大的贡献。这正是一个目标导向的企业所做的:它为社会创造积极的影响和价值,而不改变其业务重点。为目标导向的企业工作可以让员工获得个人成就感。这能够提高生产率、降低缺勤率。基于自豪感和目标导向的员工在组织中工作的时间更长,目标是一个可持续的、可扩展的和强大的组织文化的关键要素。

重新定义价值

重新定义价值的核心是在组织决策中纳入自然、人力和社会资本,以管理风险和抓住新机会。在自然、人力和社会资本之间找到平衡,并管理相应的利益相关者的期望,而利益相关者的期望会随着时间而变化,这是企业经常面临的困境。然而,如果社会价值观发生了变化,那么总会产生新的价值来应对这种变化。相反,如果一家企业不能为社会创造足够的价值,它就失去了继续经营的社会许可。企业应该能够看到这些发展,并发现支持变化的机会,同时为社会和它们自己的组织创造价值(参见图 2.4)。

韧性商业模式

图2.4 主流价值创造概念

重新定义价值和相应的可持续转型，包括向循环经济过渡，需要对整个价值链进行系统性转型，涵盖设计、生产和消费阶段，以及提高物质生产力等。如此深刻的转型不太可能突然发生。

学术专家和企业已经提出了各种模式来引导企业对社会的贡献，虽然向可持续目标的转型正在推进，但挑战和阻力仍然存在。以批判性和深思熟虑的方式理解现有的理论概念、方法和实际应用及其对个人、组织和社会的影响，对于进一步发展和采用价值创造方法是很重要的。目前有五个主流的价值创造概念，重新阐释了企业对社会的价值（参见图2.4）。

1. 利益相关者价值。这一概念的核心是利益相关者（如客户、供应商、员工、金融家、社区和管理层）如何合作创造价值。这意味着企业是"一组创造价值的关系。在企业的活动和结果中拥有合法利益的群体之间的关系，企业依靠它们来实现其目标"。

2. 混合价值。在这个概念框架中，也称为任务相关投资、影响投资、联合资本和社会投资，对企业、投资和非营利组织的评估是基于它们贡献社会、环境和金融价值的能力。这种整体方法有时可以与三重底线的人类、地球和利润交替使用。

3. 可持续价值。该框架从商业角度看待全球可持续发展挑战，有助于确定正确的战略和做法、实现更可持续的世界，同时提高股东价值。这种双赢的方法被定义为可持续价值创造。

4. 共享价值。创造共享价值是一个企业成功和社会进步相互依存的框架。它提高了企业的竞争力，同时也改善了企业所在社区的经济和社会状况。共享价值创造注重识别和加强社会和经济进步之间的联系。

5. 综合价值。创造综合价值是通过跨联结经济（包括循环经济、福祉经济、使用经济①、指数经济和韧性经济）的协同创新，同时建设多个"非金融"资本（如人力、生态、社会、技术和基础设施资本），从而产生净积极效应，使我们的世界更令人满意、可持续、共享、智能和安全。

练习2.3 探索重新定义价值

探索

探究利益相关者价值、混合价值、共享价值、可持续价值、综合价值。

- （在网上）做一些关于上述主题的案头调查，例如查看所提到的参考文献和相关资源。
- 为每个价值框架提出价值主张。
- 你对这些例子有什么看法？
- 你认为它们的实用性如何？同时详细阐述对这些框架的批评，你对这些批评怎么看？你自己的观点是什么？

批评企业业务的原因维度：潜在的不利因素

在本章的第一部分中，我们讨论了目标导向型企业和重新定义价值的积极影响。然而，必须提到的是，一个目标导向的企业也有缺点，它把我

---

① 使用经济的含义是对于很多物品，我们更关注是否能够使用，而不是是否拥有。——译者注

们的身份、自我价值和情感安全与工作联系在一起。对员工来说，目标导向型企业不仅仅是一份职业，它们鼓励员工花更多时间为实现企业目标而工作，培养友谊，并帮助他们找到自己的人生目标。新冠疫情大流行期间一轮又一轮的裁员显示了目标导向工作文化的弊端。人们失去的不仅仅是他们的收入，他们失去的东西或许是无形的，可能代价更高，比如他们的自我价值、身份认同、情感安全，以及与工作相关的生活目标。这就引出了下面的问题：我们是否需要一种新的价值观，在工作中把个人放在首位，让员工对自己的工作有更大的自主权，让他们在生活的其他方面也找到平衡和意义？

批评企业业务的原因维度：企业社会责任的潜在缺陷

企业社会责任是企业核心业务的一个附加元素，而不是商业活动的补充，这是一个广泛的全球共识。关键不在于如何使用利润，而在于利润最初是如何产生的。在从责任到创造价值的转变过程中，这个概念有时是有缺陷的。

创造共享价值强化了企业在创造利润的同时满足"社会需求"的理念。然而，在这里社会需求被视为达到目的的一种手段，允许企业发现新的市场机会，并在双赢的情况下进行有利可图的投资。只有当发现了创造经济（一赢）和社会价值（两赢）的双赢机会时，企业才应该行动起来。

然而，当出现一赢一输的情况（企业获利，但社会没有）或一输一赢的情况（社会获利，但企业付出了代价）时，焦点又回到了获得利润上。这表明该框架只迎合特定的利益相关者，而不是整个社会。假装企业首先专注于创造经济价值是不真实的，这可以被视为共享价值框架的缺陷。

当企业扮演公民角色时，例如在利益相关者价值或可持续价值的框架中，它们会参与到社区中，并帮助塑造社会环境。它们不仅是经济主体，创造了经济价值，它们还可以在社会中扮演不同的角色。

约翰·埃尔金顿呼吁重新考虑他的三重底线概念，因为它被用作一种采用权衡心态的平衡手段，而不是激发对资本主义未来的更深层次思考，我们也可以因此提出反对混合价值的理由。埃尔金顿指出，企业"竭尽全力确保实现利润目标，但对于它们的人类和地球目标却很少如此"。我们需要具有必要的激进意图的价值创造框架，以阻止我们超越地球的承受能力。

如第1章和本章开头所述，重新定义价值和创造目标是企业的热门话题，部分原因来自社会的压力。许多学者正在研究价值创造方法的进一步发展和应用，以及它们对人类、企业和社会的实际价值和意义。企业需要确定自己的位置，因为这将最终决定它们的竞争战略。

练习 2.4　探索目标和循环之间的联系

探索

基于目前你对企业目标以及如何表达企业目标的理解，现在来探索循环的概念是如何与目标相协调的。企业在走向循环的道路上所采取的步骤如何有效地实现它们的目标？

战略

在前面详细阐述了目标的概念并将目标与循环主题联系起来之后，现在让我们看看如何将"为什么？"转变为切实的商业战略，也就是"我们想去哪里？""我们将提供什么？向谁提供服务？""我们将如何做到这一点？"以及"它能带来多少经济收益？"（参见图2.5）。

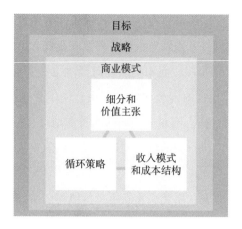

图 2.5　目标、战略、商业模式

一旦企业明确了自己的目标，它需要将其分解为可操作的实际目标，并定义"想要达到的目标"。因此，更一般性的目标必须转化为具体的目标、计划和行动。塞特斯·杜玛（Sytse Douma）等指出：

战略就是一个规划；

规划涉及长远；

战略关系到企业在社会中的作用；

战略包含企业想要实现的目标；

战略表明了企业希望如何实现目标。

战略制定的过程一直并仍然处于激烈的辩论之中，存在着各种思想流派。亨利·明茨伯格（Henry Mintzberg）在 1990 年已经区分了 10 个这样的思想流派，在一系列关于这个主题的文章中，明茨伯格和伊戈尔·安索夫（Igor Ansoff）交换观点、概念和批评的学术讨论非常有名。简而言之，一方面，战略概念是一系列结构化调查和分析步骤的结果，例如，环境分析、行业分析、市场分析等，这些都是制定详细战略计划的输入要素（"设计学派"，基于行动前的思考）。另一方面，也有一些学派认为战略更多的是随着时间的推移而不断调整，尽管基于所谓的战略意图，即提供总体方向并防止企业经常改变方向（"学习学派"，基于边干边学）。

关于战略制定过程本身的更多细节超出了本书的范围。相反，我们关注的是企业的商业模式及其特定的构建模块，并将其放在循环的背景下来审视。

商业模式简介

循环经济有别于其之前的概念（如生态设计、工业生态、生态效率、清洁生产或"预防污染费"）的一个因素是商业模式的综合思维。这意味着，向循环经济转型，以及价值链中循环和预防性措施的实施，不仅依赖于技术层面，还非常依赖于组织层面，以及如何将循环货币化。这也是商业模式发挥作用的地方。

每种商业模式都由两部分构成。一部分包括与制造某些东西相关的活动（设计、采购材料、制造等），另一部分包括专注于向正确的客户销售某些东西的活动（销售、分发、提供服务、收入等）。

根据大卫·蒂斯（David Teece）的观点，一个组织的商业模式定义了其如何说服客户愿意为所提供的价值付费（创造价值），如何真正将所提供的价值变成现实（传递价值），以及如何将收入转化为利润（获取价值）。它反映了关于客户想要什么，他们想如何获得，以及组织将如何满足这些需求的假设。其实质是总结价值是如何在所有相关各方之间创造、交付、获取和分配的。

请注意，商业模式和收入模式是有区别的。尽管两者有相似之处，但它们是服务于不同目的的两个框架，收入模式是商业模式的一部分。收入模式解决的问题是一个组织如何创造附加价值，如利润，而商业模式描述的是影响这种附加价值创造的所有方面。在本章的最后，我们将回到收入模式上来。因此，术语"商业模式"有更广泛的含义，我们将首先对其进行介绍，使用商业模式画布（Business Model Canvas）作为构思商业模式的简单工具。

商业模式画布

亚历山大·奥斯特瓦尔德（Alexander Osterwalder）和伊夫·皮尼厄（Yves Pigneur）创建了将收益和商业模式结合起来的九个构建模块。这些模块一起形成了一个简单的模板，称为商业模式画布，包含了九个基本元素，这些元素很好地概述了企业的商业模式是如何形成的（参见图2.6）。

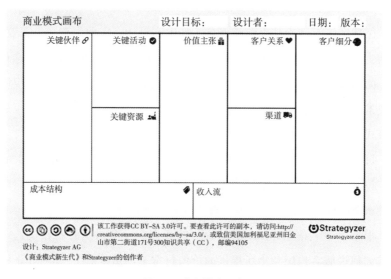

图2.6　商业模式画布

资料来源：Osterualder 和 Pigneur（2010），www.strategyzer.com，根据知识共享署名相同方式共享（CC-BY-SA）。

从图2.6中可以看到，画布的右上角关注的是外部因素，如客户和市场，大部分是不受企业控制的（专注于回答"我们将为谁做这件事？"的问题）：

1. 客户关系：与特定客户群建立的关系类型；
2. 客户细分：定义企业要接触或服务的人群或组织；
3. 分销渠道：描述如何与客户群体进行沟通和接触，以传递价值主张。

商业模式画布的左上角关注的是业务及其内部因素，这些因素主要在

第 2 章 探索循环的企业视角

企业的控制之下(关注的是"我们将如何做?"):

4. 关键伙伴:与其他企业的关系,如供应商和制造商,政府或非消费者实体,从而帮助实现商业模式;
5. 关键活动:执行价值主张中最重要的活动;
6. 关键资源:创造和提供价值主张、开拓市场、维持与客户群体的关系和赚取收入所需的最重要资产。

中间的模块关注于价值主张,它代表了企业和客户之间的价值交换(因此解决了"我们提供什么?"的问题)。

7. 价值主张:企业通过提供产品和服务为特定的客户群体创造价值。

画布的底部反映了商业模式选择在财务方面的影响(关注"它能带来多少收入?"这个问题)。

8. 收入流:企业创造附加价值的方式,或者回答"企业如何创造收入?"
9. 成本结构:在运营商业模式过程中发生的所有成本和费用。

受到商业模式画布大获成功的启发,其他分析企业商业模式的框架也陆续出现,比如精益画布(Lean Canvas),它实际上是商业模式画布的改进,或者克拉伊延布林克用于描述整体战略的战略草图(Strategy Sketch),在商业模式画布基础上添加了诸如"竞争""目标""价值"等元素。

另外,一些框架还针对"可持续商业模式"提出了具体的变化。除了商业业务,还纳入了突出环境和社会影响的元素。首先,艾伦·麦克阿瑟基金会为基本的商业模式画布提供了一个附加组件,其中包含与循环相关的具体推动因素和存在的问题。其他的例子还包括三层商业模式画布,它通过增加基于利益相关者视角的社会层和基于生命周期思维的环境层来扩展原有的画布，旨在将经济、环境和社会价值结合起来，还有循环商业模式画布。

> **练习 2.5　探索不同的商业模式画布和循环**
>
> **探索**
>
> 探索不同的商业模式画布和循环。
> - 做一些（互联网）案头研究，找到奥斯特瓦尔德和皮尼厄的原始商业模式画布，以及艾伦·麦克阿瑟基金会提出的那个改进版本。
> - 奥斯特瓦尔德和皮尼厄的提示和问题与艾伦·麦克阿瑟基金会的最大区别是什么？
> - 做一些（网上）案头调查，找到书中提到的其他画布。当你启动自己的循环项目时，你会使用哪个画布？
> - 描述并准备讨论。

在接下来的内容中，我们将聚焦于商业模式的不同元素，将其分为三个逻辑模块，从而涵盖上面提到的最相关的部分：细分和价值主张（是什么？为谁？），循环策略（怎么做？），收入模式和成本结构（有多少？）。

细分和价值主张

作为企业商业模式的第一个构建模块，让我们看看细分和价值主张这个主题。

价值主张的概念：他们为什么要从我这里买东西？

企业通过向客户销售产品来获得收入。在这种情况下，"价值主张"

第 2 章 探索循环的企业视角

一词经常被使用。一家企业必须给顾客提供他们看重的东西,并且他们愿意为此付费。我们称之为企业的"价值",换句话说,我们对客户做出的有价值的承诺是什么?

在关于市场营销的学术文献中,有大量关于价值概念的参考文献和框架,例如菲利普·科特勒(Philip Kotler)和凯文·莱恩·凯勒(Kevin Lane Keller)的著作。一个普遍接受的说法是,价值是顾客感知到的利益的函数,与为产品或服务支付的价格有关。在某种程度上,这指的是我们在日常生活中都习以为常的"价格和质量关系"。

那么,这些可感知的好处来自哪里?或者"价值主张"的要素是什么?在营销文献中,有大量的框架和概念阐述价值主张的定义,从科特勒的"产品层次",到价值主张画布,以及弗雷德·克劳福德(Fred Crawford)和赖安·马修斯(Ryan Mathews)提出的五个价值属性和相应的 5-4-3-3-3 策略(参见图 2.7)。彼得·M.A. 德斯梅特(Pieter M.A. Desmet)以一种非常新颖的方式将克劳福德和马修斯的后一种框架与产品领先、客户亲密度和卓越运营的基本战略结合起来。克里斯托弗·H. 洛夫洛克(Christopher H. Lovelock)和阿兰·拉什顿(Alan Rushton)等人则采取了更为简单但有力的观点:他们以产品的核心价值为基础。有些人称之为产品的基本或核心价值。产品的质量、功能、特点和耐用性等方面特征会浮现在我的脑海中:伞应该有效地保护你不淋雨,药能够治病,矿泉水可以解渴。

图 2.7 细分和价值主张

但在某些市场，特别是在那些不同企业生产的产品非常相似的成熟市场中，这些基本优势可能不足以让企业在客户眼中脱颖而出，除非企业成功地追求成本领先或卓越运营的战略。对于其他企业，差异化可能来源于克里斯托弗和拉什顿所说的"服务外围"或"产品外围"。在外围这一层面中，纯物理产品之外的一些方面开始发挥作用，例如交付速度、交付可靠性、交付前更改订单的灵活性、售后或维护服务、回购服务、选择包装类型，或可能添加的定制标签。

循环的各个方面是在哪里发挥作用的呢？这是一个很直接的问题，但答案可能不那么直接。例如，消费者购买更耐用的循环产品是因为它耐用还是因为它是循环的，还是两者兼而有之？事实上，答案可能因人而异。然而，对于销售产品的企业来说，这种差异可能非常重要，特别是当考虑到对客户细分、宣传、品牌的影响时，甚至是看起来不相关的问题，如废弃物处理或环境报告（参见图2.8）。

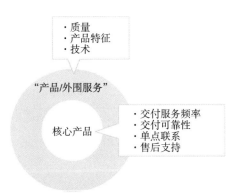

图2.8　价值、核心产品和外围服务

资料来源：Christopher（2016）和Rushton（2017）等

差异化与一刀切：聪明的客户细分

请注意，大多数企业并不只关注单一的客户群体，它们通常要满足不同的细分客户。在营销文献中可以找到许多关于客户细分的参考资料，但其背后的基本思想是，客户并不是100%相同的，"一刀切"可能非常有效，但结果几乎没有人得到他们想要的东西。与之相反的做法是,完全满足每个客户的独特需求,但这种做法的缺点是,效率、价格和利润都将受到影响。

这就是聪明的客户细分的艺术和科学开始出现的地方:如何确定尽可能多的有价值的细分群体,但也要兼顾效率,从而在定制和效率之间进行优化平衡。客户细分的确切概念、方法和工具等内容偏离了本书的关注重点,但就目前而言,了解大多数企业面向多个细分市场,每个细分市场可能需要不同的价值主张(即使可能存在或多或少的重叠,但它们不会100%相同)就足够了。反过来,这些不同的价值主张可能需要不同的(循环)解决方案,每个解决方案都在定制和效率的张力之间寻找平衡。

顾客和消费者:并不(总是)是一回事

我们之前已经简要地提到过顾客和消费者之间的差异,但对任何特定的企业来说,对于企业的直接付费客户来说重要的特征,与对于(最终)消费者来说重要的特征之间可能存在差异。当考虑到位于市中心的当地便利店店主时,他们的顾客在大多数情况下都是终端消费者,所以我不需要区分顾客和消费者。

例如,在制药公司的案例中,最终消费者是患者,他们显然对药物在他们体内的作用感兴趣,这里指的是由所谓的"活性成分"产生的产品核心效用。然而,从制药公司购买药物的药房经营者可能对核心利益不感兴趣,因为最终他们自己不会使用药物。对他们来说,产品的核心效用之所以非常重要,是因为他们知道,这将代表着面向那些正在寻找治疗头痛药物患者的潜在销售量。除此之外,药房很可能对配送相关方面非常感兴趣,如配送提前时间、灵活性、包装类型、产品可得性等。

因此,尽管我们很容易只关注消费者为什么想从一家企业购买某种产品,但关键的是不要忘记为那些直接向我们付费的人提供价值——我们的客户,尤其是在二者不一样的情况下。从价值链的角度来看,我们需要明确区分并考虑这两种情形,因为它们可能对不同的供应链构建模块有不同的含义。在有关行业类型、商业模式和营销的文献中，通常会区分企业对消费者（B2C）和企业对企业（B2B）。然而，即使是一家向其他企业销售产品的B2B公司，最终也会在产业链的末端有一些消费者，因此可能很容易混淆客户和消费者的概念。

> **练习2.6　探索循环价值主张**
>
> **探索**
>
> - 通过对你认为是"循环"的产品做一些（互联网）案头调查，探索循环价值主张。
> - 产品的循环维度在多大程度上是以循环为中心的？
> - 你认为循环维度在多大程度上与所有对产品感兴趣的客户或消费者相关？

循环策略

现在细分和价值主张已经变得更加清晰了，让我们来看看商业模式的第二个构建模块，并主要关注循环，即所谓的循环策略（参见图2.9）。

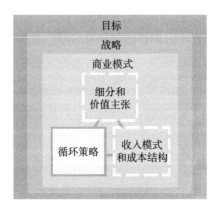

图2.9　循环策略

第 2 章 探索循环的企业视角

以线性供应链为起点

传统意义上,(线性)供应链是将商品从生产转移到市场的一系列事件和参与者。每个行业都存在线性模式,对于大多数现有的企业来说,这仍然是主导模式。这些线性供应链的管理方式对企业的竞争力有很大影响。传统意义上,你可以把供应链看作一个线性模式,在这个模式中,各种参与者一起合作,将原材料转化为最终产品,并交付给最终用户:

原材料→供应商→制造商→运输→最终用户

然而,在经济全球化时代,价值链不再如此简单——它看起来更像一个横跨全球的网,特别是当我们考虑到循环时,这意味着闭环和循环被引入价值链中,以组织产品和材料的回流,目的是回收、再制造、再利用或其他价值保留策略,我们将在本章后面讨论这些内容。

供应链策略作为整个公司战略的逻辑结果,定义了整个价值链中活动的连接和事件的序列,以实现对客户的价值主张,而运营效率则专注于在单个活动中实现卓越。有六种通用的供应链模式,可以大致分为两组,即以效率为导向和以响应为导向的模式。

1. 以效率为导向的模式:在这些模式中,价值主张以低成本、资产利用率和点对点效率为导向。三种供应链模式分别是高效、快速和连续流[①]模式。

2. 以响应为导向的模式:这些模式具有高需求、市场中介成本和不确定性的特点。这三种供应链模式分别是敏捷、定制和灵活模式。

---

① 连续流是通过一系列的工序,在生产和运输产品的时候,尽可能地使工序连续化。——译者注

韧性商业模式

一旦企业选择了最符合其价值主张的供应链策略，评估供应链管理的可靠性、响应能力、成本、敏捷性和资产效率是很重要的。可以使用供应链运作参考模型对供应链绩效进行基准测试并跟踪改进。供应链运作参考模型是一个过程框架，它将供应链界定为六个流程：计划（做什么、何时和在哪里做），采购（购买所需材料），制造（制造产品），交付（向客户销售和获取产品），退货（逆向物流），使能（不属于其他类别的所有所需内容）。

如前所述，对于大多数公司来说，这样的线性供应链和策略仍然是常态。就企业本身而言，这使得向循环供应链的转型更加复杂，因为需要考虑将现有的供应链基础设施作为起点。我们将在第三部分中讨论这个问题。

供应链的循环

正如第 1 章所述，循环经济缺少标准化的定义。除此之外，新的循环商业模式仍在开发之中。为了让你对最重要的商业模式及其策略有一个清晰且直观的了解，我们将使用价值山（参见图 2.10）进行分析。

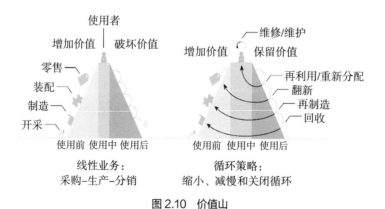

图 2.10 价值山

资料来源：Achtorberg（2016）等。

价值山是一个为企业提供正确概念的策略框架，从而使其在循环环境中定位其业务、策略和价值链。目的是让产品尽可能长时间保持在价值山的顶端。

价值山是一个虚拟的小山。在上山的过程中，我们从使用前阶段开始，包括采购、生产和分销。当一个产品向山上移动时，每一步都在增加价值。一旦产品到达顶部，它就进入了使用阶段。在使用前和使用中阶段的中心是缩小的循环过程，循环策略则最大限度地减少材料的使用，并尽可能长时间地保持产品的最高价值。正如我们在第1章中所讨论的那样，产品可以设计成耐用的，适合维修和保养的。

当目前的所有者使用完产品后，产品就可以开始下山了。从山顶往下走，循环策略专注于减缓循环速度，以确保产品及其部件保持最高效用。下山的过程描述的是使用后阶段，在这个阶段，产品每走一步就会失去一些价值。然而，在产品下山的过程中，它的部件或材料可以被带回到山坡左侧的前一级。通过这种方式，它们直接流回使用阶段，它们的价值没有失去，而是实际上保留了下来。当材料最终到达它们的寿命结束阶段时，闭环专注于材料回收，从而从剩余的材料中获得更多的价值。

循环策略和R-阶梯

价值保留（Value Retention）指的是资源具有内在价值的观点，与价值的经济含义相反。就制成品而言，这意味着保持其状态或在尽可能少的变化的情况下重复使用它们，以确保制成品连续的可用性，并且在保护资源的情况下，令它们最接近其原始状态并保持下去。在今天的实践中，焚烧和回收仍然是主导政策，这是较低级形式的材料价值保留。此外，减少资源投入或再利用的数据很难获得。

正如你所观察到的，大多数与循环策略相关的概念的英文名称中都有词头前缀"Re"：保留（retain）、再利用（reuse）、翻新（refurbish）、回收（recycle），等等。"Re"在拉丁语中的意思是"再次""回来"，但也有"从头""重新"的意思，这些都指向了循环经济的本质。这通常被称为R-阶梯或R-命令（策略）。丹尼斯·雷克等人分析了69篇关于R-命令（策略）

概念化的学术文章,并创建了10个资源价值保留选项(ROs)的单一系统类型学,这在文献中最常见。在第1章中,我们简要地提到了R-阶梯,建立在废弃物的分级分类上——所谓的"兰辛克阶梯"——和废弃物框架指令。对于那些已经有些了解循环经济的人来说,字母"R"听起来肯定已经很熟悉了。

R-策略在资源使用、设计、制造、消费者使用和寿命结束阶段都有不同的含义。有十种以"R"开头的策略,有些读者可能听说过:杜绝、减少、再出售或再利用、修理、翻新、再制造、重新调整用途、回收材料、回收(能源)和重新开发(参见图2.11)。前两个策略是预防性选择,其他八个是再利用选择。这十种以"R"开头的策略可以分为三个阶段:

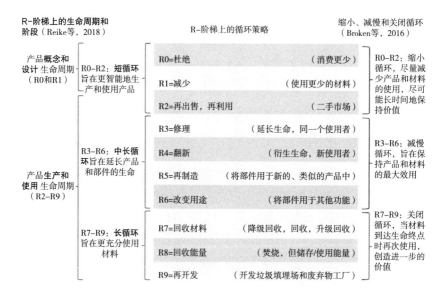

图 2.11　R-阶梯

第一阶段:短循环通过杜绝、减少或再出售或再利用,旨在更智能地生产和使用产品。我们也称之为缩小循环,有助于减少产品和材料的使用,并尽可能长时间地保持价值。

第二阶段:中长循环旨在通过修理、翻新、再制造或再利用产品和组件来延长寿命。我们也称之为减缓循环速度,有助于保持产品和材料的最高效用。

第三阶段：长循环通过材料回收、（能源）回收和重新开发，专注于材料的价值应用。我们也称之为闭合循环，当材料寿命结束时对其再次开发利用，从而进一步创造价值。

R-阶梯的经验法则是，阶梯越高，使用的资源越多，因此环境负担也就越重。重要的是要记住，这些策略可以在企业和价值链内同时实施。

两个理论生命周期

在循环经济中，我们可以确定两个理论生命周期：产品生产和使用周期以及产品概念和设计周期。

产品的生产和使用周期关注的是从使用前到使用和使用后阶段的材料流动。这个循环与R-阶梯上R2至R9的循环策略相关联：再出售/再利用、修理、翻新、再制造、改变用途、回收、回收能量和再开发（参见图2.11）。这些策略关注提高产品利用率和尽可能长时间保持产品的最高价值（保持产品在价值山顶），以及确保产品、部件或材料回流到生产和使用阶段，从而保留其价值（将产品、部件或材料带回山顶）和减少产品处理。

产品概念和设计周期是一个总体框架，考虑了（重新）设计产品概念的生命周期，也关注生产和使用周期策略。概念和设计周期的核心是R-阶梯上的循环策略R0（杜绝）和R1（减少）以及五个核心活动：政策（战略制定）、想法产生（利用创造力）、设计（产品设计和清洁生产，包括其他预防措施和设计方法）、想法实现（生产产品的时间跨度）以及评估和重新考虑。

在向循环经济过渡的过程中，重新思考概念和设计生命周期是至关重要的，因为污染和废弃物应该被考虑进来，从设计阶段就应该考虑产品的连续生命周期。克里斯·贝克斯（Chris Backes）等人在循环策略中区分了六种不同的设计策略，它们可以作为独立的设计策略实施，也可以在一个产品中组合实施。这六种设计策略是：附加和信任设计、可靠性和耐用性设计、易维护和维修设计、升级和适应性设计、标准化和兼容性设计、拆卸和重组设计。

阶段1：旨在更智能地生产和使用产品的短循环

第一种策略——R-阶梯上的R0——是杜绝（refuse）（参见图2.12）。正如在第1章中指出的那样，我们当前的线性经济模式是由生产和消费驱动的，其中的获取、制造、使用和废弃原则是核心。这就意味着我们过多地利用初级原材料和化石能源，尽可能地把产品做得便宜，产品生命周期短，用完就废弃。杜绝策略旨在回应"获取、制造、使用、处理"的做事方式，例如在设计阶段杜绝使用危险材料和化学品；杜绝有计划的报废，故意设计有限的产品使用寿命或可回收性差的设计方法；重新思考设计，杜绝包装浪费；或者完全杜绝生产某些产品，因为在循环经济的背景下，它们不再有意义（如一次性塑料）。此外，循环背景下会选择创造更好的替代品。

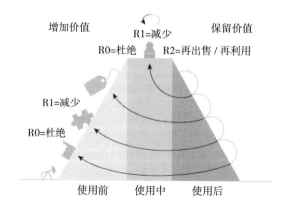

图2.12　价值山第一阶段：杜绝、减少、再出售或再利用

第 2 章　探索循环的企业视角

第二种策略——R- 阶梯上的 R1——是减少（reduce）。例如，这一策略侧重于减少产品中使用的原材料数量，方法是用更少的材料（例如塑料瓶生产中使用的塑料更少）生产产品，改用单一材料（即只由一种材料或纤维组成的材料）或使用二次原材料（即回收材料）。此外，减少策略侧重于从设计阶段通过做出导致更少浪费和污染的更好选择，来消除废弃物和污染，因为产品对环境 80% 的影响发生在这一阶段。对企业来说，这意味着采用零浪费的设计技术，优化运输和分配，或通过改用可再生能源和燃料实现碳中和。

第三种策略——R- 阶梯上的 R2——是再出售或再利用（resell 或 reuse）。这种策略要求整个产品可以被其他消费者在功能相同且几乎不需要任何调整的情况下再次使用。在消费者对消费者的环境中，这是通过在 eBay、Vinted、Facebook、Marketplace 甚至 Ticket Swap 等网站上，转售未使用的产品、交换衣服或赠送某些产品来实现的。荷兰银行 2008 年的研究显示，近 60% 的消费者购买二手产品，67% 的消费者表示愿意这样做。这表明，企业有很大的潜力可以将目前的策略多样化，对现有产品采用再出售或再利用策略，如宜家的家具回购和再出售计划或巴塔哥尼亚的破衣之旅（Worn Wear）。

第一阶段策略中杜绝、减少和再出售或再利用策略的优势

通过规避我们目前的线性经济模式和减少材料使用，艾伦·麦克阿瑟基金会计算出在循环经济的"过渡场景"下，欧盟每年可节省 3 400 亿 ~ 3 800 亿美元的净材料成本。在一个"高级场景"中，通过闭合材料循环和在经济中引入循环策略，每年可以节省 5 200 亿 ~ 6 300 亿美元。这三种策略的其他优点是：

通过摒弃浪费和污染，拒绝线性的产品，企业可以为改善环境做贡献，而不是污染环境。

对初级原材料的需求将减少，从而导致原材料实现净节约，降低各种原材料的成本。

由于不再使用计划性淘汰，总拥有成本（total cost of ownership）将显著降低。

当产品被设计为可重复使用时，消费者的保修成本将会降低。

通过再次出售产品，企业创造了额外的财务价值，消费者节省了购买全新产品的成本。

练习 2.7　探索杜绝、减少和再出售 / 再利用

探索

在探索 R- 阶梯的第一阶段，结合循环策略和你的环境——你发现了什么？

- 环顾四周，选择你看到的一件产品：你正在穿的、正在坐的、工作正在使用的、你旅行带着的，等等。
- 你会减少什么，你会杜绝什么，你会如何再出售或再利用产品？

第二阶段：中长循环，旨在延长寿命

R- 阶梯核心策略的目的在于在中长循环中延长产品和部件的寿命。与处理和更换不同，这创造了一种回收和再利用的文化，通过修理、翻新、再制造或重新调整用途等活动，使产品利用率最大化，延长产品寿命，避免浪费（参见图 2.13）。但这还不是全部：价值被保留甚至增加了。在这里，生命周期思维、逆向物流、闭环供应链以及通过减少残值和资源投入来提高效率等概念成为行动的原则。

第 2 章　探索循环的企业视角

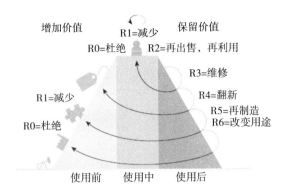

图 2.13　价值山第二阶段：修理、翻新、再制造和重新调整用途

第四种策略——R- 阶梯上的 R3——是修理（repair）。正如你们现在所知道的，在循环经济中，尽可能长时间地使用我们现有的产品并充分发挥它们的潜力是非常重要的。通过修理原始产品中的原始部件，第一次购买（或生产）时的质量得以保留。这确保了延长原始产品的寿命。除了点对点的维修车间，企业可以在自己的制造商控制的维修中心重新收集他们的产品，或与维修和维护公司合作。欧洲环境委员会的研究表明，77% 的欧盟公民愿意修理自己的物品而不是购买新的，但他们没有这样做。维修费用和服务水平让他们望而却步。然而，作为 2020 年循环经济行动计划——欧洲绿色协议的主要构成之一的一部分，欧盟委员会将致力于保障消费者的"修理权"，这意味着要提高备件的可用性、获得修理和升级服务的机会。

第五种策略——R 阶梯上的 R4——是翻新（refurbishment）。通过翻新，运用重复使用的、修复的和新的零件或其组合来重建现有产品。简而言之，翻新需要制造商修理或更换原始产品的磨损和过时零件。用于翻新的产品可能是新产品，例如可能需要升级或已推出更新版本的未售出产品，但也可能是在保修期内退还给制造商或零售商的缺陷产品。

第六种策略——R- 阶梯上的 R5——是再制造（remanufacture），再制造的意思是改造。重点是尽可能保持产品的原始部分。再制造是指利用原产品的再制造部件生产新产品。这是由产品制造商完成的。原始产品中的升级部件是生产新产品的基础，类似的产品通常会在保修期内重新投放市场。再制造的经济激励，包括通过使用现有零部件降低生产成本和产品价格，以及为新产品提供可负担的替代品。此外，再制造降低了与国际材料、零部件供应相关的风险，并在价值链内部建立了更强的关系。

第七种策略——R-阶梯上的R6——是重新调整用途（repurposing），即为某物找到一个新的用途，而不是它原来的用途。部件被重新分配或修改以适应新的功能性产品，通过赋予不同于其最初生产（或制造）目的来延长产品或部件的使用寿命。

第二阶段策略中修理、翻新、再制造和重新调整用途的优势

创新和企业家精神往往是循环的核心。这种结合触发并加速了向循环经济的过渡。没有技术创新，循环经济就很难实现。然而，维护和维修这些新的创新产品和服务是必要的，以保证它们的寿命和使用价值最大化。因此，在循环经济中，维修行业具有巨大的潜力。

负责任的全球成衣制造（WRAP）的研究表明，有效利用我们的主要（和次要）资源与创造就业机会之间存在直接和积极的关系。通过重新调整用途、再制造、翻新、修理和再次使用等方式重新利用产品和零件，每1 000吨不需要的产品可以创造大约8~20个就业机会。相比之下，每1 000吨废弃产品的能源回收和再循环可以创造大约5~10个就业机会，而填埋1 000吨废弃产品只能创造0.1个就业机会。这五个策略的其他优点是：

延长产品或部件的寿命；
通过翻新和修理，原始产品的价值增加了，因为它的质量和功能与新产品一样甚至更好；
防止（不必要的）回收、焚烧或填埋产品和材料；
在生产新产品时尽量减少使用初级原材料，从而节约相关成本；
减少产生的废弃物数量。

这些策略通过减少二氧化碳排放，与生产和使用新产品、组件比，对环境的危害更小，从而有助于实现第 1 章提到的《巴黎气候协定》的目标。

练习 2.8 探索维修、翻新、再制造和重新调整用途

探索

探索 R- 阶梯的第二阶段；结合循环策略；在你周围的环境中，你看到了什么？

- 环顾四周，选择你看到的一件产品：你正在穿的、正在坐的、工作正在使用的、你旅行带着的，等等。
- 你能够修理、翻新、再制造或重新调整用途的情况的有哪些？

第三阶段：旨在有效应用材料的长循环

正如你在第 1 章中所了解到的，循环经济倾向于从设计阶段就规避浪费和污染。理想情况下，整个产品，包括其所有部件和材料，都可以重复使用。如果不能实现所有的部件和材料都重复使用，则退而求其次，任何用户都可以以任何形式（包括改造）重复使用产品或部件，以延长产品和部件的寿命。最后，当废弃物确实出现时，我们将重点放在材料的回收及其有价值的应用上。R- 阶梯的这一阶段侧重于"处理废弃物"，即产品在其生命周期结束时会发生什么（参见图 2.14）。

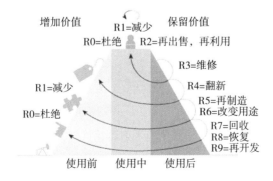

图 2.14 价值山第三阶段：材料回收、能源回收和再开发

传统废弃物管理使产品失去原有功能，因此针对传统废弃物管理引入了长循环策略。材料回收、能源回收和再开发意在对材料进行有益应用，来替代没有能源回收的焚烧或填埋剩余废物的策略，因为在循环经济中我们不会这样做。如果我们看一下价值山，这三个策略被放置在右下角下坡的角落里。

第八种策略——R-阶梯上的R7——是回收利用（recycling）。这是一个广义的术语，指加工成相同的、更高或更低质量的旧材料。回收显然不同于再利用，因为要对原材料进行分离和加工，而不是将部件或产品作为一个整体进行再使用。当人们听到循环经济时，通常会想到循环利用。但正如图2.14所示，材料回收只在最后一个阶段成为一种选择，此时所有旨在更智能生产和使用以及延长寿命的其他策略都不再可能。回收的先决条件是对废弃物进行预先分类和分割。有不同类型的回收方法，如机械、化学和有机回收。

在机械回收的情况下，回收的材料被机械地处理（例如粉碎），以便它们可以作为新产品的投入。换句话说，材料的化学成分保持不变。在化学回收的情况下，回收的材料是经过化学处理的，即材料的化学成分可能会改变，甚至回到塑料的原始分子中，然后用作新材料的投入。回到第1章的蝴蝶图，机械和化学回收是技术循环的一部分。有机回收有点特别，属于生物循环。

有机回收

我们的垃圾中有很大一部分是生物材料，如蔬菜、水果、草、树叶或修剪生物材料产生的废弃物。这类废弃物（即蔬菜水果和绿色废弃物）应该分开收集，但目前还不是所有地方都这样做。例如，在荷兰，三分之一的剩余废弃物由生物材料组成。这有些遗憾，因为如果分开收集，这些材料可以变成沼气或堆肥。另外大约三分之二可以直接堆肥。反过来，这些堆肥被园艺师、农民、市政当局或个人用作土壤改良剂、肥料或盆栽土壤。剩下的三分之一必须先发酵。通过堆肥或发酵生物废弃物，最终废弃物被土壤重新吸收，并在生物循环中重复使用。

除了堆肥，这个过程还会产生沼气。沼气被用来产生热和电。剩余废弃物的燃烧，或堆肥/发酵生物废弃物能够释放大量的能量（例如循环策略回收）。能量以电、热或蒸汽的形式被释放出来。剩下的是一种沙质的黑色材料，可以在新道路的建设中重复使用，而不用沙子或碎石。如果释放的能量被正确捕获，热量或蒸汽可以连接到热网为建筑物供暖，或者产生的（绿色）电可以用于为房屋或道路照明。

荷兰废物处理公司 Meerlanden 在一个特殊的发酵工厂将蔬菜水果废弃物加工成堆肥。在这个过程中产生了五种新的副产品：二氧化碳、沼气、堆肥、热量和水。因此，该公司的清扫卡车由这一过程中产生的水提供动力，而 Meerlanden 所有的垃圾车都使用沼气，从而使它们不对气候产生影响。

回收过程有三个区别（参见图 2.15）。

降级回收　　回收　　升级回收

图 2.15　降级回收、回收和升级回收之间的区别

降级回收：将最初的原材料降级回收为较低级的原材料，此后以任何形状或形式再次使用都是不可能的；

回收：将原材料以同样的形式回收，例如一个玻璃瓶又变成了一个玻璃瓶；

升级回收：原材料的升级回收增加了其价值，使最终材料比其原始状态的质量更高。

练习 2.9 探索降级回收、升级回收和回收

探索

探索降级回收、升级回收、回收、机械回收、化学回收和有机回收：

- 做一些（网上）案头研究，找出循环经济中降级回收、升级回收和回收的例子。
- 这些回收类别对供应链意味着什么？试着用价值山和你为每种回收类型找到的对应企业来说明这一点。
- 做一些网上调查，找出机械回收、化学回收和有机回收之间的区别。在循环经济中，你认为哪种回收方式最有潜力？

第九种也是最不循环的策略——R-阶梯上的 R8——从剩余垃圾焚烧中回收能量（recovery）。这种能量被称为绿色能源。然而，必须指出的是，例如在荷兰，只有 58% 的废弃物是单独收集的，这意味着其他废弃物中仍然包含由于焚烧这种处理方式而损失的有价值的材料。在全球范围内，只有不到 20% 的垃圾被回收或制成堆肥。

第十种策略——R-阶梯上的 R9——是再开发利用（re-mining）。这一策略往往被忽视，因为它的目标是在填埋阶段之后回收材料。在发展中国家，从废弃产品中获取有价值的部件基本上是一个非正式的部门，在这个部门中，人们试图通过发掘目前未经处理而丢失的材料和废弃物来谋生。在这些国家，控制垃圾填埋是正常现象，一些机构开始关注"城市开发"和"垃圾填埋开发"，以获得储存在废弃物处理厂和旧垃圾填埋场中的宝贵资源。

第三阶段策略中材料回收、恢复和再开发的优势

对于无法回收的废弃物来说，能量回收是一个有价值的替代方式。即使剩余垃圾仍然包含有价值的材料，但通过从焚烧中回收能量，产生热量

或能量所需的新的原材料也减少了,因此能量回收有助于推动循环经济。此外,它提供的能量可以用作替代燃料、热能或绿色能源,甚至是一种黑色的沙子状副产品,可以在新道路的建设中被重复使用。回收和再开发使用过的材料也有几个优点:

主要原材料和农业用地(如用于木材或棉花生产的土地)需求减少;

因为使用回收材料比生产新材料所需的能源更少,从而减少了二氧化碳的排放量;

减少了焚烧剩余废弃物的数量;

创造就业和创新的机会。

三个阶段策略之间的相互关系

在前面的内容中,我们已经全面地介绍了 10R 循环策略。然而,在现实中,它们并不是彼此独立的,可以一起应用。例如,可以想象在产品翻新期间(第五种策略或 R4),并不是产品的所有部分都可以成功翻新,换句话说,翻新活动产生了废弃物。这种废弃物显然可以作为其他循环策略的要素进行投入,企业可以选择同时应用多个循环策略,并有效应用一个或多个循环策略作为所选主导循环策略的补充。我们将在本章末尾以及本书第二部分和第三部分中关于《蓝色连接》模拟游戏的部分中再次应用主导循环策略的概念。

材料特性以及与新兴工业 4.0 技术的联系

为了减少浪费,在使用后回收材料,并在本质上减缓和关闭循环,我们特别强调材料特性的重要性。有些材料比其他材料更容易重复使用,因此对某一产品中使用的材料有最大限度的了解是至关重要的。此外,复杂的循环实践推动了供应链中所有参与者之间更好的协作和数据共享的需求。根据欧盟委员会 2020 年的规定,"通过公开数据提供的信息可以改善资源有效利用的决策,因为数据可以预测未来供需的某些趋势(例如市场、天气、人口统计数据的趋势)。"通过使用公开数据,特定价值链中的参与者可以解决物流问题,改善回收和废弃物收集流程,优化库存水平,或通过记录生物多样性和绘制森林砍伐地图来改善战略决策。这方面的一个例子是智能链,它使用多角色方法在短食品供应链[①]中刺激需求,驱动创新。数据使用的另一个很好的例子是区块链计划,例如一家名为 Provenance 的初创公司使用区块链,跟踪金枪鱼从捕捞到储存的过程,通过经过验证的社会可持续性声明来核实渔民的身份。

重要的是要记住"衡量即认知"。利用与大数据和物联网相关的新技术,提高循环可以促进从销售产品到提供服务的转变,强调使用而不是拥有;将未充分利用的产品、服务或资产提供给第三方(付费或免费);借助技术来利用城市空间,重点是改善市民或居民的生活条件。信息是确保世界各地的公司做出正确决策,以消除浪费和有效利用资源的核心。艾伦·麦克阿瑟基金会指出:

物联网凭借其智能传感器和连接技术,可以在提供有关能源使用、资产未充分利用和材料流动等有价值的数据方面发挥关键作用,帮助企业提高效率。展望未来,物联网将提供关于我们拥有什么资源和我们正在失去什么资源的信息。随着物品变得越来越有自我意识,未来的共享平台可以拥有可供实时使用的资产、增强的标记和跟踪能力,如受昆虫启发的群体智能,为弥补缺陷和利用以前被认为是废弃物的材料,提供了巨大的经济机会。

可以说,真正的循环经济离不开物联网和大数据的使用。要实现可持续发展,系统必须响应迅速:行为和行动必须通过知识和数据联系起来。

在此背景下,我们想向读者介绍由建筑师托马斯·劳(Thomas Rau)提出的材料护照(material passports)的概念。劳认为,垃圾是无法辨别

---

① 短食品供应链一般是指物理距离较短或生产者与消费者之间的中介较少的情况。——译者注

的材料。只有材料通行证形式的身份证明才能防止这种情况。如果制成品的所有材料数据都记录在材料护照中，那么所有这些材料都可以在使用阶段后回收，以便重复使用。这样做可以防止它们的价值在燃烧或填埋中浪费掉。因此，制成品也同时储存了有用的材料。由托马斯·劳发起的材料护照是在 Madaster 上注册的，Madaster 是一个在线一站式接入点，提供用于建筑物的产品、部件和材料的注册信息。马提亚·海因里希（Matthias Heinrich）和华纳·朗（Werner Lang）对材料护照在建筑行业的应用进行了有趣的概述。

练习 2.10　探索一种产品："解构工作坊"

探索

在前几节中分析了不同的循环策略后，在这个"解构工作坊"中，你将从不同的角度探索特定产品的特征，就像生产者在考虑进入循环的情况下需要做的一样。

从你自己家里的产品开始，例如钻头、旱冰鞋、蓝牙音频设备、淋浴或浴缸的水龙头、平板电视、微波炉或洗碗机。

第一步：创建所选产品的基本说明书（参见图 2.16 中洗衣机的部分详细示例）。对于说明书的内容，你可能想要搜集信息，你可以参照制造商网站、产品手册网站、Youtube 上关于"如何拆卸"或者"里面有什么"的视频。如果可能的话，当然也可以在家参照自己的设备（物理设备、产品说明书等）。

第二步：详细描述图 2.17、图 2.18、图 2.19 和图 2.20 中的模板，每个模板代表不同的循环策略。

第三步：根据图 2.21 中的模板，全面评估你认为哪种循环策略或哪些策略对所选产品最有利，以及你认为哪种设计方案或材料选择可以增加循环的可能性和可行性。

韧性商业模式

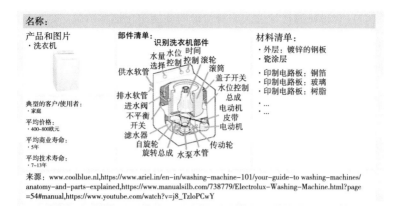

图 2.16 洗衣机产品说明书（示例，未详细说明）

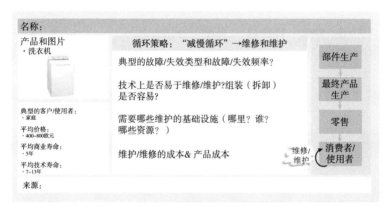

图 2.17 循环策略模板：维修和维护

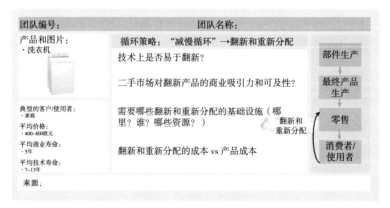

图 2.18 循环策略模板：翻新和重新分配

第 2 章　探索循环的企业视角

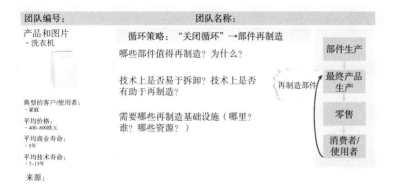

图 2.19　循环策略模板：部件再制造

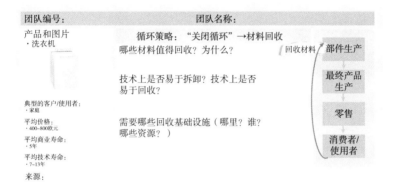

图 2.20　循环策略模板：材料回收

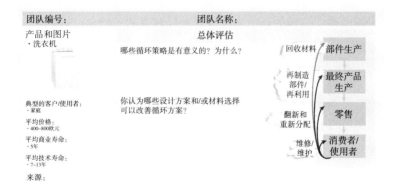

图 2.21　循环策略模板：整体评估

收入模式和成本结构

作为企业商业模式的最后一个元素,让我们来关注一下收入模式和成本结构的话题,这是循环货币化机制应该明确的地方,也是循环能否以盈利的方式实现的一个重要信号(参见图 2.22)。

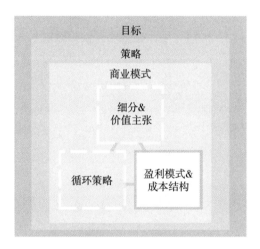

图 2.22 收入模式和成本结构

循环作为变革框架能够激发创新和创造性解决方案。这需要一种同样适用于商业模式领域的新的思维方式和经营方式。例如,玛利亚·P·P·皮耶罗尼(Marina P.P. Pieroni)等人和彼得·莱西(Peter Lacy)等人提供的包含这种循环商业模式的框架。在某种程度上,他们的研究建立在鲍肯(Bocken. N.M.P.)等人的工作基础之上,鲍肯等人区分了六种专注于减缓或关闭循环的不同商业模式创新,并将其置于收入模式的背景之下。

鲍肯等人确定了四种商业模式策略及其收入模式,用于减缓资源循环,鼓励延长产品的寿命和再利用。

1.使用和功能模式:通过提供产品的功能或服务(例如汽车共享、租赁电话、服装库），满足用户的需求，而用户无须实际拥有产品。反过来，维护由制造商或零售商完成，因此用户可以享受产品或服务的好处。

收入模式：用户按服务或单位付费，例如订阅、租赁或即时服务模式。此外，"因为企业可以使产品的寿命更长，从而获得更多的收入，所以延长寿命的额外成本可以被额外收入所抵消。"

2. 扩展产品价值模式：例如，通过生产者责任延伸、重新制造部件、安装回收系统（H&M 回收倡议）或从消费者那里回收二手手机来利用产品和部件的剩余价值。

收入模式：鲍肯等人指出，获得扩展产品价值模式的企业家"可以提供一个让客户利用其产品剩余价值的平台（例如 eBay）"。安装回收或存放系统、安装收集点或应用逆向物流的额外成本，将通过降低材料成本、重复使用剩余材料和二手销售或翻新产品销售来获取新形式的价值来抵消。

3. 经典的长寿命模式：通过耐用设计和高水平的维修和维护服务，来达到提供高品质、长寿命产品的目标，例如百达翡丽（Patek Philippe）的名表，其口号为"你从未真正拥有百达翡丽，你只是为下一代保管它"。

收入模式：产品价格很高，由消费者通过直接销售支付，通常包括终身保修。保修和长期服务费用由制造商承担。

4. 鼓励充分性模式：这一模式也通过直接销售关注更持久、高质量的产品；然而，鲍肯等人表示，"'鼓励充分性'的主要原则是生产持久的产品，并允许用户通过获得高水平的服务尽可能长时间地使用产品。"这需要一种非消费主义的方法，比如巴塔哥尼亚的"不要买这件夹克"广告，产品通常包括终身保修。

收入模式：对于企业来说，这些产品是具有价格溢价和利润溢价情况的高端产品。企业提供的服务吸引了忠实客户，并通过产品的维护和维修创造额外的收入。

鲍肯等人还确定了两种关闭资源循环的商业模式策略和收入模式，它们考虑了线性经济中被视为废弃物的价值。

1.扩展资源价值模式：以采购或收集报废材料为目标，将其转化为新的价值形式（如再生原材料）。这种模式要求建立伙伴关系和协作，以确保废弃材料的采购、收集和处理。

收入模式：通过使用再生原材料来降低整体材料成本和产品价格。此外，鲍肯等人认为，"价值是通过将废弃的资源转化为新的价值形式来获取的。"这也使得制成品对环保消费者更有吸引力。

2.产业共生模式：类似于"扩展资源价值模式"，产业共生的重点是将一个流程（或业务）中的废弃物转化为另一个产品或流程（通常用于另一个业务）的原材料。产业共生受益于当地（例如在一个产业基地之内）的有效合作。

收入模式：通过潜在的新业务种类或由以前的废弃物制成的产品，以及共享成本降低来创造收入。

练习 2.11　探索 R-阶梯上的循环收入模式和策略

探索

探索 R-阶梯上的循环商业模式和策略。
- 看下一周围，挑选一件你看到的产品：你正在穿的、坐在上面的、工作使用的、旅行带着的，等等。
- 你会使用哪种收入模式来实现产品的循环？也包括 R-阶梯上的策略。
- 描述并准备讨论。

第 2 章 探索循环的企业视角

金融与融资

很明显,为了生存,所有的企业都需要盈利,所以至少从长远来看,支出要小于收入。与此同时,为了获得利润,所产生的利润和所作的投资之间需要达到健康的平衡。如果不能用现有资金支付持续的业务费用成本,即使只是暂时的,那么显然就需要融资。在下面几节中,我们将讨论损益表、财务状况和(可持续或绿色)融资等主题。

收入和支出:损益表

企业年报中第一个重要的财务报表是损益表(参见图 2.23)。损益表显示公司的盈利或亏损情况,并显示各项目的细节,损益表从收入开始,然后减去所有的费用。

图 2.23 损益表中的项目(利润或损失)

从上面的概述中可以看出,(循环)价值链中的活动和损益表之间有许多直接联系。首先,可以说,在持久性或服务包方面的卓越循环表现将带来可持续的收入,如果表现优于竞争对手,甚至可能会带来额外的销售额或溢价。此外，价值链和所花费的资金之间显然存在非常明确的联系，这体现在销售商品的成本上，例如原材料采购、入境运输、制造和仓储的能源和劳动力成本，再制造、维护、翻新或从市场上回收产品的成本（退款、回购）。此外，还有分销给客户的成本，这通常是销售费用的一部分。

总而言之，损益表让我们清楚地了解营收（收入）和净收入（利润）。从这张表中还可以推断出，以收入增长为目标的市场战略不一定与以利润提高为目标的市场战略相同。

练习 2.12　探索收入和利润

探索

- 从战略上讲，你认为公司在哪些情况下会把重点放在"收入增长"上？
- 在哪些情况下会重点关注"利润增长"？
- 你能想到哪些具体的举措与关注收入增长非常契合？哪些与关注利润增长非常契合？
- 这两种策略有何不同或相似之处？我们已经理解了收入和支出，现在让我们看看已经进行的投资，以及为了实现业务持续而建立的财务结构。

资产和负债：资产负债表

企业年报中的第二个重要财务报表是资产负债表，有时也称为"财务状况"（参见图2.24）。它显示了企业的资产、负债和权益，换言之，显示了企业拥有的资源，以及它仍欠其他人的债务。

第 2 章　探索循环的企业视角

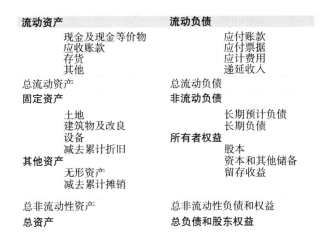

图 2.24　资产负债表上的项目（财务状况）

尽管财务状况不仅包括价值链相关项目，但从运营价值链的角度来看，最重要的项目是资产部分的存货、贸易应收账款和不动产、厂房和设备，以及负债部分的贸易应付款。在考虑已完成的交付、交付可靠性甚至发票准确性之间的关系时，与价值链相关的现金可能增加。应收账款和应付账款与付款条件、订单规模等问题有直接联系。存货相对容易理解，它与应收账款、应付账款一起构成企业的营运资本（见下一节）。不动产、厂房和设备与供应链基础设施以及所应用的生产和物流技术和设备有直接联系。

与企业在商业模式方面选择相关的另一个重要部分是其生产的产品资产。例如，从财务状况的角度来看，向客户出售这些产品（资产转移到客户手中）与"即时服务"（一种越来越流行的循环商业模式）提供产品截然不同。在后一种情况下，这些产品是租赁给客户的，或者是以订阅或"单次使用"为基础提供的，因此它们作为公司资产负债表上的资产，需要以某种方式进行融资。

或者，企业可以选择与银行签订表外"卖方租赁"，将资产转移到银行的资产负债表中，企业将为此向银行支付费用。上述三种不同可能性对损益表和资产负债表都有不同的影响。

融资：资金究竟从何而来？

显然，一个健康的企业的主要融资来源是它从自身运营中产生的利润。有了利润就避免了向外部借贷。然而，很明显，有时利润是不够的，例如需要对新产品、新工艺或新技术、或者市场扩张进行投资。在这些情形下，需要外部资金来源。莱西等人从可持续发展的特定背景下区分了四种这样的外部资金来源：

银行和其他贷款机构，它们可以购买债券或发放贷款，并将结果与贷款成本挂钩。例如，如果可持续性提高就能降低利率。

商业投资者，如专业私募股权公司，特别关注与可持续发展相关的投资机会。

非商业资本提供者，如发展机构或私人慈善机构，旨在通过赠款、公共资本或政府支持的贷款提供（联合）资金，这些贷款的要求通常不如商业贷款严格。

企业风险投资，如大公司投资创新型创业公司。

向循环经济转变不仅会带来社会、环境、治理和气候效益，如果欧洲的交通、食品和建筑环境部门向循环转型，到2030年，它还可以带来每年1.8万亿欧元（2.1万亿美元）的效益。此外，到2030年，回收、再制造和转售等活动仅在英国就可以创造超过50万个就业机会。

循环经济不仅日益被认为是解决气候变化和其他环境、社会和治理问题的组成部分，还为更好的和新的增长提供了机会。金融业内部关注的焦点不再是这些问题是否重要，而是该行业将如何解决这些问题。虽然"可持续"或"循环"融资仍处于早期阶段，但可以观察到有趣的变化，循环经济金融市场正在快速发展。

自2016年以来，投资循环经济的私募市场基金数量增长了10倍，包括私募股权、私募债务和风险投资基金。银行正在发行所谓的"绿色债券",但有趣的是,企业也在这个方向上发起了倡议。截至 2020 年,全球有 10 支部分或完全专注于循环经济投资的公募股权基金[贝莱德集团,申万巴黎基金管理有限公司,Candriam 投资集团,基岩资本集团,瑞士信贷(两支基金),Decalia 集团,高盛集团,NN 投资伙伴集团和苏黎世永续资产管理公司],而 2017 年还是一片空白。在 2020 年的前 10 个月里,通过这些公募股权基金管理的资产增长了 6 倍,从 3 亿美元增加到 20 多亿美元。此外,在截至 2020 年的一年半时间里,发行了 10 支以循环经济为重点的全球企业债券(这些债券包括:Alphabet,BASF,Daiken Corporation,Henkel,Intesa Sanpaolo,Kaneka Corporation,MOWI,Owens Corning,Pepsi Co 和 Philips)。

投资巨头正在将可持续性引入其策略,如贝莱德的投资管理报告、摩根士丹利的塑料垃圾解决方案、安盛的点对点共享模式解决方案,或摩根大通前高管约翰·富勒顿(John Fullerton)的资本研究所开展的活动。

换句话说,正如《哈佛商业评论》一篇题为《投资者革命》的文章所述,"股东正越来越重视可持续性。"绿色投资、影响力投资、再生金融、金融公民,甚至"shactivism"(股东行动主义)等术语越来越频繁地出现,这表明可持续发展的公司未来可能确实会获得更低的资金成本。金融在加快向循环经济转型方面发挥着重要作用。未来几年,金融服务不仅要投资于特定的、完全循环的业务,还要鼓励所有行业的企业进行这种必要的转型。

练习 2.13 探索"绿色"融资

探索

在上述例子的基础上,通过做一些(互联网)案头研究来探索"绿色"融资的新方式。

- 你发现哪些具体的金融产品和服务是新的或创新的"绿色产品"?

- 它们的目标是谁？
- 它们在实践中是如何操作的？
- 你能找到成功实施的具体案例吗？
- 你认为银行和金融机构在为循环经济相关计划融资时提供更好条件的"商业理由"是什么？
- 你认为循环经济相关项目的哪些具体方面可以带来更高的回报或降低风险，从而为更好的融资条件奠定基础？

选择和掌握循环业务模式

选择一个主导的循环策略

现在我们知道了可以使用的不同的循环策略，那么我们实际上如何决定走哪条路呢？选择可以基于许多不同的标准，例如：

现有（线性）产品在设计、材料或组件方面的循环策略的适用性，如"解构"部分所见；

企业领导团队认为可行、合理的变更程度；

倾向于大改革或通过试点逐步实施；

与潜在循环价值链合作伙伴的当前关系；

估计市场潜力，等等。

除了上述内容，我们还想回顾一下本章前面简要提到的一个主题，即一些循环策略可以同时应用。在任何情况下，很可能总是要选择一个主导循环策略作为中心策略。然后，在与所选的主导策略兼容的情况下，其他循环策略可以作为补充进行应用，例如，可以为产生的废弃物提供第二个选择。

练习 2.14 探索主导和兼容的支持循环策略

探索

根据图 2.25 中的模板,哪些主导循环策略可能(技术上)与哪些支持循环策略相匹配,即哪些策略可能兼容?目前,你不必担心财务的可行性,只需从部件设计一直到消费者,再到价值链,看看技术可行性和战略之间的一致性。

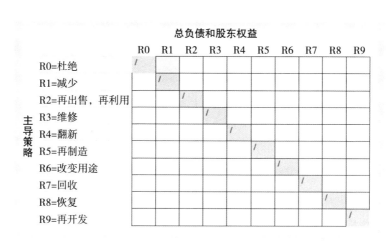

图 2.25 主导和支持循环策略

掌握主导循环策略的商业模式

除了选择主导循环策略之外,另一个主题是如何掌握循环商业模式。需要描述哪些项目来更好地了解某个特定循环场景,从而提供深刻的理解?回到本章中涉及的一些主题,我们建议根据所选的主导循环策略,将以下项目列入清单(参见图 2.26):

商业模式的集成概念视图,如商业模式画布。

韧性商业模式

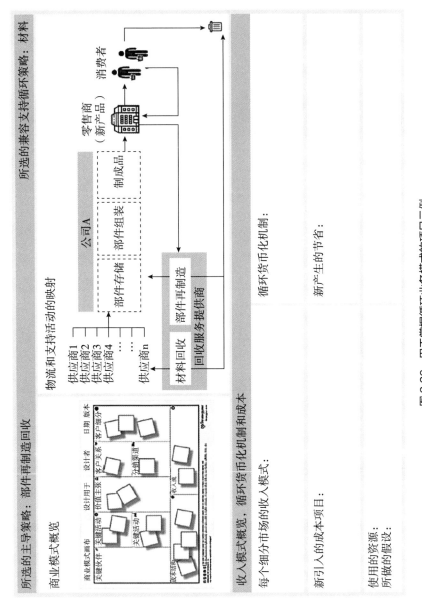

图 2.26 用于掌握循环业务模式的项目示例

物理流程图，显示价值链中的各个阶段，包括任何预期的返回循环或所需的支持活动（例如维护和维修、翻新等）。通过增加物品数量、重量以及与不同流量相对应的货币数量，可以丰富这种映射。映射最好包括三种类型的流：材料、部件和成品（销售和退货）。

每个客户细分的收入模式概述，包括相应的数字。

循环货币化机制概述，例如通过二手市场销售或向供应商出售回收材料。

对增加或减少成本的概述，如与翻新或再制造相关的成本，或与租赁或认购情况下的非平衡融资相关的资本成本，或因再制造部件的重复使用从而减少新部件的购买而节省的成本。

请注意，在本书的第二部分和第三部分中，我们将详细回顾主导和支持循环战略的概念以及掌握循环商业模式的方法，然后将其具体应用于《蓝色连接》商业模拟游戏。

本章小结

循环第一阶段第二步的发现：探索公司的视角

"水挺深啊！从此以后，你们谁还认为循环只是关于回收的？"乔安娜姨妈说，"现在很清楚了，这一切都始于我们公司的目标，以及选择更循环的潜在动机。对于'为什么'的问题，我肯定需要好好考虑一下。"

她接着说："我现在也更清楚地看到了目标如何指导战略，以及循环机制如何能够融入其中的。我还了解到，如果我们想要追求循环，我们应该以一个主要的循环策略为基础，并潜在地辅以一个或多个其他兼容的支持循环策略。一旦定义好了，我们就应该找出适合现有客户的收入模式，因为显然我们需要将循环货币化。下一步将是观察对成本的其他影响，无论是额外的成本，例如维护或翻新活动，还是潜在的成本节省，例

韧性商业模式

如通过回收再制造的组件减少购买新组件的需求。价值山和 10 Rs 是这里的基础。孩子们,这是一幅相当复杂的画面,但至少现在很清楚了(参见图 2.27)!"

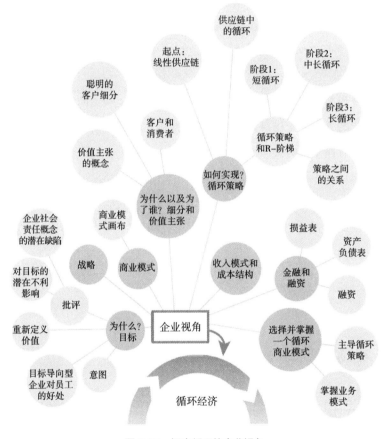

图 2.27 探索循环的企业视角

"的确很复杂,但你知道吗,乔安娜姨妈,"玛丽亚说,"我在想,你可能想要考虑和公司的一些人一起做这个'解构研讨会'。当然,它会给你一些额外的见解!"

"这是一个好主意!"乔安娜姨妈热情地回答。她说:"总的来说,我的理解是,循环确实是一个非常广泛和多样化的话题,如果我们真的想在我们公司继续推进它,我们将面临一项非常艰巨的任务,所以我们最好现在就开始在公司动员其他人。"

乔安娜姨妈停了一会儿,好像在担心什么事情。"不过,我有一种感觉,在我们真正下定决心之前,还需要研究其他一些东西,"她继续说,"说实话,我不确定我是否期待这些发现,因为我们可能会认识到,作为一家公司,我们的影响力有时比我们想象的要小得多。或者让我换一种说法:我们对某些外力的依赖远远超过了我们的意愿。"

"什么会让你紧张呢,乔安娜姨妈?"玛丽亚问。

"嗯,"乔安娜姨妈回答说,"根据我们之前的步骤,我的直觉告诉我,循环不仅是我们公司自身的问题。我们可以拥有所有的动力、能量和我们想要的项目,但我怀疑这还不够,我们根本无法控制一切。我认为我们还应该探索企业边界之外的东西。你们知道的,看看政府做什么或不做什么的重要性,看看国内和国际的法律方面的情况,看看循环对教育的影响,最后同样重要的是,看看循环生态系统的相关性。"

"好啊,乔安娜姨妈,"彼得笑着说,"我担心我们已经完成了这个项目,但幸运的是你又找到了一些工作让我们做!"三个人都笑了,玛丽亚说:"好吧,那我们什么时候再见面?"

第 3 章
探索跨越企业边界的视角

"循环"项目第一阶段的第三步,在乔安娜姨妈的办公室

"你们好,玛丽亚、彼得,早上好,很高兴见到你们。"乔安娜姨妈说。她显然很匆忙,正要出门。"今天早上我真的很想和你们在一起,但我现在确实需要处理另一件事。我们的主要塑料供应商想要讨论一项扩大产能和支持未来增长的投资建议。供应商总部派了一个代表团来拜访,想让我们今天过去。因为是我们的重要供应商,所以我得去一趟。我在白板上写了我们讨论循环旅程下一步的主题(参见图3.1),这样你们就有了一个清单,并且可以开始了。再见!"说完她就走了。

图 3.1 探索跨越企业边界的循环视角

"她怎么能这样?"乔安娜姨妈离开房间后,玛丽亚喊道,"我们几天前就和她约好见面了,现在她却要去拜访一家塑料供应商?"她说起"塑料"这个词时,就好像它是一种非常肮脏或邪恶的东西。"这是污染最严重的行业之一!他们不应该获得投资,而

> 应该减产！"
>
> "好吧，我亲爱的表姐，"彼得回答说，"不管你喜欢与否，生意还是要继续下去。尽管乔安娜姨妈渴望了解循环，以及循环对她的公司意味着什么，但她今天仍然有业务要经营，要对她的客户、她公司的员工和员工的家人负责，等等。别搞错了，如果你的公司在此期间破产，那么循环就没有什么意义了。顺便说一下，塑料仍然是许多产品的基本材料，在许多情况下，如果你把它与其他材料相比，它甚至更容易回收，所以不要太消极。作为更加循环的第一步，这可能是更有前途的替代方案之一。"
>
> "好啦，"他继续说到，"我们要不要开始工作，把乔安娜姨妈清单上的一些事情做完？"

尽管越来越多的企业正在致力于向循环过渡，但有许多超出企业边界的问题阻碍了这种过渡。在本章中，我们将详细讨论立法、企业间合作、生态系统和教育如何阻碍或加速向循环经济的过渡。

立法

促进循环经济，必须考虑产品生命周期的所有步骤：设计、采购、生产、销售、使用和再利用。这涉及许多法律问题，例如废弃物法、保修期、欧盟生态设计政策、税法、生产者责任延伸甚至竞争法等。

如第1章所述，支持向循环经济转型的政策和立法发挥了使能者推动作用，这意味着它们能有效地推动循环经济向前发展。但在我们继续本章的这一部分之前，你可能会问自己，"政策和立法之间的区别是什么？"政策是一份文件，它概述了政府或任何实体想要实现的目标，面向一个长期目标它们要做什么，使用哪些方法、法规（为了遵守和以某种方式行事而制定的规则），以及在执行政令时遵循的原则。立法是指由一个国家或一个国家的一部分管理机构制定的法律或一套法律。二者关键的区别在于，政策规定了目标和活动，可能需要立法使必要的法律和体制框架能够保障实现政策的目标。

立法和政策障碍

除了社会的拉动和使能者的推动使循环经济受到越来越多的关注之外，目前的立法和政策普遍支持线性经济。立法和政策甚至可能减缓向循环过渡，并可能导致以下四种类型的障碍：

1. 立法和政策可能提供不清楚或模糊的信息；
2. 存在各种各样的政策，非常复杂，并且法规是不断变化的；
3. 政策缺乏立法压力，并且控制力弱；
4. 有时候立法或政策会阻碍创新，成为向循环经济过渡的障碍。

立法和政策在超国家层面阻碍向循环经济过渡的一个例子是目前围绕废弃物和二次资源贸易的立法。《欧洲废弃物运输条例》是将废弃物作为有价值的二次资源进行国际交易的瓶颈。根据条例，废弃物不被视为循环创新和生产的资源或投入，而是不可用或不需要的材料。因此，用于循环利用的同质废弃物的收集和跨境运输受到阻碍。此外，立法还注重回收材料的数量，而不是质量。如果没有具体的立法，许多可能的二次资源最终会成为混合废物流，其中高质量的回收成本高于回收材料产生的收入，塑料包装就是如此。这也是 R-阶梯策略设计的现状：产品设计缺乏可执行的具体要求。然而，变化正在发生。作为欧盟可持续发展新议程的一部分，欧盟委员会正在评估《废弃物运输条例》的备选方案，并于 2021 年春季实施。

此外，现有立法和法规之间还存在不一致之处。例如，现行立法中提出的健康要求和消费者保护规定限制了将回收材料作为投入在生产过程中再次使用，虽然欧盟的废弃物末端标准或《化学品注册、评估、许可和限制》等现有法规对此做出了明确规定。

在很多情况下，政策（长期目标）是存在的，但由于模糊不清或缺乏立法而阻碍了政令的执行，这就是食品卫生立法中关于捐赠食品或使用预计过期食品存在的情况。因为立法模糊和不明确，食品的广告、展示和标签也是造成食品浪费的一个非常重要的原因。除了超国家层面的立法和政策障碍（也包括国家层面）之外，还有地方、区域或国家层面的其他障碍，例如：

所有权的法律解释可能阻碍租赁或租赁协议；

租赁和购买产品的规定明确要求无剩余折旧价值，而在循环经济中，这些产品可能代表经济价值；

竞争政策可能会阻碍企业之间的合作，不利于实现废物流的最佳利用；

鼓励使用生物材料作为生物燃料（包括食品）；

导致消费增加和循环降低的刺激措施，如降低增值税；而提高增值税将有助于循环经济发展；

对劳动力成本的高额税收使得维修等劳动密集型循环活动往往过于昂贵；

如果没有通过政策将产品的外部性（不相关的第三方承担的经济活动的成本或收益，如环境或社会成本）内部化，产品就没有支付所有"真正"的成本[1]，不会发出有效利用资源或转向循环模式的经济信号。

练习 3.1 探讨与循环相关的政策和立法障碍的背景

探索

对于你自己的国家或你选择的企业，探索与循环有关的相关政府或商业政策，并与当前的立法进行比较（从地方到超国家层面）。

---

[1] 即有可能造成的负外部性由其他主体承担了。——译者注

- 在政策和立法层面之间是否存在"循环缺口"？
- 如果你有机会这样做，你可能想把自己的发现和同事或队友的相比较。不同国家或企业的政策在立法方面有什么不同或相似之处？

正外部性和负外部性

当谈到循环经济的概念时，我们经常谈论"外部性"这一术语。生产、投资和消费决策经常影响那些不直接参与具体交易的人。当这些间接影响太大时，就会产生问题：对社会的负面影响大于给单个公司带来的利益。污染就是这样：污染者根据直接成本和利润做出决定，而没有考虑污染导致的间接社会成本。尽管有时难以确定，但这些间接社会成本可能包括更高的健康成本、生活质量下降或失去商业机会。因此，污染者产品的"真实"价格要远远高于产品的实际售价。当生产、投资或消费使未参与特定交易的第三方受益时，就会出现正外部性。此时，对社会的利益大于对单个公司的利益。正外部性的一个例子是从传统农业转向有机农业对环境带来好处，因为使用的化学品更少。

国际立法的复杂性与"布鲁塞尔效应"（Brussels Effect）

如第 1 章所述，国际立法（如欧盟立法）是一件非常复杂的事情。尽管企业确实会从一个公平的竞争环境中受益，因为所有竞争对手的法律和市场条件相同或相似，但各国有不同的法律体系、不同的优先事项，并且处于向循环经济过渡的不同阶段。正如《可持续企业世界指南》所指出的那样，在可持续实践的发展方面，各国之间存在许多差异。《循环经济手册》也证实了这一观点，其中有一部分专门介绍了不同国家的循环情况。例如，比利时、荷兰、奥地利、德国和瑞士等欧洲中部和西北部国家的城市废弃物回收率超过了欧盟 50% 的目标（有些地区甚至达到 80%~90%），而土耳其、罗马尼亚和保加利亚等国家的废弃物回收率接近0%。这些国家的填埋率为80%至100%，相反，瑞士和荷兰的填埋率接近0%。对于欧盟政策制定的可行性和雄心而言，这种欧洲差距是一种双重挑战，也是一种平衡之举：挑战领跑者走得更远（并超越欧盟目标），支持落后者迎头赶上。

企业必须考虑两个立法层面：地理层面（地方、区域、国家、超国家和全球）以及每个地理层面的自治程度。欧盟立法是超国家层面立法的一个例子，每个国家具有有限的自治权。据说，历史证明，欧盟在制定新立法标准方面经常发挥主导作用，这些新立法后来也被世界其他地区采用，布拉德福德将这种现象称为"布鲁塞尔效应"①。这突出了在政府、政策和标准方面增加地理因素的重要性。在一个地方发生的事情最终可能会影响到另一个地方，但只要影响还没有到达那里，它对在那里的人和企业来说就可能没有什么实际用处（除了那些可能想要预测未来并成为第一个吃螃蟹的人或企业，这些人或企业同时冒着过早受影响的风险）。

立法和政策的推动作用

在国家和欧洲层面，有一些政策和立法措施可以刺激向循环经济过渡，例如在第1章中已经提到的生命终结责任、回收立法或安装太阳能电池板的财政激励。下面，我们将对其他政策和立法进行简要的概述。

为了向循环经济转型，奥地利、柬埔寨、中国、芬兰、法国、德国、意大利、日本、荷兰、葡萄牙和斯洛文尼亚等国家，或佛兰德斯、苏格兰和安大略省等地区，都制定了国家或区域循环经济战略，根据这些战略已经实施了各种措施，如加速荷兰房屋循环（Versnellingshuis Nederland Circulair），苏格兰的循环再利用标准，旨在使再利用成为其经济的关键

---

① 布拉德福德在2012年提出了"布鲁塞尔效应"这一概念，大概是指欧盟凭借市场力量，将欧盟标准变为全球标准。——译者注

部分，以及在特定产品组别实施生产者责任延伸（EPR）。甚至还有城市层面的措施，比如旧金山城市建筑中的从"摇篮到摇篮"，在城市建筑中实现环境和物质健康目标，或者阿姆斯特丹的共享经济行动计划。你可以在艾伦·麦克阿瑟基金会的"机构、政府和城市"数据库中找到更多区域和国家实施和推广循环经济的例子。

除了区域或国家层面的政府，欧盟委员会还通过了一项行动计划，以刺激欧洲在超国家层面向循环经济过渡。政策措施如《塑料公约》，旨在改变塑料和塑料产品的设计、生产、使用和再利用的方式；循环经济资金支持平台；还有一个生态设计工作计划。

另一种让社会创新、可持续倡议发挥作用的方法是绿色协议，这是（私人）合作伙伴和政府机构之间的自愿协议。在这样做的过程中，我们追求的环境目标，与提高竞争力和实施良好的商业管理齐头并进。双方协议包含明确的角色和责任分工，以及对预期结果、相关行动和时间表的描述。绿色协议的例子包括注重扩大试点项目以创造对循环产品和服务的强劲需求的循环采购协议，以及旨在到2050年实现气候中性的欧洲绿色协议。

除了上述现有的立法和政策措施外，还需要采取额外措施来加快向循环经济过渡。这些措施包括更激进的立法，比如基于可持续性原则的税收转变遵循的是"污染者付费"原则。一些立法措施已经付诸行动，例如，对不可再生资源和污染征税，对可再生资源则不征税，并利用这些收入来降低劳动力的高额税负。对能源和材料征税可以促进节约资源和低碳解决方案，正如你现在所知道的，这意味着向循环经济迈进。此外，这样的税收转变创造了一个包容性的循环经济，增加就业机会，减少温室气体排放，并保护我们的环境。

与污染者付费原则相关的另一个例子是生产者责任延伸，它为生产者提供了强大的财务激励，以防止从寿命结束产品中产生废弃物和责任成本。瓦尔特·R. 斯塔赫尔（Walter R. Stahel）也称之为"关闭责任循环"：在使用寿命结束时，没有价值的产品被退回给它们的生产商，它们是最终责任承担者（ULO）。这将给生产商提供必要的激励，通过设计使产品在使用寿命结束时包含最大的价值和最小的责任，从而防止未来的成本。因此，生产者责任延伸可能是政策制定者促进向循环经济过渡的最有力工具之一，并使其成为个人、经济主体和政策制定者的默认选择。

练习 3.2　探讨与循环相关的政策和立法推动因素的背景

探索

对于你所在的国家或你选择的企业，你已经了解了与循环相关的政府或企业政策，并将其与当前的立法（地方到超国家层面）进行比较。

- 在你的国家或你所选择的企业，当前是否有推动向循环模式过渡的政策或立法？
- 在你的国家或你所选择的企业，未来是否有任何政策或立法可以加速向循环模式过渡？
- 如果你有机会这样做，你可以和你的同事或队友比较你的发现。不同国家或企业的政策在立法方面有什么不同或相似之处？

企业间合作

多利益相关方企业间合作对于实现循环至关重要，因为它会导致透明度、技术转让、组织学习，以及循环经济中清洁技术和资源效率所必需的正确伙伴关系。多利益相关者企业间合作的关键是系统思维，这意味着我们要将价值链视为一个整体，将所有系统和利益相关者都连接在一起。

第 1 章介绍的一个很好的案例是荷兰啤酒行业的全行业合作。把啤酒行业想象成一个叠叠木游戏，如果移除或替换一块积木，破坏了整个积木的平衡，它将影响其他所有积木。例如，如果一家公司决定再次推出自己的瓶子模型，从而违反了使用标准化瓶子以支持瓶子回收和再利用的行业协议，那么这将影响整个系统。考虑到这种影响就是系统思维。这需要在整个系统中生产者、供应商、其他组织和最终用户之间进行合作，因为它们只有相互依赖才能取得循环合作的成功。例如，在新产品开发的早期阶段，让供应商加入跨职能团队（例如，早期供应商参与），参与从创意产生到上市后评估等工作。

组织不只是为自己的（财务）利益而工作，还要专注于改善并使之在其中运行的整个系统更具可持续性。在循环经济中，这意味着价值链中的各个参与者共同努力缩小、减缓和闭合循环。这正是荷兰皇家 KPN 电信集团《循环宣言》的目标，它在宣言中呼吁所有网络设备供应商延长它们的设备寿命，令设备更耐用，同时使用更少的原始材料，目标是到 2025 年接近 100% 的部件可以被重复使用。

在价值链中进行合作是至关重要的。如果链上的某个资源失去了价值，链上的所有参与者都会受到影响。比如地毯制造商 Interface，它与 Aquafil 合作，该公司将废弃的渔网回收制成新的纱线，并冠以 ECONYL 品牌。Interface 用这种纱线制作地毯瓷砖。如果收集到的渔网质量或数量不符合要求，Aquafil 就不能生产纱线，也不用遵守向 Interface 的交货协议。因此，合作的风险、成本和收益必须由参与各方进行适当的讨论而加以明确。

实现成功的企业间合作：透明度

在循环经济中，合作的必要性是显而易见的，但在实践中，这对所有相关方来说往往是一个挑战。为了确保从上游到下游的合作，需要采取某些步骤，因为价值链中的不同参与者有不同的视角和依赖关系。透明、愿意和开放地分享敏感信息是极其重要的。生产过程中的透明和合作中的诚实创造了信任，并使交换信息、考虑彼此的观点、寻找合适的合作伙伴进行改进和实施成为可能。

使某个价值链透明听起来比实际容易。在大型组织中，通常很难客观正确地绘制所有内部和外部供应流的图表。当这些供应流跨越国界和大陆时，情况尤其如此。此外，利益相关者不热衷于公开分享信息或信任一个中央对手方，因为这可能会对它们的竞争优势构成风险。

荷兰初创公司 Circularise 帮助供应链上的利益相关者解决这个问题，它利用区块链、点对点技术和加密技术，如零知识证明（一种验证某种东西而不共享或透露底层敏感数据的方法，使区块链真正具有私密性）来帮助跟踪原材料从资源到零件，最后到最终产品的演变过程，从而为价值链中的所有参与者构建去中心化的信息存储和通信平台。

除了透明度之外，知情决策的一个重要基础是在整个价值链的企业间合作中使用数据，特别是大数据。例如，大数据可以为智能城市提供正确的信息，从而更好地实时了解和管理资源、废弃物和污染。

练习 3.3 探索循环经济中的区块链和大数据

探索

区块链与循环经济中的大数据应用。

- 做一些（互联网）案头研究，从而更加熟悉区块链和大数据的概念。
- 你能举出区块链和大数据如何帮助实现循环的例子吗？
- 从企业间合作的角度来看，需要具备哪些基础？
- 描述并准备讨论。

为了指导企业进行多方合作，我们为循环经济确定了成功合作的 9 个步骤，包括 4 种合作类型、14 种角色和 9 个特征，以确定合适和有吸引力的合作伙伴（参见图 3.2）。这 9 个步骤是：认识到合作的必要性，因为合作是循环经济的推动因素；了解当地市场和材料流，包括 4 种合作类型；创建和调整项目的愿景；评估内部资源和存在的差距，包括 14 种角色（参见练习 3.4）；组建内部团队；接触潜在的合作伙伴；利用合作伙伴的 9 个特征来评估和选择合适的伙伴；制定协议；开始合作。你可以在附录中找到关于合作类型、角色和合作伙伴特征的更多信息。

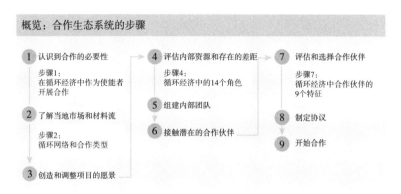

图 3.2 概览：合作生态系统的步骤

练习 3.4 探索循环合作中的 14 个角色

探索

循环经济报告中"你愿意做我的合作伙伴吗？"所包含的 14 个角色是发起人、金融家、内部教育者、循环专家、市场专家、先导者、影响扩展者、使用阶段支持者、生命终结支持者、中介者、知识经纪人、外部教育者、使能者和推动者。

查一下这些角色的意思。在当前或未来的工作中，你希望担任哪个角色？为什么？

另一种形式的企业间合作是企业加速器，企业与初创企业合作（参见图 3.2），借助外部创新能力。成熟的企业由于其标准化的制度和僵化的组织结构，往往专注于自己的核心业务，这可能会限制向更加循环模式过渡所需的创新能力。为了弥补和加强自身的创新能力,通过与初创企业合作将这些能力内化,从而获得新的技术、行业、市场和客户。作为交换,创业企业可以获得资源和专业知识。例如,荷兰零售商 Albert Heijn 和防止食物浪费的餐厅 Instock,Instock 提供由 Albert Heijn(以及其他公司)未售出的产品制成的食物。

练习 3.5 探索促进循环经济的企业间合作

探索

探索促进循环经济的企业间合作。

- 做一些(网上)案头调查,找出更多企业间合作的例子。例如,看看你最喜欢的可持续发展企业,它们是否参与了企业间的合作网络?
- 如果它们没有参与这样的合作,请你给出它们应该与谁建立企业间的合作的建议。
- 描述并准备讨论。

生态系统

你可能很熟悉"生态系统"这个词,它是自然界的一部分,用来描述一个地理区域,在这个区域里,动物、植物和其他生物,以及景观和天气,作为一个系统一起运行,并且这个系统的每个元素都直接或间接地依赖于其他元素。"商业生态系统"一词于 1993 年提出,其定义为:

一个由相互作用的组织和个人所支持的经济共同体即商业世界的有机体。在商业生态系统中,企业围绕新的创新共同发展自身能力:它们既合作又竞争,推出新产品,满足客户需求,并最终进入下一轮创新。

第 3 章 探索跨越企业边界的视角

在第 2 章中，我们讨论了循环商业模式，正如你现在所了解的，单个企业无法生产"循环产品"，除了其自身的循环策略，循环产品充分利用了一个或多个循环策略机会，因而需要一种系统的方法来实现产品生命周期的所有阶段的循环。所有在同一价值链上合作的多方利益相关者，每一方都有自己的循环商业模式，都是生态系统的一部分。正如我们在第 1 章中提到的，甚至学术界和政府机构也可以加入这个过程中，作为遵循三重螺旋概念的合作伙伴。所有各方共同促成了资源沿特定系统的循环流动。生态系统合作推动可持续转型的一个例子是欧盟地平线 2020 "零盐水"（Zero Brine）[①] 项目（详情可参见其官网 www.zerobrine.eu），在该项目中，由 20 多个合作伙伴组成的国际财团正在合作重新设计过程工业中水和矿物的价值和供应链。

在这种类型的共同创造中，协同创新是必不可少的，这意味着需要跨部门和多学科的合作来激发创新解决方案。此外，当广泛的外部利益相关者参与时，就可以促进转型。在循环生态系统中，多方利益相关者进行企业间合作，通过缩小、减缓和封闭的资源循环，创造可持续的价值主张。

要平衡经济、社会和生态的可持续性，需要以这三个子系统都必须健康和可行为前提，这样生态系统才能蓬勃发展。在这里，循环价值链可以被视为，在循环生态系统的所有生命周期阶段彼此补充业务模式的相互作用。价值创造是合作性的：生态系统作为一个整体所创造的价值，比个体参与者独立行动所创造的价值总和要多。因此，企业有必要创建这些生态系统，从而使循环经济发挥作用。

（虚拟）开源循环经济

目前，大多数推动循环经济的组织和企业倾向于专注自己企业内部的

[①] 工业盐水含有各种盐、矿物质、金属等多种化学物质。ZEROBRINE 的目标就是要想办法回收这些工业盐水中的各种资源。——译者注

解决方案，但单个企业不太可能构建完美的循环流程。通过更多跨行业合作、更开放的标准以及跨行业和国家的更高透明度，向循环经济转型可能会更有效。

当开发出好的解决方案时，我们需要能够使用它们，以其为基础进行构建并作出改进。为了做到这一点，萨姆·穆尔海德（Sam Muirhead）和凯特·拉沃斯（Kate Raworth）认为，我们需要一个开源循环经济（Open Source Circular Economy，OSCE），通过一个由设计师、创新者和活动家组成的全球网络，释放循环制造的全部潜力。

开源是一种使人们能够有效地工作的方法论，并可以与未知的其他人合作，无论他们在世界上的任何地方。它提供了一个组织和个人都可以在其中自主地为共享生态系统做出贡献并从中受益的系统，从而解决更大问题的各个部分，以免在重复工作上浪费时间。

在实践中，这意味着公布循环商品或流程是如何创建的（例如软件代码、生产数据或设计文件），以便任何人都可以研究、使用这些信息，通常通过以下分散的在线协作来实现：创建解决方案原型，提供反馈，不同的小组讨论项目想法，修正错误，以及创建可定制的有用的软件、硬件、工具和文化。

数据赋能循环经济

在第1章和第2章中，我们涉及了旨在提高透明度和分析价值链动态的技术主题，例如物联网、区块链（参见如前所述的透明度）、射频识别、人工智能和大数据，这些都可以跟踪已安装产品的情况。当讨论如何成功实现企业间合作时，我们谈到了透明度和区块链在其中的作用。

物联网和智能资产可以感知、传递和存储关于自身的信息。以再利用和修复策略为例，物联网将实现数字技术和制造技术的融合，创造出可以发出任何问题信号的产品，从而确定何时需要维修，并安排维护。廉价的传感器可以安装在从咖啡机到钻头，从吸尘器到洗衣机的任何东西上，并通过使这些产品更长时间地保持完美的工作状态来帮助延长它们的寿命。此外，如果物联网产品也是为了共享而制造的，那么它们可以帮助减少浪费。应用程序可以用来共享很少使用的设备，并对每次使用收取少量费用，例如荷兰的共享平台 Peerby，你可以在该平台预订、定位和租用工具和设备。对于企业来说，物联网带来了新的机遇。例如，如果一家工具制造商生产了一台耐用的割草机，配备了按分钟收费的传感器，并在需要更换部件时做出提示，那么它可能每年只生产数千台而不是数百万台，并按使用时间收取费用。

RFID[①] 是射频识别的缩写，是一种使用智能条形码的跟踪系统，例如，用于识别物品、计算数量或监控库存。RFID 标签可用于多种用途，如监控废弃物容器、跟踪物品的实时可用性或完善电子垃圾的回收系统。智能 RFID 废弃物容器，例如意大利许多商业废弃物管理公司使用的 Intellhydro 的垃圾桶标签，可以在特定的时间（如处理时间）按需测量湿度、重量、体积和温度等数据。在循环经济中，这些信息可以优化废弃物收集和分类，并通过进入其他循环来增加这些材料的再利用价值。

人工智能是赋能新兴的"第四次工业革命"时代技术的一部分，并可能在实现向循环经济过渡方面发挥重要作用。人工智能处理的系统和模型侧重于与人类智能相关的功能，如学习和推理。它使我们能够从反馈中更快地学习，扩展人类能力，更有效地处理复杂性，补充人类的技能，并更好地理解缺失的数据。在循环经济中，这可以通过迭代的机器学习辅助设计过程来促进新产品的开发，改善闭环所需的逆向物流，并增加产品的流通和利用率。荷兰的初创企业 Excess Materials Exchange 使用人工智能将材料匹配到新的、能发挥更大使用价值之处。它使用材料护照，或者用它的话说，资源护照，来深入了解材料或产品的组成、来源、毒性或可解构性。此外，它利用条形码、QR 码[②] 和芯片，在这些资源的整个生命周期

---

① RFID 是 Radio Frequency Identification 的缩写。——译者注
② QR 码是二维码的一种，QR 是 Quick Response 的缩写，即快速反应的意思。——译者注

中跟踪和追踪这些资源。它的目标是通过结合人工智能和人类专业知识，将企业的材料、产品和废弃物流与跨行业的新的高价值再利用选项相匹配，从而释放企业的材料、产品和废弃物流的最大价值潜力。

> **练习3.6　合作、网络和生态系统：有什么不同？**
>
> **探索**
>
> 这可能会让人困惑，所有这些术语都是关于在一个网络中或在一个生态系统中的企业合作。你知道它们有什么不同吗？
>
> - 做一些（互联网）案头研究，找出合作、网络和生态系统之间的区别。
> - 描述并准备讨论。

循环生态系统的构成要素

循环生态系统由多个元素组成（参见图3.3）。

图3.3　循环业务生态系统

1. 行动者：学术界、工业界、政府、支持机构、金融系统、专家、企业家、客户和公民社会，以及它们的经济和社会关系，在整个循环生态系统中扮演着各种角色。

2. 文化：组织和人员的观念结合起来，支持循环创新，解决相关问题。

3. 基础设施：支持循环创新和生态系统本身发展的技术和物理条件以及一般资源。

4. 监管和立法：构建创新环境和生态系统功能的规则、目标和法律。

5. 交互：支持生态系统内部以及生态系统外部与外部参与者交互的渠道。

6. 知识：在循环价值链中使用、生产并最终组织和管理、提供、学习的专业知识和支持理论基础。

7. 创意：激发循环创新行动有目的的想法，整个循环生态系统都围绕着这些行动运转。

8. 资本：全部或部分参与方提供的金融资产。

9. 构筑原则：循环生态系统的元素协调和组合的方式。

循环生态系统和韧性

新冠疫情影响了全球数百万公民，导致全国范围内的社交距离受到限制和封锁。未来的危机很可能围绕气候变化这个话题发生。在新冠病毒危机期间，"韧性"一词被频繁使用。Circular Flanders 和 VITO 在不同的组织中进行了一项韧性调查，详细介绍了它们如何经历危机以及如何展望未来。韧性调查强调了使企业更好抵御冲击的三个成功因素：

1. 重新关注本地和相关业务；
2. 创造力；
3. 合作。

这三个成功因素都是向循环经济转型的基础。在新冠疫情大流行期间，循环企业发生短缺的情况比其他企业要少，34%的循环企业出现了短缺情况，而"像往常一样经营"企业的短缺情况为98%。减少短缺的循环策略似乎主要集中在本地、短供应链和更少的材料使用上。它表明，循环生态系统不仅使企业更可持续，还使企业更有韧性。

实现成功的生态系统

尽管人们普遍认为，超出企业边界的合作是成功（更广泛地）实施循环原则的基本要素，但在实践中，合作被证明是一件非常复杂的事情。为了成功合作，企业和其他利益相关者需要在许多不同的方面保持一致。正如米尔瑟·维尔特（Myrthe Velter）的研究所表明的那样，"通过对价值的不同理解、利益的分歧、风险和责任的划分以及现有的流程和活动，协调的复杂性会显现出来，这些流程和活动限制了参与者的合作程度"。正如传统的线性供应链合作实践多年来所表明的那样，合作的重点是相当明确的，合作可能有意义的领域也是如此。但要做到这一点就完全是另一回事了。

研究指出，向循环经济过渡的技术障碍较小或不存在。最关键的障碍是企业文化和对变革的态度。此外，在循环经济中，有一种从个人主义思维到集体思维的转变。这是我们最近历史上第一次质疑竞争的概念，是否与利益相关者接触不再是一个选择。为了实现平衡和一体化的生态系统，挑战在于如何成功地参与其中。深思熟虑的互动、建立网络、合作以及从多方利益相关者的企业间合作中学习是至关重要的。信任、利益相关者参与和商业模式创新是企业必须克服的最大挑战。此外，为系统中的所有参与者创造价值的具体主张是必不可少的，因为所有参与者都有不同的角色和不同的需求。

教育

众所周知,向循环经济转型需要知识开发、知识传播和创新。如果这些做得不够,就会阻碍向循环经济过渡。由于企业、知识机构和政府之间的结构性合作目前尚未得到保证,这就提出了如何组织循环经济的知识开发以及如何有效地传播所获得的知识的问题。

除了缺乏循环知识外,企业的知识传播能力也很差。企业之间缺乏信任和信息保密阻碍了知识的交流,从而影响了透明度。此外,尽管人们对设计领域的兴趣日益浓厚,但循环设计和生态设计领域的知识发展仍处于起步阶段。

此外,目前还缺乏一种连贯的教育和循环能力发展方法。知识发展是向循环经济过渡的必要条件。然而,到目前为止,线性方法似乎仍然根深蒂固。

教育、技能培训和再培训方面的机会

丽丝·詹森斯(Lise Janssens)和汤姆·库彭斯(Tom Kuppens)的研究表明,63%的受访者认为当前的教育对基本技术能力的关注不够。然而,更引人注目的是,70%的人认为横向能力没有得到足够的重视,77%的人认为对价值评估能力缺乏重视。以上研究表明,受访者普遍认为应加强对估值能力和横向能力的教育,而技术能力也仍然很重要。这三种能力本身在循环领域之外,却与循环密切相关,正如我们将在本章后面讨论的那样。

弗兰德斯循环中心、芬兰国家研发基金组织或艾伦·麦克阿瑟基金会等国家与国际的推进机构创建了资源包,以积累知识,提供指导、见解和相关资源,并促进围绕循环经济的对话。

韧性商业模式

循环劳动力市场

由于向循环经济转型，许多工作岗位预计会消失，例如化石燃料行业的工作岗位，但在其他部门，工作岗位数量将增加。各国政府应该对加速向循环经济的过渡有很大的兴趣，新就业岗位的数量将超过失业岗位的数量，综合来看，将会实现就业净增长。

这为当地创造就业机会、重新培训"银发工人"（老一代工人），以及为无技能或因新技术出现而失业的人提供职业培训机会创造了潜力。如第 2 章所述，通过产品和零件的再利用，每 1 000 吨不需要的产品可以创造 8~20 个工作岗位。相比之下，每 1 000 吨不需要的产品，通过能量回收再利用可以创造 5~10 个工作岗位，而填埋 1 000 吨不需要的产品只创造 0.1 个工作岗位。

循环就业市场包括从资源管理和制造业，到废弃物管理和创意产业的各种部门的工作。这些工作包括传统技能（如体力劳动）和新型循环技能（如材料成分分析师或模块化设计师）。简而言之，所有循环工作都有助于实现 R- 阶梯上的一种策略。循环经济报告确定了三种类型的工作。

一是核心循环工作（Core circular jobs）：从概念名称就能看出，这些工作是循环经济的核心，因为它们确保原材料能进行封闭循环，并在经济中引入循环。这包括废弃物和资源管理部门的工作，可再生能源和维修，如电器技术人员、工艺操作员或农艺顾问。

二是支持循环工作（Enabling circular jobs）：这些职业形成了循环经济的支撑外壳，因为它们能够升级和加速核心循环活动。这包括数字技术、工程、设计或租赁方面的工作，如循环设备工程师、建筑信息经理、需求规划师或采购专业人员。

三是间接循环工作（Indirect circular jobs）：此类职业为核心循环和支持循环活动提供服务。这包括物流、公共部门或教育领域的工作，如教师或快递员。

根据循环经济报告，向循环劳动力过渡必须以三个核心支柱为基础：劳动力技能培训和再培训，有保障、具有社会价值、薪酬公平的高质量工作，以及为所有人提供机会的包容性劳动力市场。下面我们将详细介绍未来和当前劳动力的技能培训和再培训。

南希·鲍肯（Nancy Bocken）和泰斯·H. J. 吉拉德斯（Thijs H. J. Geradts）的研究强调了在引入新的可持续（或循环）商业模式时培训（技能和再培训）和员工教育的重要性。对于企业来说，这意味着需要在人才能力发展方面进行投资。这些投资与培训和发展计划相关，为员工提供循环经济所需的能力，并招聘具有可持续发展意识的员工，从而实现转型。

循环劳动力市场的能力

对于这些新的循环工作和转型，需要特定的知识和能力。将循环纳入未来劳动力的教育和培训，以及当前劳动力的技能培训和再培训，必须确保有足够的人具备循环劳动力市场所需的适当能力。来自政府的支持，例如制定促进循环能力的政策，让每个人都能获得提高技能的机会。

在向循环经济过渡的过程中，重要的是为技能创建一种共同的语言、定义、指标和标准，正如第 1 章所述，这些方面还很不完善。

回到本节开头提到的关于教育的研究，循环经济中的能力可以分为三类（参见图 3.4）。

技术能力	价值能力	横向能力
·专业知识	·知识的情景化	·创造性思维
·精确性	·实施一个项目或想法的能力	·创新和开放
·关于可持续主题的知识和循环经济的原则	·识别社会、经济和环境问题之间的相互关系	·企业家精神和内部创业（包括主动性、冒险性、创新性、机会识别和利用，以及内部和外部网络）
·STE（A）M技能	·对可持续发展的积极态度以及学习循环原则的意愿	·解决问题
·生态设计和关注生态	·经济、金融或法律知识	·合作能力和网络构建
		·灵活性

图 3.4 循环经济所需的技术、价值和横向能力

1. 技术能力（Technical competences）：与循环经济运行相关的能力（循环经济是关于什么的，以及它是如何运行的？）。

2. 价值能力（Valorization competences）：有效地将技术和内容相关的知识转化为价值所需的所有能力（如何使循环发生）。

3. 横向能力（Transversal competences）：终身学习、公民能力、创造力、合作、责任感和主动性等方面的关键能力（例如，如何发现和利用循环机会、如何合作、如何与利益相关者互动等）。

技术能力

当谈到技术能力时，专业知识和准确性被认为是非常重要的。目前的教育在传授专业知识和提供必要的准确性方面已经非常强大了，但应该由可持续发展主题和循环经济原则的教育作为补充。到目前为止，这些教育的水平还相当有限。此外，专业知识因部门而异。出于这个原因，拥有一般的STEM技能（科学、技术、工程和数学）是很重要的，通常也会加上A，即艺术（Art），这意味着在技术领域也必须有创造力和创造性思维。另一个相关的能力是"生态设计"，或在产品设计中更普遍地关注生态。

价值能力

如果我们关注有效地将技术和内容相关的知识转化为价值所需的能力，其中关键的能力是知识情境化，即实施项目或想法的能力，以及识别社会、经济和环境问题之间的相互关系。此外，对可持续发展的积极态度，即在专业和个人层面上学习循环或应用循环原则的意愿也是必不可少的。转型中的其他重要能力是经济、金融或法律知识，例如关于环境、生态、所有权或竞争的知识。

横向能力

创造性思维、创新和开放、企业家精神、解决问题的能力和围绕合作的技能是重要的横向能力。企业家精神不仅仅是作为个体经营者发展自己的生意，还指人们在工作中有机会成为企业家，这被称为内部创业。主动性、冒险性、创新性、机会识别和利用，以及内部和外部网络是内部创业的重要行为维度。

在循环经济中，知识和信息能够与他人共享，并促进合作。其成功因素之一是能够将正确的知识和能力伙伴连接起来，从而建立网络。此外，灵活性和创造力也被认为是横向能力。员工必须能够灵活地面对未来，也能够灵活地思考和行动。一个项目可能每天都突然发生较大变化。在向循环经济过渡的过程中，需要创造力来应对迅速变化的环境和出现的具有挑战性的问题。

练习 3.7 自我评估循环能力

自我评估

在这三种循环能力上，你给自己打了多少分？

- 使用图 3.5 中的模板，从"完全没有"到"非常好"，为自己的每一项能力打分。
- 将你的结果与你在练习 3.4 中所选择的循环角色进行比较：你的能力与你渴望扮演的角色匹配吗？

循环能力自我评估

1. 技术能力

1	2	3	4	5
完全没有		中等水平		非常好

2. 价值能力

1	2	3	4	5
完全没有		中等水平		非常好

3. 横向能力

1	2	3	4	5
完全没有		中等水平		非常好

图 3.5 练习 3.7 的自我评估工具：你如何在三种循环能力中为自己打分？

企业的关注、影响和控制圈

无论是每个企业,还是每个人,都有一个"关注圈"和"影响圈",这是斯蒂芬·R. 柯维(Stephen R. Covey)在1987年提出的概念。随着时间的推移,又增加了第三个圈——控制圈(参见图3.6)。在本章中,我们重点讨论了企业边界之外的四个主题,即立法、企业间合作、生态系统和教育。在企业的关注圈、影响圈和控制圈中有多个元素与上述主题相关。

图3.6 关注、影响和控制圈

资料来源:Covey(1987)

这些"圈"代表了企业可以集中时间和精力的三个领域:

关注圈(Circle of Concern):所有可能影响企业业务和员工关心的事情。

影响圈(Circle of Influence):企业可以通过影响来改善关注焦点的要素。

控制圈(Circle of Control):企业可以控制、解决或改变的要素。

积极主动的企业将精力集中在它们的影响圈和控制圈的元素上。在这样做的过程中,企业将致力于自己能影响的事情,并创造积极的结果。在影响圈范围内,你可以考虑改变税收或扩大生产者责任。为了加速向循环经济过渡,可在控制圈内重新培训员工或积极寻求企业间合作,有利于降低压力和促成主动行为,从而缩小关注圈。

反应式企业将精力集中在处理关注圈中的元素上。企业和员工花在担心和应对他们(认为)无法控制的压力上的精力越多,比如经济危机、欧洲政策(它们可以在自己的影响圈内游说),或者缺乏对它们循环需求的具体教育,它们就会变得越容易作出反应和紧张。这往往导致了反应过度的语言和行为,经常因为所处的环境而指责别人,忽视了其可以影响的领域,导致其关注圈扩大。

> **练习 3.8 探索关注、影响和控制圈**
>
> **探索**
>
> 希望你能帮助哈里森·摩尔公司的玛丽亚、彼得和乔安娜姨妈。你能想到我们在本章中讨论过的哈里森·摩尔公司的关注圈、影响圈和控制圈中的具体元素吗?
>
> 描述并准备讨论。

本章所涉及的立法、企业间合作、生态系统和教育等主题也将在本书的第二部分和第三部分中重复出现,并直接应用于《蓝色连接》商业模拟游戏。

本章小结

循环第一阶段第三步的发现:探索超越公司边界的视角

下午快结束的时候,乔安娜姨妈回到办公室,玛丽亚和彼得还在工作。"我很抱歉,孩子们,"她走进房间时说,"但我无法拒绝我们塑料供应商见面的邀请。事实上,你们俩一定会喜欢这次见面的。"她带着神秘的微笑说。"我利用这个机会问了他们关于循环的问题，以及他们如何在我们的循环旅程中为我们提供帮助。我甚至告诉他们，我们也许可以把这一点作为帮助他们投资的条件，我稍后会告诉你们结果。首先，让我看看你们今天发现了什么。"

"真令人印象深刻，"当玛丽亚和彼得把他们的发现告诉乔安娜姨妈时，她说，"这证实了循环的许多方面实际上超出了企业的界限。我可以想象，以我们作为一家中型企业所拥有的有限资源，妥善管理所有这些业务将是一个非常严峻的挑战。跟踪所有正在发生的事情已经是一项艰巨的任务了！"

"但让我们先看看什么在我们自己的控制范围内，是否可以与我们的塑料供应商建立某种试点项目。无论是联合材料开发、产品设计还是回收利用，了解更多细节将是一个有趣的体验。此外，如果能成功，这将是一个很好的展示机会。不过，我还是想把这件事放在一边，等到我们自己的旅程结束时再说，因为我认为我们还没有走到那一步。"

乔安娜姨妈继续说："我也开始看到进入这种循环场景对公司的巨大影响，以及它对公司管理层的要求。好的一面是，作为一个中等规模的家族企业，这绝对是我们可以影响和控制的！让我们暂时把目前的结果放在一边，继续研究作为哈里森摩尔的领导团队，循环对我自己和我的董事会成员实际上意味着什么。我希望我们在下一步中更详细地探索领导的视角（参见图 3.7）。"

她接着说："我认为我们应该花些时间找出如何衡量循环和向循环转型的方法，以及企业不同部门之间、与外部利益相关者之间协调的具体方面，看看这与我们当前线性价值链的协调是否不同。同时，我希望你们能从总体上看待创新、不确定性和转型。我知道，其中有些话题不太具体，但我的感觉是，一旦我们决定真正采取一些严肃的措施来实现循环，它们就会变得至关重要。"

"再说一次，这是了不起的一天，我认为我们已经取得了很大的进步。在我们下周继续这个项目之前，我请你们喝一杯，好吗？"

第3章 探索跨越企业边界的视角

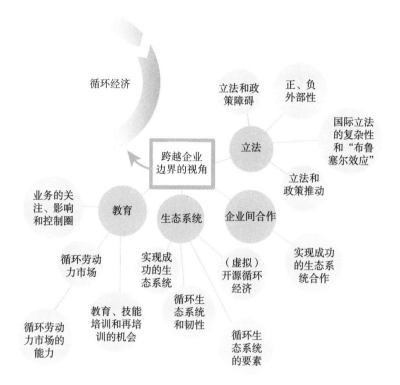

图3.7 探索循环超越企业边界的视角

第 4 章
循环的领导视角

循环项目第一阶段第四步，来自乔安娜姨妈的电子邮件

joanna.harrison.moore<jhm@harrisonmoore.com>　　07-Dec07:28AM
Project 'Circularity' -interestinginfo
To:maria@intern.harrisonmoore.com;　peter@intern.harrisonmoore.com

---

你们好，我的宝贝侄女和侄子，希望这封电子邮件能给你们带来好运！

我知道我们几天后就会见面，但我偶然发现了这篇文章，想和你们分享。这是关于联合利华公司及其"清洁未来"倡议的链接：https://www.theguardian.com/business/2020/sep/02/unilever-plans-to-remove-oil-based-ingredients-from-all-cleaning-products。

当然，这篇文章没有包含联合利华倡议的所有细节，但我认为这可能是一个有趣的例子。此外，我认为它非常适合我们当下所研究的内容，它引发了我对许多与领导相关话题的思考。换言之，与其说联合利华（在本例中）计划实现什么，也就是它们正在寻找的终点，不如说这将对**领导层**提出什么要求，从而实现这一目标。我特别思考了我们之前讨论的以下主题：

- 如何实际**衡量**循环，从而了解企业是否取得了进展？
- 循环对企业职能部门之间的**协调**意味着什么？我们刚刚实施了一个名为销售和运营规划的改进协调流程，但我想这是否也适用于循环相关的问题。
- 在**创新**、**变革管理**和**转型领导**方面，迈向更循环的未来有何意义？

如果你们能开始研究这些内容，那就太好了。回头再说，乔安娜姨妈给你们一个大大的拥抱！

即使理解了循环对企业整体业务的意义，已经详细制定了相应的循环策略、价值主张、收入流和成本结构，仍然有一个不可忽视的角度，那就是领导的视角（参见图4.1）。许多工艺设计看起来很完美，但人类的出现则改变了这种情况，因为人们受情绪、观点、非理性、动机、家庭背景、健康状况以及许多无法否认的因素的影响。这种领导和人员维度对价值链运营的成功执行提出了新的挑战，尤其是需要从线性向循环转型，挑战就更大了。

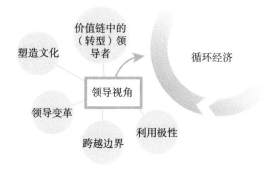

图4.1　探索循环的领导视角

那么，到底由谁来领导这场变革呢？未来我们会看到首席可持续发展和循环官的身影出现吗？或者，企业社会责任团队应该发挥带头作用，"将自己重新定位为专家合作者，而不仅仅是作为报告活动的一部分的数据消费者"（Future-Fit首席执行官与联合创始人Geoff kendall，正如Elkington所引用，2020），还是应该由营销人员来领导，因为最终循环业务也是业务？说明新的主导模式是否已经出现还为时尚早。企业仍然需要时间来尝试新事物，通过实践来了解什么可行，什么不可行。但很明显，无论是谁，都需要有人带头让事情发生。

在他们的文章《可持续商业模式创新的障碍和驱动力：组织设计和动态能力》中，鲍肯和吉拉德斯强调了所谓"动态能力"的重要性。他们还根据其他人的研究指出：

动态能力决定了企业的普通能力（如有效的营销策略、有效的制造

第 4 章 循环的领导视角

流程）是如何发展、提高和组合的,包括以下能力:感知和评估机会和威胁,抓住机遇、降低威胁并从中获取价值,以及重新配置企业的有形和无形资产以保持竞争力,等等。有人认为,感知、获取和转换的动态能力是最高管理层最应该关注的,因为它们被认为对商业模式创新和选择至关重要。

此外,他们还确定了许多体制、战略和运营障碍,以及发展这种动态能力的驱动因素,以实现他们所称的可持续商业模式创新。鲍肯和吉尔拉德斯确定的许多因素与领导有着明确的关系,再次说明了该主题在循环背景下的重要性。

理查德·L. 休吉斯（Richard L. Hughes）等人认为,最终要实现组织持久的绩效潜力,需要所有人的智力和体力都参与其中。自己有这种参与感是一回事,创造、产生和促进与他人的接触完全是另一回事。也就是说,领导是让他人参与创造共同的方向、一致性和承诺（DAC）。

他们阐明了创建 DAC 的四个关键组织和个人领导能力（参见图 4.2）:

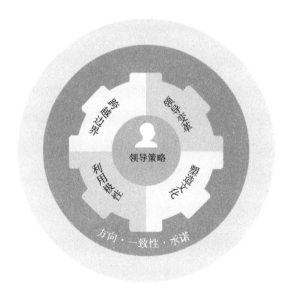

图 4.2 关键的组织和领导能力

资料来源：经 CCL 许可转载

利用极性；

跨越边界；

领导变革；

塑造文化。

在接下来的章节中，我们将以这四种建议的能力为灵感，进一步探讨领导的细节，同时也参考文献中的其他相关来源。

利用极性来领导：平衡目标和记分卡

价值链充满了权衡：有好处也有坏处。减少库存可以降低成本，但同时可能会增加由于供不应求而导致销售损失的风险。使用更耐用的部件可以延长使用寿命，从而使产品更耐用。然而，更耐用的部件可能更昂贵，产品的销售价格因此提高，这可能会对产品的销量产生负面影响。或者，追求长期目标有时可能很难与保证最大限度的短期经济利益目标相吻合。

在权衡的"客观"方面，关于优先级应该放在哪里，可能存在许多不同的意见。库存经理可能会以不同于销售经理的方式看待决策。企业可持续发展官（sustainability officer）可能与营销人员有不同的看法。但这并不意味着二者孰对孰错。正如休吉斯等人所说，这不是非此即彼，而是两者兼而有之。领导的挑战在于培养能力，在这种情况下找到一个积极的、富有成效的和实际的平衡，换句话说，利用极性。这就是一个平衡的指针非常有用的地方，以便创建一个多维的视角来作为决策的起点。

归根结底，企业是由人组成的，而价值链作为其中的一部分，显然也不例外。由于在大多数情况下，仅仅是企业的宗旨和使命声明不足以让人们朝着"正确"的方向前进，企业会制定特定的绩效衡量标准和指标，以便在特定的时间框架内设定一个目标。这些目标有时是个人年度计划的一部分，有时也与（财务）激励有关。绩效指标和目标设置被很多人认为是一个"技术"主题（就像将衡量运营过程结果作为定义潜在过程改进的起点），我们将在领导维度的背景下处理这些目标。

这是因为在我们看来，如何进行绩效评估和设定目标是领导层的决定。领导者赋予 KPI 和目标的作用和重要性，决定了他们如何与员工一起工作，这将是要创建的工作环境的一个重要的和可见的部分。这些绩效指标是为实现目标创造有益的挑战，还是给人们带来巨大的压力，从而导致紧张的局面，管理者的决定会对上述问题产生重要影响。当这些指标和目标与个人（财务）奖金挂钩时，情况尤其如此。

在 KPI 开发的背景中，一个广泛使用的概念是"SMART"KPI，指的是应该明智地选择 KPI，SMART 这个词的每个字母都代表一个需要考虑的特定方面（参见附录中的解释）。此外，罗伯特·S. 卡普兰（Robert S. Kaplan）和大卫·P. 诺顿（David P. Norton）很久以前就提出了平衡计分卡的概念，如今在实践中，我们看到越来越多的 KPI 仪表盘[①]出现，呈现 KPI 的"平衡"组合，共同创建有关用户状态的多维视图。如第 2 章所述，在共享价值或综合价值的背景下，这些仪表盘更有可能包括面向可持续发展的指标。

在开发有意义的 KPI 仪表盘时，要记住的一个关键是区分衡量最终理想结果的 KPI 和以某种方式度量达到最终结果路径的 KPI。例如，如果我想减肥，我衡量理想最终结果的个人 KPI 可以是我的实际体重。表示路径的 KPI 可以显示我在给定时间内走过的步数。显然，要定义这两种类型的 KPI，需要很好地理解参数之间的因果关系（在这个例子中，假设走一定步数有助于减轻一定的体重）。

显然，一个想要向循环方向发展的企业首先需要决定如何衡量自己的循环程度。与此同时，企业还需要维持在线性情况下已经使用的某些指标，如利润或利润率等财务指标。转型期间出现的特定两极可能是特别复杂的，即企业还没有完全实现循环，但不能忽视业务中更线性和更有利可图的部分。

随着时间的推移，已经有许多倡议将可持续性，特别是将循环纳入仪

[①] 也有译者将其翻译为"仪表板"。——译者注

表盘的范围。首先,在概念层面上,有埃尔金顿三重底线的总体概念,尽管它没有具体说明应该使用哪些具体指标。另一个非常有趣的多维视角是六种资本框架(IIRC),顾名思义,该框架在一个综合概念中区分了六种不同类型的资本(参见图4.3)。

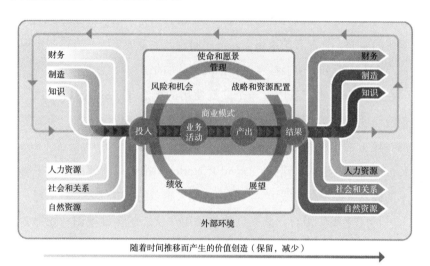

图4.3 六种资本框架

练习 4.1 探索六种资本框架

探索

你可以上网了解更多关于IIRC的六种资本框架的信息。你认为六种资本中哪一种会直接或间接地受到企业从线性到循环转型的影响?它们将以何种方式受到影响?你认为该模型在多大程度上为识别和利用组织中的极性提供了有用的基础(例如在不同的内部部门之间)?

更具体地说,已经有许多倡议为此目的创建了有意义的指标。首批指标之一是由艾伦·麦克阿瑟基金会开发的材料循环指标(Materials Circularity Indicator,MCI)。顾名思义,它的主要关注点是测量材料的使用程度。MCI结合了两种不同的观点：首先，它着眼于材料的使用和回收数量，即作为输入的原始材料的数量，与作为输出的不可回收废弃物的数量。这就是所谓的"线性流指数"（linear flow index）；其次是产品的寿命和使用情况，通过测量产品的寿命与市场标准寿命之间的关系，以及产品的使用情况与市场标准使用情况之间的关系来表示（参见图4.4）。

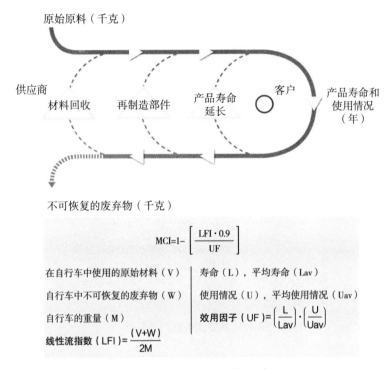

图4.4 材料循环指标（MCI）

练习4.2 探索MCI

探索

以计算MCI的公式为起点，现在详细说明以下循环策略将如何影响MCI，即MCI的哪些参数将主要受到影响：产品或材料重新设计（缩小循环）、寿命延长策略（减慢循环）、部件再制造（减慢循环）及材料回收（关闭循环）。你认为 MCI 在多大程度上为识别和利用组织内部中不同部门之间的差异提供了有用的基础？

此后，艾伦·麦克阿瑟基金会继续开发了更广泛的跟踪循环的指标。到目前为止，这项研究的主要成果是推出了 Circulytics® 框架[①]。该框架"支持企业向循环经济过渡，无论行业、复杂性和规模。除了评估产品和材料流之外，这个企业层面的评估工具还揭示了企业在整个运营中实现循环的程度"。

世界可持续发展工商理事会（WBCSD）还采取了另一项有趣的举措，旨在使这一主题更加清晰，并试图制定衡量循环的标准。其对衡量循环的方法进行了广泛研究，制定了一套更广泛的衡量向循环过渡的指标：循环过渡指标（Circular Transition Indicators，CTI）。指标被区分为"关闭循环""优化循环""评估循环"（参见图 4.5），从而对循环的不同方面提出了平衡的观点，例如也包括水和可再生能源的使用。

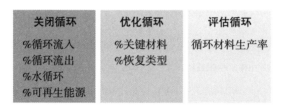

图 4.5　循环过渡指标（CTI）

CTI 集合的一些指标在《蓝色连接》商业模拟游戏中也有使用，所以我们将在本书的第二部分再度讨论这些指标。

在企业选择指标时做出的最终选择之外，创建 KPI 和相应的目标，激发和刺激内部协作，进而管理上述两极分化的工具是相当困难的。不幸的是，在大多数情况下由职能部门定义的（线性）价值链中，一些最广泛使用的目标却恰恰相反：它们似乎导致了部门之间的两极分化（非此即彼的讨论），而不是有效综合（两者兼顾的讨论）。因此，制定目标可能是一

---

① 该框架主要衡量企业循环程度。——译者注

个很好的起点，但要意识到，这并不一定能保证取得好的结果，而这正是有效领导才能发挥作用的地方。

跨越边界来领导：筒仓① 和利益相关者

不管"循环"是否由为此目的而设立的单独部门管理，在循环范围内的活动涉及企业的许多部门。在很多情况下，与循环相关的决策将对多个部门产生影响，这意味着需要协调和管理利益相关者。最重要的是，正如我们在第 3 章中所看到的，企业边界之外的利益相关者的重要性。

跨越组织内部的边界

典型的组织结构在大多数情况下仍然以职能部门（销售、财务、人力资源等）为中心，虽然从专业化的角度来看，将职能专家放在一起是完全可以理解的，但它也可能有一个稍微棘手的副作用。

罗·阿什科纳斯（Ron Ashkenas）指出：许多组织仍然有等级、筒仓和碎片化的流程和文化。事实上，为了应对快速变化的全球经济，许多企业创建了更加复杂的矩阵式组织。在这种组织中，很难找到合适的人来快速做出决策。

强大的组织筒仓强化了部门之间"我们与他们"的感觉，这显然是跨职能协调的障碍。阿什科纳斯接着说，杰克·韦尔奇（Jack Welch）任通用电气首席执行官时的做法仍然值得推荐：创建跨职能论坛，把不同层次、不同职能和不同地域的人聚集在一起，实时解决问题并做出决定。显然，事实证明，这对大多数企业来说并不像看上去那么容易。通用电气在 20 世纪 90 年代就已经开始这样做了，但它似乎是少数几个发现这一点的企业之一。或者其他企业只是认为这并不重要，甚至没有尝试过。

---

① 简单来说，企业内部的筒仓就是指不同职能的划分。——译者注

韧性商业模式

无论如何，职能筒仓显然会存在一段时间。在大多数情况下，拥有更多制度化的跨职能平台和机制似乎仍然相当遥远。这意味着任何与循环相关的事情都需要积极的跨职能利益相关者管理，从而打破筒仓思维。这需要强大的性格，不怕职能边界，并且有其他特征，如感同身受、谈判技巧等，佩特拉·奈森（Petra Neessen）还为此增加了企业家精神。

在 2020 年的最后几个月写这本书时，在循环的背景下，这种跨职能的利益相关者管理，似乎还没有一个主导的，甚至没有一个新兴的方法，但也许我们可以从线性价值链的世界中获得一些灵感。在这里，销售和运营规划的过程是随着时间的推移而发展起来的，以准确地响应此类内部协调挑战。根据销售和运营规划发展初期的重要领导者之一汤姆·华莱士（Tom Wallace）的说法，"销售和运营规划是一套平衡需求和供给的决策过程，将财务规划和运营规划整合起来，并为将高层战略计划和日常运营联系起来提供一个论坛"。

如今，销售和运营规划已成为全球大多数领先企业的顶级议程，尽管许多企业仍在努力实现这一目标。一方面，销售和运营规划的流程步骤实际上并没有那么复杂（参见图 4.6），这可能有点出乎意料。另一方面，销售和运营规划也反映了供应链的业务、技术和领导维度的结合，所以也许我们不应该对它的实施困难感到惊讶。

图 4.6　S&OP 流程

资料来源：Stahl（2009）和 Dougherty 与 Gray（2006）的研究

练习 4.3　探索销售和运营规划及其在循环中的潜在应用

探索

利用你所拥有的手段，例如互联网、图书馆、数据库、杂志等，探索销售和运营规划或综合业务规划的主题。你能从这些出版物中学到什么？你认为这样的流程在多大程度上可以运用或微调，以满足企业循环的需要？你会给循环版的销售和运营规划起什么名字？

跨越组织的边界

可以想象，如果跨越组织内部的边界已经非常具有挑战性，那么在企业边界之外就会变得更加复杂。在这一阶段，我们将把这个主题作为一个练习（参见练习4.4）：

练习 4.4　探索跨越企业外部边界

探索

以一个你感兴趣的公司为例，想象它们是如何实现循环的。
- 识别与实现、维持和改善循环相关的主要外部利益相关者。
- 识别这些外部利益相关者如何对企业当前或未来的循环产生影响。
- 想想企业中哪些人或部门应该带头与这些外部利益相关者保持联系。
- 考虑如何最好地与这些外部利益相关者建立并保持有效的关系。
- 评估有效维护这些利益相关者关系所需要的时间和资源。

引领变革：创新、不确定性和转型

转型意味着改变。这同样适用于线性到循环的转型。转型需要创新，也会带来不确定性。要成功应对这些变化，需要丰富的领导技能。

创新

尽管在与我们的交谈中，许多人似乎仍然倾向于认为创新主要关于新产品开发，但创新实际上是一个更宽泛的概念，这已不是什么新鲜的事情。康斯坦丁诺斯·马基迪斯（Constantinos Markides）指出，公司可以在谁（客户）、什么（产品）和如何（流程）方面进行创新。莫汉伯·索尼（Mohanbir Sawhney）等人在他们的文章《企业创新的 12 种不同方式》中增加了存在维度，从而得出了他们的创新雷达概念，这是一个蜘蛛网式的图表，将 12 种创新方式中的每一种都可视化，并将其与企业在每种创新方式中的表现联系起来。

同样，通过遵循企业商业模式的基本要素，人们可以看到创新实际上可以发生在所有领域。在企业面向客户的一端，可以在产品和服务组合、价值主张、渠道和客户关系管理（英文首字母缩写 CRM）方式上进行创新。创新也可以发生在企业的"生产"方面：流程创新、关键资源创新或创新合作模式。最后，创新也可以发生在企业所谓的"利润公式"定义的方式中，即收入模式和成本结构。第 2 章对这些不同类型的创新进行了较多的阐述，这些创新与细分市场和价值主张、循环策略和可能需要的收入模式有关。

以上这些都不是新的，也不是循环所独有的，但由于大多数企业仍处于迈向更加循环的起步阶段，它们必须创新才能向前发展。这意味着从"基本"创新文献和方法中学习也适用于循环环境。例如，有一个创新过程的概念，从产生想法，有时也被称为"构思"，到将想法转化为可行的解决方案("开发和验证"),再到传播想法,以使它们被广泛接受并成功地融入日常实践("实施")。与创新过程相关的是创新漏斗(innovation funnel)①的概念,这意味着在成功实施一个或多个想法之前,需要产生许多想法(参见图4.7)。

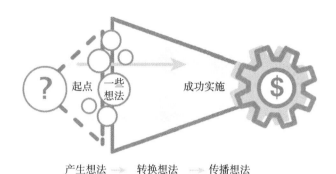

图4.7 创新过程和创新漏斗的概念

除了上述的创新过程和创新漏斗,莫滕·T.汉森(Morten T. Hansen)和朱莉·伯金肖(Julian Birkinshaw)认为,创新过程中的每个阶段都需要不同的组织能力,因此他们还探讨了创新价值链的概念及领导层必须确保在适当的时候具备所有必要的能力。

从实际的角度来看,敏捷(Agile/Scrum)和精益创业(Lean Startup)等方法随着时间的推移而发展,这些方法旨在通过构建原型和实物模型,即处于早期阶段的所谓最小可行产品(Minimum Viable Products,MVPs),将想法转化为可行的解决方案,并将这些产品带到未来的潜在客户或用户那里,才能获得改进的反馈。特别是在可持续商业模式创新的背景下,一些与循环相关的学术文章也提到了这些方法。

米尔瑟·维尔特(Myrthe Velter)近些年的学术研究表明,对可持续商业模式的实验也发生在不同利益相关者之间的边界上,探索新的合作方

---

① 创新漏斗是创新过程的一种比喻。技术创新可以视作一个以构想的投入为起点,把构想转变为新产品(或新服务)的转化过程。——译者注

式，使过去的客户成为现在的合作伙伴，或以前专注于运营执行的企业演变为系统集成商。由于循环解决方案似乎激发了以更全面的视角来看待企业的业务、市场和行业，现有的线性供应商与买家的关系可能不再足以真正实现循环。在未来几年，我们很可能会看到（重新）塑造企业与其外部利益相关者之间关系的许多尝试。

谈到循环时，从上述内容可以得出一个核心要素，就是创新需要实验。然而，实验有一个很大的缺点，即给领导能力带来巨大的挑战，因为实验可能会失败。如果可以提前知道结果，那么实验一开始就没有必要实施。矛盾的是，对于企业来说，官方的研发和创新政策有时会明确鼓励这种失败，但对相应的预算和结果负责的管理层不容易接受失败的结果。这是本章前面提到的极性的另一个很好例子。

不确定性和风险

如果实验可能失败，那么后果是在这样的环境中总会有一定程度的不确定性（"我们不尝试就不会真正知道"）。事实上，精益创业方法背后的驱动因素之一正是更好地管理这种不确定性，并尝试通过快速和短时间的开发迭代来减少不确定性，而不是采取大步骤，来实现大改革解决方案。

然而，不确定性并不仅仅来自实验或创新过程。许多其他原因，也可能产生不确定性，包括"正常的"商业风险，如新立法的宣布、竞争对手动向的发现或新技术的出现。此外，由于运气不好，或者随着时间的推移，业务初始假设无法在设计阶段进行测试，当然也存在不确定性。

假设你建立的业务模式设想共享电动摩托车的技术寿命为两年半，技术寿命主要是根据电池寿命来确定的，因为电池是电动摩托车的关键部件之一。但在实践中，这些电动摩托车在共享环境中只能使用七个半月，因为大多数人认为它们是廉价的，使用起来不加注意（"别客气，它是租来的"），那么你可能面临一个严重的商业问题。或者，你指望通过提供回购价格从市场上收回60%的产品，将它们翻新，然后卖给二手市场。但事实证明，这个比例要高得多，或者更低；或者二手市场的接受度比预期要高/低得多；或者二手市场蚕食了新产品的销售。例如，在文献中，马丁·希尔瑞（Martijn Thierry）等人和彼得·霍普金森（Peter Hopkinson）强调了这类问题。

与创新相关的另一个具体的不确定性是可能涉及各种学习曲线，例如了解循环产品的市场接受程度，学习使用新材料，学习使用新技术，学习优化新的收入模式，学习与新的回收合作伙伴合作，等等。尤其重要的是，要考虑你能以多快的速度完成这些学习曲线，以及与这些学习曲线相关的学习成本（错误的成本、不合格的成本、寻找或转换价值链合作伙伴的成本，等等）。

我们将在本书第3部分更深入地讨论不确定性，以及如何应对它们。然后，我们将应用上面提到的一些例子，并将这些例子放在基于《蓝色连接》商业模拟游戏中企业转型的特定背景之中。

转型和变革管理

如前所述，从线性到循环的转型意味着变化，这无疑会带来不确定性和风险。这些方面给领导层带来了挑战，因为首先他们自己需要应对不确定性和风险。此外，他们还需要创建一个团队，能够有效地处理同样的不确定性和风险，并创造一个使转型能够蓬勃发展的环境。实现这一目标的过程通常被称为变革管理或转型领导，并且存在许多方法。尽管使用了不同的术语，但其核心包含了非常相似的元素，这些元素被确定为成功变革或转型所要处理的关键元素。以下是由约翰·科特（John Kotter）提出的第一个广泛的变革框架，他提出了著名的领导变革的八步流程。他个人网站上的相关内容如下。

"领导变革的八步流程：

1. 创造一种紧迫感。通过大胆的、有抱负的机会声明，传达立即行动的重要性，帮助他人看到变革的必要性。

2. 建立一个指导联盟。志愿者需要一些从自己队伍中产生的有才干的人来指导和协调这支队伍，并沟通组织它的活动。

3. 形成战略愿景和行动计划。明确未来与过去的不同之处，以及如何通过与愿景直接相关的举措使未来成为现实。

4. 招募一支志愿者队伍。只有当大量的人团结在一个共同的机会周围时，大规模的变革才会发生。他们必须被接受，并且迫切地推动变革，朝着同一个方向前进。

5. 通过消除障碍来采取行动。消除低效流程和层次结构等障碍，为跨筒仓工作和产生真正影响提供必要的自由。

6. 创造短期的成功。胜利是实现好结果的助推剂。必须尽早和经常地认识、收集和交流这些信息，以跟踪进展并激励志愿者坚持下去。

7. 保持加速。在第一次成功之后更加努力。不断提高的可信度可以改善系统、结构和政策。坚持不懈地发起一次又一次的改变，直到愿景成为现实。

8. 推动变革。阐明新行为与组织成功之间的联系，确保它们能够持续下去，直到它们变得足够强大，可以取代旧的习惯。"

如前所述，大多数其他变革管理方法包含类似的元素。这些都以某种形式强调了（员工）参与、投入和敬业的重要性。彼得·莱西（Peter Lacy）根据他在埃森哲（Accenture）同事的研究，也认为这些因素对于实现从现有情况到理想新情况的"明智转向"至关重要。无独有偶，他们在"文化和组织"一章中提到了这一点。

尽管上面提到的变革管理的关键因素看起来很简单，但实践表明显然不是这样的。如阿什科纳斯所述：

作为一门公认的学科，变革管理已经存在了半个多世纪。然而，尽管企业在工具、培训和数以万计的书籍（亚马逊上超过83 000本）上进行了巨大的投资，大多数研究仍然表明，组织变革项目的失败率为60%~70%。从20世纪70年代到现在，这个统计数据一直保持不变。

但根据阿什科纳斯的说法，这些失败并不是因为变革管理的框架、理论和方法是错误的或包含重要的缺陷。相反，他认为，"虽然我们应该重新思考基础理论可能是合理的，但让我提出另一种解释，即变革管理的内容是合理的，但遗憾的是，实施变革管理的管理能力一直不足。"换句话说，根据所选择的框架制定变革管理计划只是第一步。实现这一目标所需的实际管理技能不容低估。

项目和规划管理

科特的变革管理方法在命名不同步骤时主要关注结果（"创造一种紧迫感""建立一个指导联盟"，等等），但其方法确实不止于此。选定的命名设定了所需的精神，但在此之后，一切都需要付诸实践，将目标转化为具体行动。事实上，我们谈论的是项目和规划管理的基本原理（规划被理解为一组更广泛的相互关联的项目）。

目前存在许多项目和规划管理框架，如项目管理协会（PMI）或 Prince2® 的框架。与许多现有的变革管理方法一样，就它们所描述的关键构建模块而言，项目和规划管理的不同方法在其核心是相对类似的。这本书的目的不是深入地讨论这个问题，但现在，让我们来确定这些构建模块具体是什么（有关项目管理阶段和工具的概述，请参阅附录）：

项目生命周期的概念。大多数方法的一致之处在于，一个项目要经过不同的阶段，从启动阶段到计划阶段，再到执行和控制阶段，最后到项目结束阶段。每个阶段都有不同的重点，需要从计划到团队和人员管理的不同技能。

需要解决的项目管理领域。在项目生命周期的每个阶段，大多数方法都需要处理相同的管理主题（PMI 称之为知识领域）。此类主题有：项目范围、时间（计划和安排）、成本（预算编制和成本管理）、质量（绩效测量和控制）、团队（招聘、人员管理和团队建设）、采购（商品和服务的采购）、风险（风险识别和缓解）、沟通（信息和沟通战略）和利益相关者（内部和外部）。

在定义项目方法时，请考虑业务流程再设计思想领袖迈克尔·哈默（Michael Hammer）对于实施流程变革所强调的内容。他说："有两个原则对成功至关重要。第一个原则是'着眼长远，从小事做起，快速行动'。第二个原则是'无情地沟通'。"

当从线性价值链转变为循环价值链时，转型本身可能需要通过项目或更大的规划进行管理。我们将在本书的第三部分进一步讨论这个主题，并将其应用到《蓝色连接》业务模拟的环境中。

通过塑造文化来领导：组织和团队动态

从整个企业的宏观层面，到团队和个人行为的微观层面，文化在企业效率中起着根本作用。因此，塑造理想的企业文化是一项基本能力，如果企业选择进入转型过程，例如从线性到循环的转型，则更是如此。

企业文化

在宏观层面上，企业文化也起了作用。如果整个企业的人共享相同的（强大的）企业文化，那么跨职能边界就变得不那么重要了，因为有另一个联合的"我们"可能比职能部门的"我们"更强大。黛德丽·H. 坎贝尔（Deidre H. Campbell）引用了哈佛大学著名的服务与物流教授詹姆斯·L. 赫斯克特（James L. Heskett）的话："与'文化上不强大'的竞争对手相比，有效的文化可以解释公司绩效差异的20%~30%。"

企业文化可以在很大程度上受到使命感的指导，这在第2章中有较多的讨论。目标被定义为企业战略所依据的一组核心信念。领导的挑战在于确保团队成员都有共同的核心信念，这样他们就能有效地朝着预期的方向前进。在一开始目标很明确的情况下，这显然更容易实现，而共同的信念也可以成为新员工招聘和入职的一部分。更复杂的情况是企业想要转型，即对目标进行调整，例如当企业管理层决定将更多关于可持续的元素纳入其目标时，或者当企业决定在其目标内对优先级设置进行更改时，在这种情况下，并非所有现有的工作人员此时都能相信新选定的目标，他们可能没有共同的信念，这使得动机更难管理。

事实上，并不是所有的企业都有"有效"的文化，在有效的文化中，企业和个人的信念是完全一致的。因而，跨职能协调可能更取决于个体管理者在利益相关者管理方面的才能。

团队属性：成功的团队似乎有一些共同点

即使企业具有有效的文化，在整个企业或微观层面上，在参与具体决策过程的团队中进行沟通和合作仍然存在障碍。麻省理工学院、伊拉斯姆斯大学鹿特丹管理学院和代尔夫特理工大学最近基于《橙汁游戏》（The Fresh Connection，一款与《蓝色连接》非常相似的模拟游戏）突出了团队特征和行为中两个非常有趣且重要的方面：

团队成员之间的信任似乎对团队绩效有重大影响。在团队中，每个团队成员彼此独立，这表明他们之间具有高度的信任感，从而创造出良好的工作氛围，进而获得更好的结果。麻省理工学院的研究还指出了"信任的脆弱本质"，在虚拟工作团队中，每个团队成员位于不同的物理位置，"团队成员面对面后，信任显著改善"。这表明之前彼此不认识的团队成员，在此之前只通过电子邮件、电话、视频会议或类似方式进行交流，在实际见面后，开始更有效地一起工作。根据研究，面对面会议对团队成员之间的人际信任有重要的促进作用。

高水平的自反性（reflexivity）似乎也对团队表现有积极影响："团队自反性（Team reflexivity）是一个团队有意识地和自反性地对不断变化和

不稳定的情况做出反应并适应的能力。"根据代尔夫特理工大学的研究，这种能力尤其有利于那些团队成员倾向于寻求"成就和获得积极成果，以及个人更倾向于探索所有可能的方法（来实现）他们渴望的目标"的团队。这与团队成员往往主要关注避免负面结果，而不是获得积极结果的团队形成鲜明对比。

那么，我们能从中得到什么呢？因为即使有人说，上述结论在概念上可以相对容易地理解，但不幸的是，信任和自反性并不能真正被设计出来，当然也不能被强加给团队。然而，在循环创新的背景下，这些特征是绝对需要的，其中不确定性和模糊性非常普遍，需要在组织（企业）层面妥善处理。在一个特定的团队中，信任需要被赢得，需要随着时间的推移而发展，自反性也可能如此。即使存在捷径，也似乎很少。那么，这些因素取决于什么呢？在下面的内容中，我们将试着对其中的一些加以说明。

性格和个性：团队组成，团队角色和团队动态

在继续讨论之前，有必要提一下企业中"团队"的构成。无论是出于特定目的而组成的正式团队，还是只是参与特定决策过程的不同部门人员的偶然组合，在实践中几乎都不是基于技术知识和技能对候选人进行彻底分析的结果，也不是基于性格特征和心态的结果。根据我们的经验，在大多数情况下，"团队"只是某一时刻可用人员的组合。

首先，人们带来的是技术技能和经验的结合，这会对随后的动态产生影响。麻省理工学院对团队绩效的研究还强调，在这种背景下，"团队成员的个人能力，即分析推理技能和整体智力能力也会对团队绩效产生影响"。然而，还有更多的维度在起作用。5个相对缺乏经验的初级员工与一位从业20年的高级同事在一起，可能会产生一种与6个高级经理开会讨论重要决策截然不同的氛围。顺便说一下，根据我们自己的经验，无论是第一个团队，还是第二个团队都不能保证取得更好的成绩。

第 4 章　循环的领导视角

在这里起作用的另一个因素是我们每个人的性格和个性。我们就是我们，我们各不相同。如果性格互补，这可能会很好，但如果个性匹配程度较低，也可能会引起冲突。

有很多框架可以描述个人的团队角色，例如梅雷迪思·贝尔宾（Meredith R. Belbin）提出的框架。其通过将不同个人的团队角色放在一起，评估团队的整体优势和劣势。或者德·波诺（De Bono）提出的思考帽子（Thinking Hats）方法，这种方法也利用了团队角色的主题。这里的关键信息是，每个团队，无论是项目中的正式团队，还是就一些重要主题达成一致意见的非正式团队，在一定程度上都是完全随机的个性的混合体，并且独立于过程设计。这种个性的混合可以完美地在团队的结果中发挥重要作用。

除了前面提到的企业文化、团队属性、角色和个性之外，还有一些其他相关的元素，我们认为这些元素略超出了本书的范围。我们主要探讨的是团队生命周期中的阶段、动机和沟通等方面。有兴趣了解更多信息的读者请参阅附录中提到的内容。

整体团队绩效：任务和关系

事实上，循环在不同的职能领域内部和之间充满了潜在的冲突问题，这使得领导成为一个值得研究的相关方面。所以，基于前面所有讨论团队绩效要素的内容，我们现在回到对领导维度的评估：我们在这方面做得如何？

为了衡量团队过程的结果，并理解"领导"是如何或暗或明地发挥作用的，我们一方面可以看看团队实际上是如何实现结果的，另一方面可以看看团队氛围实际上是如何形成的。我们可以使用管理世界公司（Management Worlds, Inc）提出的方法，它们开发了问卷来反映团队绩效的两个有趣维度：一个面向任务（我们是否完成了任务？），一个面向关系（我们作为一个团队是否够好？）。在某种程度上，所有的维度，如个人的技术和智力水平、性格和社交技能、对团队的信任、反思的程度，以及领导的隐性和显性表现，都整合在这个分析中。这些问卷稍后将在第二部分中出现，与《蓝色连接》游戏相关并应用于你自己的团队。

> **练习4.5 探索团队表现**
>
> **探索**
>
> 回忆一下你自己的实际经验。可以是企业的工作经验、实习经历、学校的工作小组、体育团队或其他兴趣小组的经历，等等。试着回忆一下，你在多大程度上注意到了前面讨论的主题的影响，比如职能筒仓、"企业"文化、团队角色、沟通、任务和关系方面的团队绩效。你对此有何评论？当游戏开始时，这些观察结果对你有什么帮助？

请注意，前面提到的组织文化和团队动态方面似乎与循环的主题相距甚远。但不要被迷惑了，组织中的变化通常会引起很大的动荡，给员工和管理层带来很大的压力。强大的文化和强大的团队不是保证，但肯定是成功转型的重要因素。

价值链中的领导者

到目前为止，本章的主题已经很明确地说明了从线性到循环的转型需要从许多不同的角度进行非常高效的领导。那么，这对领导者的形象意味着什么呢？

有许多不同的框架试图捕捉"领导者"的特征。有时这些框架采取（自我）评估问卷的形式。例如，休吉斯等人将他们的评估基于"建立信任、管理政治格局、跨越边界、涉及他人、在情感层面上建立联系，以及建立和保持势头"这一关键领导技能，不足为奇，上述内容与本章所涉及的主题密切相关。

加托纳以众所周知的迈尔斯-布里格斯（Myers-Briggs）个人领导风格的框架为基础，将不同的风格与不同的价值链战略联系起来。在我们看来，这个概念也可以应用于循环价值链和战略。

弗兰斯·维尔姆斯（Frans Wilms）强调了领导风格光谱的两个"极端"：一边是管理式（自上而下）领导，另一边是连接式（参与式）领导。在某种程度上，这也与情境领导（situational leadership）的概念产生了共鸣。情境领导强调根据环境调整领导风格的重要性。史蒂芬·波尔曼斯（Steven Poelmans）指出：成功的管理者能够平衡许多矛盾，同时参与复杂的人际交往，包括解决问题和建立关系。为了平衡矛盾的行为，领导者需要"大脑灵活性"，即在不同的大脑状态或心态之间轻松切换的能力，以及"大脑韧性"，即从认知过载或情绪波动中恢复过来的能力。

另一种观点是 T-型管理者的概念，据称是由大卫·盖斯特（David Guest）首次提出的，有可能是在彼时麦肯锡公司应用的某些原则之后。从那时起，这些原则就被著名的设计公司 IDEO 进行了大规模推广，因而该公司有很多"设计思维"学派。T-型管理者的核心思想是其结合了在特定职能或业务领域的深厚（技术）知识和解决问题的能力，以及在企业内部或跨企业不同领域的广泛沟通能力。

有趣的是，在《哈佛商业评论》的一篇文章中，汉森和欧廷格对 T-型管理者给出了一个略有不同，但在我们看来是兼容的解释。对他们来说，这并不是深度职能和广泛跨职能技能的混合，而是关于在企业的一个单位内纵向移动和传播知识和经验的混合，以及在企业的各个单位之间横向做同样的事情。换句话说，他们更注重行为，而不是纯粹的技能，为了更多触及端到端（end-to-end）供应链，这个概念还可以扩展到企业的外部。从我们的角度来看，这两种观点都与端到端供应链中发生的事情的性质和特征非常相关。

克里斯托弗从一个非常高的层次将 T-型管理者放在价值链的背景下进行审视，供应链招聘公司 Inspired-Search 将 T-型管理者的概念进一步

韧性商业模式

推进了一大步，实际上创建了一个详细的价值链特定版本的 T- 型管理者（参见图 4.8）。

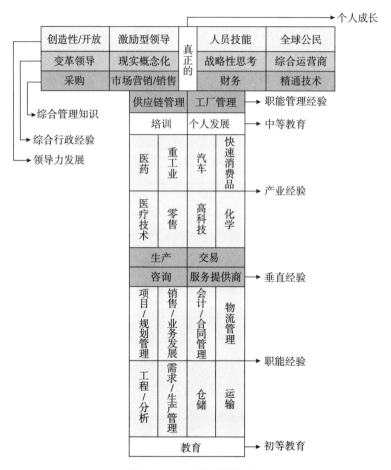

图 4.8 T- 型供应链管理者

资料来源：©inspired-search

练习 4.6 探索循环转型经理的知识和技能

探索

仔细看图 4.8 中 T- 型供应链管理者的图形。正如文中所解释的那样，

第 4 章 循环的领导视角

它最初是为"传统和线性"供应链的环境而开发的。你认为图中哪些元素与 T- 型循环转型管理者的情况不太相关？对于 T- 型循环转型管理者，你会看到哪些其他内容？

在第二部分开始《蓝色连接》业务模拟的游戏之前，你可能想暂时搁置前面练习的结果。在这里，你可以看到自己的观点如何适用于你所在团队的首席执行官，或者自我指导的团队。

在这一章的最后，我们来看一段层长期担任通用电气首席执行官的杰克·韦尔奇所说的话。在一段精彩的视频中，他讲述了领导者的角色，特别关注这个角色的人的方面。韦尔奇认为，领导力有四个重要方面：作为一个领导者，你必须是首席意义官，不仅要向人们解释你想要去哪里，还要清楚地告诉他们，如果他们加入你的旅程，他们会得到什么；此外，你需要成为首席扫把官，清除组织混乱，消除筒仓；然后，你还需要成为首席慷慨官，享受同事的成功，而不是只关注自己；最后，韦尔奇强调了首席乐趣官的角色，与团队一起庆祝小胜利，并将它们变成大胜利，每天都在工作中享受乐趣。

回到体验式学习的学习周期的核心原则，我们会邀请你跟踪应用本章中提到的技能的方式，如在游戏中。这将帮助你首先识别它们的表现和重要性，并使你能够评估自己在每一个方面的表现。

本章小结

循环第一阶段第四步的发现：探索领导视角

"你知道吗？"当玛丽亚和彼得看完上周的成绩后，乔安娜姨妈对他们说，"自从我们的'循环项目'开始，我们已经处理了很多事情，到目前为止，我对我们发现的所有事情都很满意！首先，我们完成了循环历史视角的概述，然后我们研究了循环的企业视角，详细介绍了循环策略、货物流动和财务等。之后，我们把眼光转移到企业边界之外，通过衡量循环、循环转型的复杂性，以及思考与创新、变革管理和领导力相关的问题（参见图4.9），刚刚我们完成了关于转型对领导意味着什么的报告。"

图4.9 探索循环的领导视角（详细）

"我知道已经很晚了，但如果你们今天能多抽出一点儿时间，"乔安娜姨妈继续说，"我去点些吃的，然后我们退一步，更详细地看看我们到目前为止都掌握了什么，也许还能对'企业循环使命'得出一些初步的结论，你们觉得怎么样？"

第 5 章
企业循环使命：商业故事和价值之二

"循环项目"第一阶段总结

"饭菜已经订好了,"乔安娜姨妈笑着说,"马上就来。现在告诉我,到目前为止,你们从我们的'循环项目'中学到了什么?"

彼得第一个回应道:"首先,乔安娜姨妈,我想再次感谢你给我机会和你一起做这个项目。到目前为止,对我来说这是一段不可思议的旅程。我了解了很多以前没有意识到的观察循环的视角。话虽如此,我觉得我还没有形成一个最终图景,对我来说还是有点模糊。"

"好吧,"乔安娜姨妈说,"那么,你在纠结什么问题呢?"

"嗯,一方面,"彼得继续说,"我认为我们已经清楚地看到了循环的背景,以及为什么现在对它有这么多的关注。此外,我现在也更清楚它在企业层面是如何运作的,与目标相联系,然后是具有细分和价值主张的商业模式,通过R-阶梯或价值山可视化的循环策略,可能不同的收入流和成本结构,财务状况,等等。到目前为止,从概念上讲,这一切似乎都很有道理。"

"但另一方面,在我看来,在循环领域,事情仍然发展得非常快。我的意思是,你只需要看看有多少个循环的定义,或者有多少个不同的系统来衡量循环程度。在某种程度上,形成或消除障碍的立法也是如此,但在某些地方,立法正在迅速发展,几乎是毫无征兆地发生变化。顺便说一下,企业本身对立法的影响力微乎其微。"

"所以我想知道的是,我们在多大程度上看到的是'最终'图景,还是仅仅处于某个中间阶段,几年后可能会完全不同?我认为,现在得出确切的最终结论可能还为时过早,也许应该谨慎对待现在采取的重大举措。"

"嗯,这很有趣,谢谢你,彼得。"乔安娜姨妈说,"玛丽亚,你怎么想?你同意彼得的观点吗?现在说解决循环问题的最佳方法也许还为时过早?"

"不，实际上我不同意彼得的看法！"玛丽亚情绪高昂地说，"对我来说，紧迫性非常明显。我们的星球面临着气候危机，我们正面临着资源问题，所以什么都不做不再是一个选择，对企业来说也是如此。对我来说，采取行动是前进的唯一途径。当然，有些事情是不确定的，但这不能阻止我们继续前进！"

"是的，但是听着，玛丽亚，"彼得打断了他的表姐，"到目前为止，在这个项目中，有很多时候我不确定一家企业如何能够应对所有这些不确定性和复杂性，并在合理的时间框架内成功地实现循环，在这种复杂的背景下，我一直在问自己一个我认为更重要的问题，那就是'它们为什么要选择这条难走的路呢？'我的意思是，对于一家企业来说，进入这样一个复杂而有风险的环境，并雄心勃勃地实现循环，有什么意义呢？"彼得耸耸肩膀总结道。

"但很清楚，"玛丽亚从座位上站了起来回答说，"企业也有道德义务为一个更美好的世界做贡献，就像每个公民一样，这就是为什么它们首先提出了企业社会责任，不是吗？而循环是它们可以做到这一点的方法之一！"

"是的，"彼得回答，"但你怎么定义循环呢？正如我们所看到的，根据一些国家的立法，让你的产品'可回收'已经是循环的，而如果你把它放在 R- 阶梯上，只能认为这只是非常微小的第一步，离真正的减慢或闭合循环还有很远的距离。这一切仍然非常模糊。"

"玛丽亚，你难道不明白吗？"彼得接着说，"你难道不明白你所说的只是看待这件事的一种方式吗？前几天我读了一篇对一位首席执行官的采访，这位首席执行官在 10 年内刚刚带领他的第三家公司在证券交易所成功上市。这让他成为了亿万富翁。在采访中，记者问他成功 IPO 的'秘方'是什么。你知道他是怎么回答的吗？他说'没有什么秘密，我们只是有极端的纪律，不会被社会上所有错误的东西分心。我们只对建立一家成功的公司感兴趣，而不是世界上正在发生的事情。集中注意力，不要分心'。他就是这么说的，简单明了。你可能不喜欢他这样做，但这是否会

第 5 章 企业循环使命：商业故事和价值之二

使他的观点不那么有效？"

"是的，我就是这个意思。"玛丽亚提高了嗓门，烦躁不安，"我认为这是不道德的观点。这些人最终会摧毁地球，同时让自己成为亿万富翁，这正是问题所在。我不明白，如果没有一个星球可以让你花钱，你为什么还想成为亿万富翁呢？为什么这些人不明白，我们应该真正朝着更负责任的方式来组织企业和社会？"

她接着说，顺便说一下，越来越多的经济学家也是这么认为的。"你还记得我们在研究中发现了皮凯蒂、拉沃斯和其他一些人的作品吗？他们都说，目前资本主义背后的驱动因素和快速的增长最终对地球和生活在地球上的人来说是不可持续的。所以令人难以置信的是，有些首席执行官，就像你提到的那位，他们似乎根本不在乎。难道这些人就一点都不担心自己孩子的未来吗？"

现在已经没有办法阻止玛丽亚了！她继续说道："更糟糕的是，有一些企业表面上看起来很认真，郑重承诺它们会积极为可持续发展做出贡献，但事实证明，这些首席执行官在很多情况下只是在撒谎。你还记得商业圆桌会议的意图宣言吗？每个人似乎都很积极，这些人承诺尽他们最大的努力变得更负责任。事实证明，从那以后，这些企业几乎什么都没做。大多数首席执行官甚至没有问他们的执行委员会，他们是否可以在一开始就签署宣言，这通常是任何真正具有战略意义的事情的强制要求。显然，签名对他们来说不够有战略意义"。

"为什么有这么多的企业似乎并不真正关心这个问题？"玛丽亚摇着头说，"你们都记得，当我们发现埃尔金顿和他的三重底线概念正是为了解决企业过度关注利润的问题，我们有多高兴？在三重底线之后，还有其他的倡议，如创造共享价值、综合价值等。我们很高兴，因为这似乎正是我们一直在寻找的框架，将可持续性和金融结合在一起。但是，自从这些概念被提出，实践中出现了什么问题？从那以后发生了什么？"

"说得对，"彼得说，"但别忘了，企业赚钱是因为它们对顾客的需求作出反应。那么，问题难道不是更多地出在我们这些消费者身上，而非企业身上吗？如果我们喜欢继续买那些不能修理或回收的便宜东西，我们就需要扔掉旧的去买新的，那么企业为什么要给我们其他东西呢？你真的能因此而谴责企业吗，尤其是当你考虑到它们所处的竞争环境时，你真的能指望企业投入这么多钱来教育它们所有的消费者接受循环吗？对一家企业来说，这样的要求是不是有点太高了？"

"我可不想谈论企业是如何关心他们的客户的，彼得，我们以前有过这样的谈话，你记得吗？正如你所知道的，有时候，企业赚钱的方法似乎和制造泡沫或逃避法律一样，都是让客户满意。"玛丽亚用讽刺的语气说，"大家都知道，为了达到垄断地位，把赔钱定价作为一种商业模式，或者利用媒体夸大预期以吸引投资者，或者利用避税天堂。"

她接着说，"我们不要偏离眼前的真正问题。越来越多的消费者对循环产品、共享模式或产品即服务的商业模式感兴趣，这不是事实吗？越来越多的银行甚至企业愿意为循环项目和企业提供更优惠的融资条件。例如，由于欧洲绿色协议，越来越多的立法支持循环。"

彼得想了一会儿，说："嗯，也许吧。我只是想知道它的规模是否足够大，速度是否足够快，从而让许多企业现在就采取行动。我还没有那么清楚地看到循环的商业意义。"

"但一定要有商业案例吗？"玛丽亚说，"这难道不是创业精神的全部意义吗？你必须时刻应对不确定性，发现一个机会，然后在其他人之前投入其中？"

"好吧，这倒是中肯的评价，"彼得说，"我同意你的观点。企业家精神实际上也意味着冒险和对未知的尝试。因此，肯定会有一些企业家敢于冒险，想要成为先驱，他们愿意承担失败的风险。但同样，我不确定转向循环的企业数量是否足够多、速度足够快。我也想知道，老牌企业能够做到这一点是否现实。也许小公司或初创公司应该先行一步？这个价值 6 400 万美元的问题之一是，它会进入主流业务，还是会停留在创业泡沫中？"

"顺便说一下，"他继续说道，"对于你之前关于一个更负责任社会的

第 5 章 企业循环使命：商业故事和价值之二

观点，我认为皮凯蒂和拉沃斯的作品中确实有很多好的元素，但他们确实谈论了很多宏观层面，社会或国家的总体层面，我仍然很难将其与单个企业的行为联系起来。我不知道，你提到的那些你认为是不好做法的例子，它们只是企业出于不良意图进行的简单的"漂绿"，还是实际上股东要求改善短期财务业绩的压力对首席执行官来说仍然太大了？如果情况仍然如此，对他们来说，真的必须有一个有利于循环的商业案例。"

"你也提到了三重底线，"彼得继续说，"但别忘了，实际上埃尔金顿最近收回了他自己的三重底线概念，因为他觉得企业在滥用它，试图让自己看起来不错，而不是真正做得很好。基于同样的推理，其他人也对创造共享价值的概念提出了批评。你知道，共享价值是伟大的，事实上，如果有一个双赢的局面，这是一个无需深入思考的问题，例如，当循环程度提高导致直接成本节约时就是这样。即使是顽固的资本家也不会反对。但如果没有明确的双赢结果，该怎么办呢？对地球或人类的价值增加是否意味着企业利润减少或财务风险增加？或者反过来？显然，要把这件事做好是非常困难的。"

"真不错，孩子们，"乔安娜姨妈说，"你们的想法和观察真让我印象深刻。事实上，我也有很多疑问，特别是如果我从我们公司的角度考虑的话。我想我们可以一直聊上几个小时，但是我先给你们一些需要思考的问题，我们下次见面时再讨论，好吗？"

她接着说："刚开始的时候，我告诉过你们'商业故事和价值'的概念。从可持续发展的总体背景来看，你们提到的约翰·埃尔金顿前段时间写了一篇有趣的文章，叫做《商业领袖谈论可持续发展的 6 种方式》。他谈到了不同的框架，或'故事线'，当高管们试图将可持续发展纳入企业议程时，他们会使用这些框架。例如，他说，一些高管把资源短缺作为证明他们的企业可持续发展计划的主要驱动力。其他人更倾向于强调'价值'，这意味着可持续发展是一种为某些细分市场提供新价值的商业机会。而另一些人更喜欢关注道德框架，强调他们做的是'正确'的事情。"

"埃尔金顿还有一些关于可能的框架的例子，当然，它们甚至可以组合在一起，但在这个阶段，我对你们提出的主要问题是你们怎么想。我们应该如何叙事，应该如何讲述为什么我们应该参与循环，怎样才能让我们的客户和员工接受并投入其中？"

"我们知道我们的利益相关者不是一个单一的群体，我们必须与许多持有不同观点的人打交道，所以最好的情况是，商业故事应该以某种方式同时满足大多数人。然而，更重要的是，我认为我们的故事应该说服我们自己，我们应该是第一个真正相信它的人！在此之后，我们可以开始寻找价值来支持我们的叙事。我还有一个小练习布置给你们，然后我们今天就到此为止，好吗？"

第一部分的最终反思

练习5.1　关于支持企业循环使命的商业故事

回到第一部分所涵盖的主题，如图5.1所示，现在从企业的角度思考循环的叙事：企业循环使命。用最多10个你自己坚信的短语来进行令人信服的宣传，这也会说服其他人加入你的循环之旅。

玛丽亚和彼得向唯一的听众乔安娜姨妈介绍完他们的想法后，感谢她让他们度过了一个美好的夜晚，然后准备回家。就在她准备骑上自行车的时候，玛丽亚的手机收到了一条信息，她看完后说："嘿，真有趣！听着，我刚收到我朋友萨拉的消息。她告诉我，她看到了一个关于循环商业模拟游戏的大学挑战赛的公告。这是小组比赛，因为她知道我们是为乔安娜姨妈做这个项目，所以她问我们是否愿意加入她的挑战。你们觉得怎么样，我们要报名吗？"

"你不是在开玩笑吧？"乔安娜姨妈说，"这么巧，真是很难相信！好吧，不管怎样，如果我可以提建议，"她脸上带着灿烂的微笑说，"你们为

第 5 章 企业循环使命：商业故事和价值之二

什么不报名呢？如果你们需要我的帮助就告诉我，好吗？这个游戏听起来像是一个很好的机会，来亲身体验我们迄今为止探索的所有这些主题是如何实际解决的，以及在实践中应用它们的难易情况。你们说呢？"

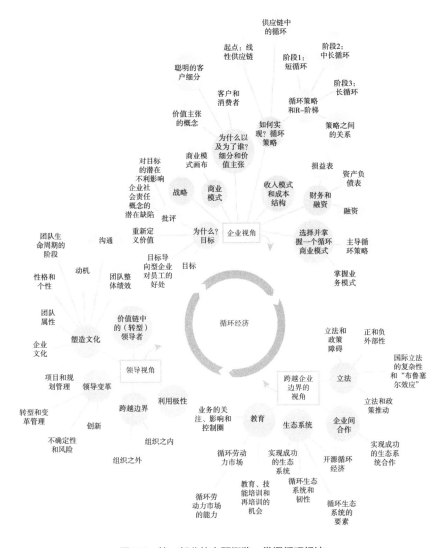

图 5.1 第一部分的主题概览：掌握循环经济

第二部分

掌握循环

"循环"项目第二阶段：让我们来玩一个关于循环的商业模拟游戏

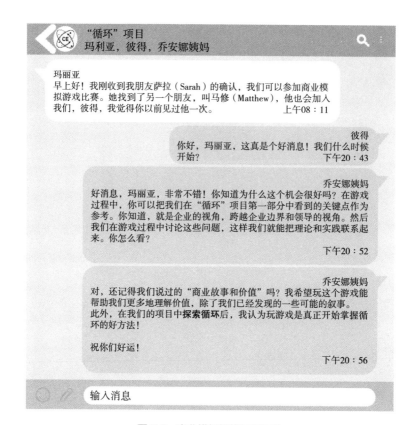

图6.0　商业模拟挑战即将开始

第 6 章
从《蓝色连接》开始：游戏开始！

> **"循环"项目的第二阶段：商业模拟
> 游戏挑战的第一天**
>
> "哦，伙计们，这太令人兴奋了！"玛丽亚喊道，"看看有这么多队伍，这太酷了！""哇，真的，"彼得说，"我没想到会有这么多人参加，我们也能参加真是太好了。谢谢你给我这个机会，萨拉！"
>
> "不用客气，"萨拉回答，"我很高兴你能加入，尤其是我发现你快成为循环专家了，我们肯定需要你。顺便问一下，有人对我们团队的名字有什么建议吗？"
>
> "嗯，我听说我们将负责一家电动自行车公司，"彼得回答，"那么超级自行车队（Team Superbike）如何？""是的，我喜欢这个名字，超级自行车队加油！"玛丽亚喊道，"让我们争夺第一名！"
>
> "看，这是我们的桌子，"萨拉的朋友马修说，他也将是他们团队的一员，"我们先拿出笔记本电脑，熟悉一下这个游戏。"他们坐了下来，开始浏览有关《蓝色连接》的说明。

《蓝色连接》商业模拟游戏（TBC）

这款名为《蓝色连接》的商业模拟游戏由荷兰 Inchainge 公司开发。该公司已经在它们的培训和咨询活动中使用了各种桌面游戏，在 2008 年它们推出了第一款模拟游戏——《橙汁游戏》，将"严肃游戏"提升到另一个高度。《蓝色连接》是该公司于 2019 年初推出的第三款商业模拟游戏。

《蓝色连接》的核心是一家位于荷兰的亏损电动自行车（e-Bikes）生产商，该公司需要通过在数轮游戏过程中做出战略和战术决策来重新盈利，每轮游戏代表公司一年的生命。这种商业模拟游戏的吸引力在于，参与者可以在一个有趣的、竞争性的、无风险的、但现实的环境中玩，在这个环境中，可以体验到因果（决策和结果）之间的直接关系。

与其他商业模拟游戏相比，《蓝色连接》的突出之处在于，它明确关注整个价值链，以及从上游供应商到下游客户的材料流动，以及各种可能的回收闭环，从而实现循环。此外，通过将决策划分到销售、设计或采购、供应链和财务等明确的职能领域，并由不同的团队成员负责每个领域，这种体验非常接近真实的企业活动。在现实环境中，职责的职能划分是常态，而不是例外。

除了纯粹的职能决策之外，还需要找到有效和高效的机制，以确保跨职能的协调。然后在高压锅（pressure cooker）中加入一点儿时间压力，我们就有了一个美妙的学习体验所需的所有要素的组合。

《蓝色连接》商业模拟游戏有一个模块化的设置，每个模块都为体验带来额外的复杂性。通常情况下，游戏设置在游戏开始阶段（第1回合）的复杂度会稍低，然后随着游戏在后续回合的发展而不断提高复杂程度。在教育方案的范围内，同时考虑到课程的具体内容和学习目标，通常由负责课程的讲师或培训人员决定使用哪种结构。在专业的情况下，通常是培训师来做这件事。在这个阶段要记住的要点是：

《蓝色连接》是一家电动自行车制造商，目前处于亏损状态，它正在雄心勃勃地走上循环之旅。

该游戏以团队为单位，每个团队成员负责不同的职能角色。

该游戏将分为几轮决策，每一轮代表公司生命的一年。

游戏设置、时间安排等通常由课程讲师、企业培训师或挑战负责人来定义和沟通。

在本章的剩余部分，我们将通过以下方式开始游戏：

探索模拟；

分析你所发现的公司出发点；

第 6 章　从《蓝色连接》开始：游戏开始！

开始考虑游戏第一轮的行动计划。

请注意，本书的第二部分和第三部分是基于大多数学院、大学和企业在实践中使用的游戏设置。这涉及游戏复杂性的设置，以及实体的数量和它们各自的名称。所以，你们在自己的课程中用到的具体设置可能和课本上的有些不同。如果情况确实如此，也不用担心，因为这些主题、练习和思考适用于任何游戏配置。

简介：超级自行车队！

你已经简单地见过超级自行车队了（参见图 6.1）。在这里你可以看到团队正在准备他们的第一轮游戏。

在第二部分，你会见证一些超级自行车队所做的工作。这些工作可以为你自己的工作带来灵感。

图 6.1　超级自行车队

简介：凯瑟琳·麦克拉伦！

凯瑟琳·麦克拉伦（Catherine McLaren）一直喜欢可持续发展与商业的复杂结合（参见图 6.2）。在可持续商业专业毕业后，她一直在当地可持续商业生态系统中的一家初创企业孵化器中非常活跃。在那里，地方政府、学术界和企业家共同努力创建可持续企业。在循环创业公司取得几次成功后，她考虑进入更大、更成熟的公司，就像她的两个哥哥在她之前所做的那样。

图 6.2　介绍公司的循环周转经理

凯瑟琳的哥哥鲍勃成功地成为饮料行业一个品牌集团备受尊敬的首席执行官，安东尼则成为一名危机经理，专门帮助亏损公司扭亏为盈。凯瑟琳一直深受哥哥们的鼓舞，梦想着有一天能追随他们的脚步。这可能就是为什么她在《蓝色连接》的机会出现时如此兴奋。她认为这是一个完美的竞技场，可以证明她有能力取得什么样的成就。凯瑟琳被雇佣来塑造和领导《蓝色连接》模拟游戏的循环过渡。现在她正在寻找一个团队来帮助自己实现这一目标。

凯瑟琳·麦克拉伦制作了一些视频供大家参考。你可以在连接到游戏的门户网站上找到。这些视频将为你简要介绍《蓝色连接》及其现状。

看完视频后，请继续阅读下文。

《蓝色连接》：公司、使命、体验

公司及零售客户。《蓝色连接》制造和组装自行车，将其产品交付给世界各地的不同零售商，并利用库存向零售商发货。这意味着在零售商下订单的第二天，它就可以发货。

《蓝色连接》将其产品交付给三家主要零售商：

Cheetah。Cheetah 是法国一个强大的零售商，非常善于以合理的价格出售高质量的自行车。它们的消费者相信 Cheetah 能提供耐用的自行车，可以使用一辈子，并且愿意为此付钱。不幸的是，Cheetah 已经被私募股权多次交易。这就造成了高负债和高财务负担。该公司的信用评级反映了这一点。

HBS。HBS 是一家荷兰零售商，在一个非常有趣和不断增长的利基市场上取得了成功。其重点是说服每天上班的通勤群体从汽车转向电动自行车。它关于气候变化和可持续发展的故事引起了越来越多的共鸣。它的消费者对环境非常敏感，试图减少他们的碳足迹。他们也愿意为循环产品支付更高的价格。当然，"漂绿"是不可接受的，声明必须真实可信。

Gearshift。Gearshift 是一家总部位于英国的零售商，专注于发现寻求便利的自行车体验消费者。好消息是，如果这种便利在正确的时间以正确的方式提供给正确的人，就可以创造一项有利可图的业务。Gearshift 是一家具有长期跟踪记录的非常稳定和值得信赖的零售商。

产品存储（Product storage）。《蓝色连接》的产品储存在成品仓库。在送到零售商手中之前，产品一直放在那里。

生产过程（Production process）。《蓝色连接》自己组装所有的自行车。

生产和装配线是《蓝色连接》设备的一部分。此外，《蓝色连接》还拥有一条翻新线，能够对从消费者那里返回的产品进行翻新。翻新后的电动自行车可以在二手市场上以当时的价格出售。

部件（Components）。一份详细的部件清单规定了成品所需的部件数量。部件可以包括车架、车轮、电池等。每个部件在可再制造、可回收和可修复方面都有自己的特点。

材料（Materials）。每个部件都有一份材料清单，其中详细说明了供应商用于生产各种部件的材料。这可以包括各种各样的材料，如塑料、钢、纸等。每种材料都有其回收特点。

供应商（Suppliers）。部件从供应商处采购。本地和全球供应商都可以为《蓝色连接》提供这些组件。

部件存储（Component storage）。部件不能总是立即用于生产。因此，公司拥有一个部件仓库来存储它们。

维修（Maintenance）。《蓝色连接》有可能直接向终端消费者提供维修服务，当然是与零售商合作。这项服务提高了消费者的体验和产品的寿命。

回收服务供应商（Recycling Service Provider，RSP）。《蓝色连接》已决定将所有有关回收自行车的拆卸、零部件的重新制造，以及将零部件回收为原始材料的活动外包。《蓝色连接》与专门的服务提供商签订了这些活动的合同。

团队、角色和责任（Team，roles and responsibilities）。你和你的队友一起组成了《蓝色连接》的管理团队。每个团队成员都有一个特定的角色：设计或采购经理、销售经理、供应链经理或财务经理。所有的团队成员都有自己的责任，可以自己做决定。然而，正如一位伟大的哲学家所说，"在一起并不孤单"。合作是拯救《蓝色连接》免于破产的关键：

· 设计或采购经理（Design/Purchasing Manager）。设计或采购经理负责采购部件。他们以合适的价格选择合适的部件来设计最终产品。设计或采购经理在游戏中扮演着关键角色。通过选择正确的部件，可以采用偏好

第 6 章　从《蓝色连接》开始：游戏开始！

的循环策略。

- 销售经理（Sales Manager）。销售经理监督产品销售。他们与客户协商《蓝色连接》的交货条款。协商适当的服务和循环水平是特别重要的。他们还决定了《蓝色连接》的收入模式。销售经理在游戏中扮演着极其重要的角色，他们的讨价还价可以带来很高的销售或订阅价格，但前提是《蓝色连接》能实现它的承诺。

- 供应链经理（Supply Chain Manager）。供应链经理是将其他角色结合在一起的黏合剂。通过提供充分和正确的能力，供应链经理在团队中起着决定性的作用。这个角色负责根据团队的战略，在正确的方向上管理回报流。

- 财务经理（Finance Manager）。财务经理负责管理公司的资金和现金流。他们与银行谈判贷款条件，并确保《蓝色连接》有足够的现金流和适当的贷款，以满足其业务需求。财务经理在游戏中扮演重要的角色，为每个客户提供合适的供应商租赁计划，以获得最佳利率。一个独特的特点是其可以与银行商定一个整体的企业循环水平，这可以影响企业的利率水平。最后，财务经理决定每个客户回购计划的力度。

策略（Strategy）。每个团队成员都可以单独做出决定，但作为一个团队，你需要一个共同的策略来实现最佳结果。例如，你不希望财务经理与银行商定同意更高的供应商租赁水平，而销售经理则全部转移到直销！所以一定要互相讨论你的决定。

决策（Decisions）。在《蓝色连接》期间，你将做出许多决定。权衡包含在每个决定中，所以一个决定永远不会只有积极的影响，也会有消极的影响。诀窍在于评估这些后果并平衡它们。如果你在给定的一轮游戏中重新考虑任何决定，那么上一轮所做的决定将被重新使用。

推动走向循环（Drive to become circular）。董事会已经表示，它希望公司变得更加循环。这在一定程度上是因为市场发出了明确的信号，即零售客户从更循环的供应商那里购买产品能够获得额外的价值。此外，市场上有一种趋势，即银行正在为实现更高循环水平的公司提供更好的贷款条件。

分数（Scores）。游戏的目标是让你和你的团队获得最好的材料回报率（Return on Material，ROM）。这个 KPI 将你在循环方面的表现与你在盈利方面的表现整合在一起。ROM 定义为每公斤使用过的原始材料的利润。

在第 1 章中，我们谈到了在循环经济领域缺乏一致的定义。这突出了在与他人合作时澄清术语的重要性，从而避免混淆。在 TBC 的系统中，你将发现许多特定的术语。有些可能是非常清楚或直接的，其他的可能不太熟悉。在这种情况下，不要猜测或假设事情可能意味着什么。就像在现实生活中一样，要弄清楚。在这种情况下，你可以通过单击 💡 符号或 ⓘ 符号做到这一点。你可以在 TBC 屏幕上的许多单词旁边找到该符号。

在第 2 章中，我们讨论了基于 R- 阶梯和价值山的不同循环策略。我们还强调了掌握循环业务模式的要素之一是创建物理价值链的映射，以便清楚地了解货物的流动和所需的支持活动。在游戏开始时，TBC 有一个简单的线性设置（参见图 6.3）。

图 6.3　TBC 的线性价值链

蓝色连接存在什么问题？

逐步分析基准情形的方法

正如你目前所看到的，《蓝色连接》是一家有大麻烦的公司。你和你的团队一起进入新的董事会，目标是扭转糟糕的财务状况，让公司再次盈利。要实现这个转变过程，显然需要从对当前情况有一个非常清晰的认识开始，这样在你观察的基础上，你就可以确定改善现状所采取的纠正措施。

练习6.1 分析《蓝色连接》的初始情况

在接下来的内容中，我们将介绍分析阶段的逐步分析方法。除了首先了解需要做什么来改变事情并转向循环之外，你还将了解模拟的屏幕，以及你所拥有的信息。

参考本书开头的概览、网页资源和商业模拟游戏那一节，使用相应的课程代码通过游戏入口进入系统。最初，你要集中精力分析与你在团队中所扮演角色（销售、设计或采购、财务、供应链）相对应的信息。这对于步骤1至步骤2是有效的，你可以单独执行。然后，在第3步中，你将个人观察、结论和建议与你的队友的观察、结论和建议结合起来，从而定义一个综合的方法。请注意，你将在不同屏幕的报告中找到代表公司一年业绩情况的信息。

本章中介绍的三个步骤将帮助你对《蓝色连接》的初始情况有一个全面的了解。请注意，在每一轮游戏之后，所有步骤都可以以完全相同的方式应用，但有一个重要的附加说明：在不同的游戏中，TBC的价值链将不再是线性的，而是循环的。这意味着除了下面的步骤之外，还需要分析循环的元素。在第7章中会详细介绍。

步骤1：创建线性价值链基础设施和流程的图谱

为了清楚地了解TBC的初始线性情况，你现在可以拿一张纸，或者一个空白的Power Point演示文稿，并对TBC的材料流进行网络流映射。

映射应包括以下元素：

供应商制造部件的六种材料；
《蓝色连接》从供应商处购买的七个部件；
最终产品是一辆名为 Monsoon 的电动自行车；
三个零售客户；
消费者；
垃圾填埋场，在这种情况下，代表自行车和其部件或废料可能的最终归宿。

你的初始映射应该类似于图 6.4 中的情形，就像超级自行车队（Team Super Bike）所做的那样。

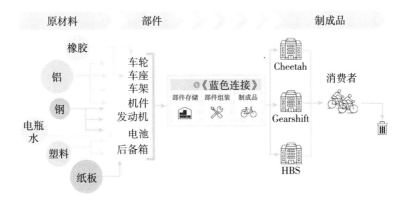

图 6.4　TBC 的价值链模板（网络的视角）

步骤 2：使用 TBC 系统中的相关信息填充映射

在步骤 1 中，我们创建了基本流程图，显示与公司线性价值链相关的三种不同类型的物流（physical flows）：原材料流、部件流和制成品流。在步骤 2 中，可以从三个相关但非常不同的角度分析这三种类型的流动：流动的件数、每次流动所包含的千克数，以及与每次流动相关的金额。与

第6章 从《蓝色连接》开始：游戏开始！

现实生活中一样，你可能需要在公司系统中组合来自不同（职能）领域的信息，以创建完整视图。

对于映射的第2步，你将主要使用基本信息选项卡以及每个职能角色范围内的历史报告。信息选项卡包含大量关于TBC价值链中的材料、产品、价格和实体的非常详细的基本信息（参见图6.5）。

除了包含独立于游戏回合基本信息的信息选项卡之外，每个职能角色的历史报告还提供有关货物流量、财务总额等特定的历史信息（参见图6.6）。历史信息包含随时间变化的报告，这些报告根据管理团队做出的决定而变化。由于你只是刚刚开始游戏，在分析的第2步中，你可以专注于第0轮的报告，这是模拟游戏体验的起点。

为了补充步骤1中创建的映射，你现在可以查看以下关于件数、千克和金额的信息（建议根据一年的总数进行计算）：

- 制成品。相关信息可以在历史销售报告（一般销售仪表盘和各种详细报告，如"客户"和"客户财务报告"中找到）。在信息选项卡中可以找到关于客户以及电动自行车的一些附加信息。
- 部件。起点是售出的自行车数量，然后可以转换为所需的每个部件的数量。信息可以在历史设计或采购报告（总体设计或采购仪表盘和各种详细报告，如"部件"和"供应商"报告）中找到。关于部件的一些额外信息可以在信息选项卡中找到。
- 原材料。起点是使用的部件数量，并结合这些部件的材料信息。在信息选项卡中可以找到有关部件的基本信息和每个部件所需的原材料数量，以及每千克原材料的基本价格。然后，这可以与前一步分析的部件流的数量相结合。

你的图形中现在应该充满了关于件数、千克数量和TBC初始线性价值链中流动的资金量的信息（参见图6.7）。

韧性商业模式

第一轮 当前状态 — 设计/采购 | 销售 | 供应链 | 财务

客户

	门店数量	规模	国家	信用评级	每批次运费	每托盘配送成本	产品使用率	无限制订阅合同的月份间隔
Cheetah Cycling	100	中型	法国	CC	70.00	500.00	1,000	2
Gearshift	15	中型	英国	AA	70.00	500.00	1,000	1
HBS	10	小型	荷兰	BB	70.00	350.00	1,000	2

产品

	每托盘运送数量	平均行业使用率
Moesoon	5	1,000

主要部件

	托盘载量	每层托盘载量	基本价格	部件耐用等级	部件再制造率（%）	再制造成本	部件回收率（%）	重量（kg）	维修时间贴现	
车架28	5	1	300.00	较长（+0.3年）	50.0%	130	50.0%	3.60	0.00%	
钢圈	10	2	80.00	较长（+0.1年）	30.0%	25	90.0%	2.00	-3.00%	1.50kg 车轮橡胶 0.50kg 塑料
基本机件	120	40	270.00	较长（+0.1年）	30.0%	50	90.0%	1.00	-6.00%	0.40kg
高级车座	210	30	95.00	中等	75.0%	30	55.0%	1.00	0.00%	0.40kg
后备箱机件	90	10	10.00	中等	0.0%	0	0.0%	0.05	0.00%	
标准发动机	210	30	150.00	中等	50.0%	60	40.0%	2.00	0.00%	2.00kg
智能电池	70	10	170.00	较短（-0.1年）	30.0%	35	75.0%	3.50	0.00%	1.00kg 车轮橡胶

替代部件

	托盘载量	每层托盘载量	基本价格	部件耐用等级	部件再制造率（%）	再制造成本	部件回收率（%）	重量（kg）	维修时间贴现	
Feams forever	5	1	310.00	较长（+0.5年）	40.0%	110	45.0%	4.00	0.00%	0.01kg 塑料

图 6.5 TBC 屏幕：信息标签

《蓝色连接》
我的公司 排名 | 信息 | 信息中心 | 折线图

第 6 章 从《蓝色连接》开始：游戏开始！

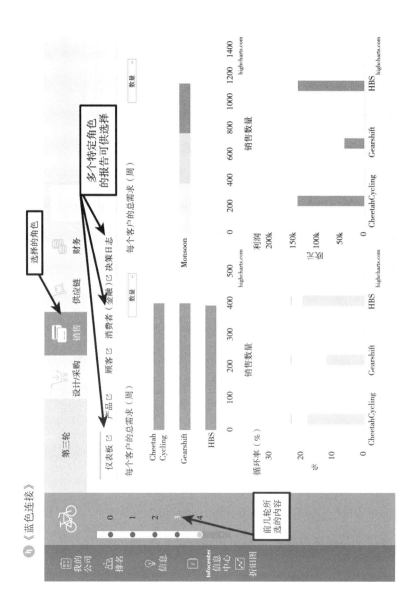

图 6.6 TBC 屏幕：每个功能角色的历史报告

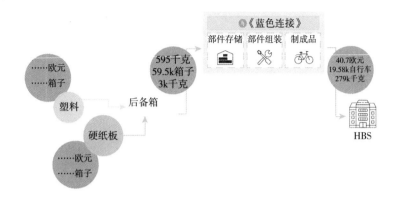

图 6.7 利用公司数据所丰富的映射（图形的一小部分）

此外，你可能希望查看财务方面的历史报告，在损益表和财务状况概述中，找到收入和成本的主要元素，以及资产负债表上的主要元素。

步骤 3：将各种角色放在一起——创建一个完整的视图

现在，把你的个人意见、观察和建议与团队同事的意见和建议结合起来。这将让你对公司的整体业绩和当前亏损的潜在原因有一个完整和全面的了解，特别是价值链中不同流量的数量层级。一起浏览图谱，明确你的每一个观察结果，并标出所有引起你注意的项目，例如用红色进行标记。

TBC 游戏：你需要了解的内容

你已经完成了对公司初始情况的第一次分析，差不多已经准备好开始了，但在讨论将循环应用于 TBC 价值链的企业视角之前，让我们先来看看 TBC 的玩法。

通常情况下，你所参与的游戏是来自同一所学院、大学或公司的不同团队在同一游戏池中共同玩的。游戏的确切配置，即在哪个回合中可以做出哪些决定，是由课程教师根据使用游戏所要达到的确切学习目标而定的。

第6章 从《蓝色连接》开始：游戏开始！

课程设置有多种可能性。有时，游戏是完全面对面进行的，在解释概念和回答团队问题方面，课程讲师会积极参与。有时，游戏是完全在线进行的，在指定的时间，教师可以提供反馈和澄清疑问。此外，还可以找到越来越多的混合形式。同样，关于如何使用 TBC 对课程进行规划的决定是由课程教师根据可用时间和课程的学习目标做出的选择，通常会在课程或项目开始前与你沟通。

无论选择哪种形式，活动的顺序通常非常相似，基本上遵循前面讨论的科尔布的学习周期理论：

1. 团队对现状的深刻分析；
2. 决策制定与执行中的决策模拟；
3. 由教师结束本轮游戏，从而得出结果；
4. 反思刚刚进行的回合的结果，通常辅以一些练习，从而使反思"概念化"；
5. 回到第一步，深刻分析，继而进行下一轮。

请注意，上述步骤与根据持续改进框架通常执行的步骤之间存在某些相似之处，如检查—行动—计划—执行。主要但也非常重要的区别在于第4步，即为了分析原因和结果之间的关系以及玩家自己的行动而进行的明确反思。这个步骤会让你从沉浸式玩法中退一步，从远处来看实际发生了什么。如果做得好，这将促进基于对发挥作用的因素进行更深入理解的学习。

根据课程中参与者群体的确切规模，课程讲师通常会要求你准备好关于反思和概念化的想法，并将其发送给讲师从而获得反馈。记住，正是在这些反思中，并将其转化为新的决策，才能真正的学习。

这里简单讲一下商业模拟中的决策。对于每个角色，都有一个或多个不同的选项卡，每个选项卡代表需要做出决策的职能范围的不同部分，因此，如果你有多个选项卡，请确保在对应于你的角色的每个选项卡上处理各种决策。基本上，每个选项卡上都需要定义一个或多个参数，这些参数可能会更改，然后根据角色单击 save 按钮或 deal 按钮来保存。没有明确保存的决策（参数更改）将不会被实现，因此请仔细检查是否保存了你的决策。请注意，在接下来的页面和章节中，将展示游戏中的一些屏幕，但在某些情况下会以一种略微"程式化"的方式呈现。这些屏幕是为了说明相关的概念，但它们已经被格式化，以迎合可能发生在游戏中真实屏幕上设计变化的可能性。

在销售和财务的角色中，有一些决定分别来自与零售商和银行的谈判。在销售中，与每个零售商单独进行谈判。为了开始谈判，相应的副总只需要在特定零售商或银行的协议屏幕上点击"Yes"按钮，就可以进入谈判屏幕。在谈判屏幕中，可以看到可谈判的合同参数，例如在销售中与零售客户谈判时产生的最终价格，或者在财务中与银行谈判时产生的基础利率（参见图 6.8）。

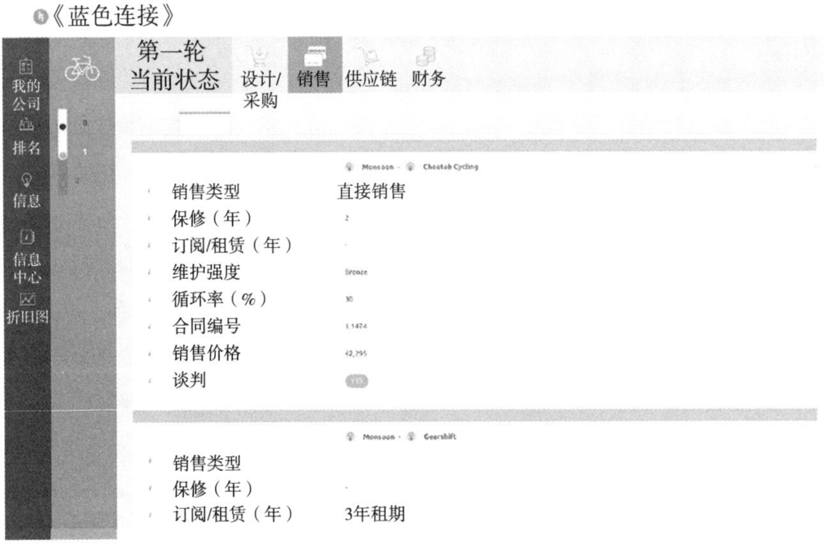

图 6.8 TBC 屏幕：谈判窗口（来自销售角色的例子）

如果考虑到某一合同参数的变化，可以在议价界面的相应字段中进行更改，然后点击"calculate"按钮，将显示新的价格或利率，从而使价格差异变得非常清晰。如果新价格可以接受，点击"deal"就可以实现它。

第 6 章　从《蓝色连接》开始：游戏开始！

在我们开始真正的游戏之前还有两点要强调一下。首先，你要知道在这四个角色的情况下，所有的决定都可以在一个回合的游戏过程中被取消、改变、重新执行，等等。那些在一轮结束时为了计算而设置的参数将对该轮结果产生直接影响。其次，请注意，如果你参加了学院、大学或公司的培训课程，你的课程导师通常会在这些回合中指导你，并帮助你确定每一轮的重点。每章中的练习都是有帮助的。就像在现实生活中一样，公司还在继续经营，决策也必须不断更新和做出，以适应之前的结果。之前向你介绍过的《蓝色连接》的循环周转经理凯瑟琳·麦克拉伦，将给你几乎无限的自主权来做决定。当然，在某个时间点，她会回来询问你所取得的进展。

本章小结

挑战第一天，在完成初步分析之后

"哇，天哪！"萨拉说，看起来有点担心，"这看起来比我想象的要复杂得多！我们只看到了目前的线性价值链，想象一下，一旦我们开始引入循环，它将变得多么复杂。"

"别担心，萨拉，"彼得回答说，"我们一旦开始比赛就一定能控制住局面，因为那时我们就能看到自己的决定和结果之间的关系。至少我们现在更详细地了解了《蓝色连接》，对企业所面临的问题有了更清晰的认识。不用着急，你不能指望一天就能让一家企业扭亏为盈！"

"我同意，"玛丽亚接着说，"我们还应该按照乔安娜姨妈的建议去做。在游戏过程中，我们一直关注着彼得和我在'循环'项目中看到的重点。你知道，所有有关企业视角、领导视角和跨越企业边界视角的方面，我们之前都详细研究过。最终，这些观点将帮助我们保持专注。"

"听起来不错，就这么办吧。"马修点头表示同意。"好吧，那就开始第一轮吧，"萨拉说，"超级自行车队，出发！"

练习 6.2　反思在游戏过程中团队合作的方式

反思

作为一个团队，你们现在已经完成了对形势的第一次分析，并对企业的当前状态及其线性价值链得出了第一个结论。类似于本章的 1-3 步，接下来的章节（特别是第 7 章）中围绕大多数主题的分析和决策将会在每一轮游戏中重复出现，在为下一轮决策做准备的同时考虑上一轮的结果。因此，提前考虑如何在游戏过程中组织自己的团队也是很重要的，因为通常情况下，在游戏中时间会比较紧张。现在就花点时间去做吧。

第 7 章

掌握循环的企业视角

"循环"项目第二阶段：模拟挑战第一天，第一轮即将开始！

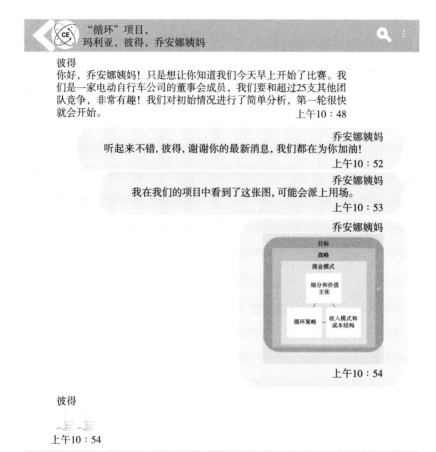

图7.1 游戏第一轮即将开始

在本章中，我们将回到第 2 章的主题：探索循环的企业视角（参见图7.2）。我们将相关内容直接应用于《蓝色连接》，以便你可以获得一些涉及复杂性的第一手经验。我们将通过一些与游戏相关的实践练习来实现这一点，而不是在这里使用大量文字进行说明。

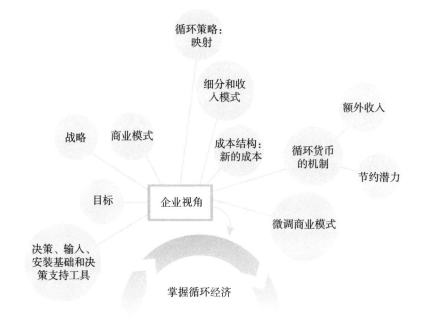

图 7.2 应用于 TBC 的循环的企业视角相关主题

在深入研究具体循环商业模式的细节之前,让我们先来看看游戏中的决策过程。

决策、输入、安装基数和决策支持工具

决策

就像在真实的企业里一样,在 TBC 中,决策必须由在那里工作的人(在这种情况下是你!)做出。和现实一样,决策被分配到各个专门的职能部门。因此,每个部门都有自己的决策,你必须在部门之间管理如何最好地调整决策,以优化你想要实现的整体结果。

在 TBC 的基础版本中,图 7.3 显示了每个部门要做出的决策。

第 7 章　掌握循环的企业视角

	销售	采购	财务	供应链
1	• 对零售商的循环承诺 • 维护强度 • 保修	• 产品设计/选择供应商	• 对银行的循环承诺	• 维护能力
2			• 回购价格	• 自行车翻新车龄 • 自行车翻新能力
3				• 回收/再制造是/否 • 选择回收服务提供商
4	• 租赁或订阅		• 卖方租赁合同	

图 7.3　每个角色的决策（TBC 标准版本）

输入

你可以使用哪些输入来做出决策？在前一章的映射练习中，你已经看到了其中一些信息源：信息选项卡和历史报告。我们可以添加决策日志，特别是如果你已经玩了一个或多个回合。决策日志可以在历史报告的页面中找到，在日志中可以找到过去几轮所做的决策。

另一个输入显然是你自己的想法：你的部分任务是评估你想要追求哪种循环业务模式，以及哪些决策与该业务模式相对应。本章接下来会讲述更多相关内容。

"安装基数"的概念

正如你将在游戏中看到的，有一个与循环业务案例量化相关的非常重要的概念，这个概念通常被称为"安装基数"。经常使用的其他术语是"池"或"管道"。为了便于讨论，这里我们将使用安装基数作为首选术语。

安装基数表示在给定的时间内，我们在市场上有多少产品，在 TBC 的情况下，是有多少辆自行车。在任何一轮游戏中，你都会发现 TBC 处于稳定状态，换句话说，你不必担心公司在达到新的稳定状态之前必须经历的过渡期。关于过渡的更多信息将在下一节中介绍。所以安装基数就是市场上自行车的数量。这个数据是非常重要的,因为它是许多重要计算的输入变量。

例如,如果你考虑在每辆自行车一年服务的基础上销售自行车维修服务包,那么每年销售的自行车数量不足以让你知道自己需要多少维修服务能力。因为除非另有规定,否则维修服务将在自行车的整个使用寿命内有效。换句话说,你需要有足够的能力为"市面上"的所有自行车提供服务合同:每年销售的带维修服务包的自行车数量乘以自行车的平均寿命,如此得到安装基数的总规模(参见图7.4)。

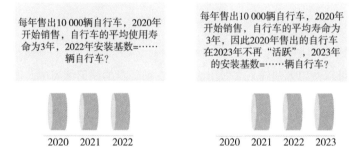

图7.4 安装基数的概念

例如,在考虑提供一份一定期限的租赁合同时,同样的安装基数概念也是有效的。在TBC的情况下,这样的租赁合同将因为融资而"出表":因为必须与银行签订所谓的供应商租赁协议。当然,问题是有多少供应商租赁将必须与银行谈判。同样,这取决于安装基数的大小。例如,在租赁期限为三年的情况下,总安装基数将为每年新租赁自行车合同的数量乘以租赁期限(年)。

"过渡期"的概念

进一步建立在安装基数的概念上,你可以想象,当我们决定开始引入一些新的产品时,我们将需要一些时间才能使新的情形达到稳定的状态:首先我们必须经历一个过渡期(参见图7.5)。例如,如果我们推出了一个为期三年的租赁计划,那么在第一年,我们就会在这个计划中增加一些新租赁的自行车。第二年，将引入更多的自行车，第三年同样如此。换句话说，在最初的几年里，我们每年都会有一个更大的安装基数。但是，在第四年，又会有更多的新自行车进入，但与此同时，第一年的租赁合同将到期，所以这些自行车将从安装基数里消失，我们将进入新的稳定局面。

图 7.5 "过渡期"的概念

请注意：虽然在 TBC 游戏中，每一轮的报告都反映了一年的总数，但进入下一轮并不等同于进入下一年！在游戏中，从一个回合进入下一个回合意味着从"旧的"稳定状态进入"新的"稳定状态。换句话说，游戏在过渡期已经有效地发生并再次开放。

过渡时期的所有维度和复杂性将是本书第三部分的主要主题，所以我们将在游戏结束后详细讨论这个问题。目前你不需要在该问题上耗费过多精力。

决策支持工具：折旧图

幸运的是，TBC 投资了一个非常有用的决策支持工具，称为折旧图（depreciation graph）。它可以在屏幕上同名的选项卡下找到。折旧图实际上是基于与循环经济相关的金融理论，该理论认为，使用产品、部件或材料的经济逻辑最终取决于其价值。在销售时，新产品具有市场价值，随着时间的推移，市场价值逐渐下降，直到某一时刻，其组成部分的市场价值高于整个产品的市场价值。经济逻辑表明，此时应该优先考虑部件的使用，而不是仍然关注整个产品。在稍后的某个时间点，当材料的价值高于部件的剩余价值时，可以观察到类似的逻辑（参见图 7.6）。

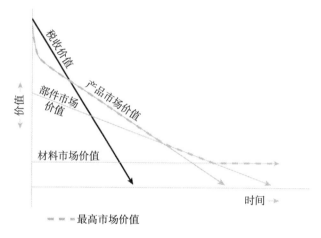

图 7.6　折旧图

如前所述，TBC 投资了一个基于折旧图概念的决策支持工具。该决策支持工具的配置方式是这样的：当 TBC 的系统中某一参数发生改变，从而对折旧图中的信息产生影响时，折旧图也会随之改变。在做出更明智的最终决策之前，可以对这一变化进行分析。

练习 7.1　使用折旧图

分析

了解折旧图是如何工作的。最好是整个团队都这样做。首先，这将允许每个团队成员深入了解折旧图是如何工作的；其次，一起做练习可以避

第 7 章 掌握循环的企业视角

免不同的团队成员同时更改参数，这些参数都会对同一折旧图产生影响。

在下面的步骤中，为了更好地理解折旧图，要求你执行一些决策。不要太担心改变了的决策，这些都可以在你真正开始游戏之前被取消，同时不会受到任何惩罚。

例如，选择你的零售商之一，好好看看其对应的折旧图。你可能想要截图留作参考。让团队的销售总监进入销售协议页面，点击所选零售商的"negociate"按钮，将"维护强度"从"无维护"改为"黄金"(gold)（这是强度最高的计划），然后相继点击"calculate"和"deal"按钮（暂时不用担心谈判本身）。

现在返回到对应的零售商折旧图并对其仔细检查。如果你把它和最初的比较，有什么变化？为什么会发生变化？在做决定时这告诉了你什么有用的信息？

现在回到销售协议页面，进入协商，将维护强度改回"无维护"，点击"calculate"，再点击"deal"。现在回到了最初的设置。

你可以将相同的逻辑应用于以下决策（一个一个地，而不是一起），开始查看折旧图，之后执行决策，然后返回折旧图，分析发生了什么变化并试图理解原因，最后返回并撤销决策，这样你就回到了最初的情况：

- 销售（协议标签）：与你的零售商协商 5 年的保修期。
- 财务（回购标签）：执行 1 200 欧元的回购价格。
- 设计或采购（产品设计标签）：将标准车架更换为耐久性等级最高的替代车架。

在分析之后，确保你将参数调回初始值，除非你已经在玩一轮游戏，否则你显然可以决定在接下来的回合中保留你想要的参数。

希望这个练习已经让你很好地理解了如何在游戏过程中使用折旧图作为决策支持工具。现在我们回到第二章的主题，让我们把这些主题应用到 TBC 实践中。

目标

第 2 章首先详细阐述了"目标"作为公司战略的有力指导原则这一主题。让我们看看这会对《蓝色连接》有什么影响。

> **练习 7.2　对 TBC 的目标宣言作出决定**
>
> **决定**
>
> 基于你在第 2 章中对目标宣言的探索,为自己确定一个强有力的《蓝色连接》的目标宣言。将目标宣言添加到图 7.7 的模板中。准备好陈述和讨论。

战略

第 2 章也简要讨论了战略。它被定义为与长期相关的计划,包含公司想要实现的目标,以及实现这些目标所需的行动。虽然战略本身作为一个概念并不完全与循环相关,但让我们暂时假设我们希望循环成为 TBC 未来战略的明确组成部分。

> **练习 7.3　决定与 TBC 循环相关的战略目标**
>
> **决定**
>
> 以你的目标宣言为主要出发点,现在为《蓝色连接》确定一些明确

的循环目标。虽然还没有必要将这些目标"转化"为具体的关键绩效指标和相应的目标，但请确保这些目标足够明确，以便为以后确定的行动提供方向。将你的战略目标添加到图 7.7 中的模板中。准备好陈述和讨论。

所选的主导循环策略	所选的兼容支持循环策略
目标宣言	战略目标
仪表盘	

图 7.7　掌握目标、战略和 KPIs 模板

根据你的目标宣言和你确定的循环战略目标，你现在应该能够开始详细阐述循环商业模式的细节。图 7.8 显示的模板突出展示了我们为掌握循环业务模式所建议的元素以及所有相关细节（参见图 2.26，可获得更详细的例子）。

在练习 7.4 至 7.11 中，你将接触到填充图 7.8 中整个模板所需的主题。在完成练习 7.11 之后，你应该可以结合图 7.7 和 7.8 的模板来展示自己的整个战略计划了。

请注意，图 7.8 中的模板展示了一个主导循环策略的循环业务模式，以及潜在兼容的支持循环策略。如果在游戏过程中，你将在随后的回合中尝试不同的主导循环策略，无论是你自己的选择还是你的课程讲师或教练的指示，那么可以为每个主导策略（重新）创建一次模板。

韧性商业模式

所选的主导循环策略	所选的兼容支持循环策略
商业模式概览	物流和支持活动映射
商业模式画布　设计目的：　设计者：　日期：版本： 关键伙伴　关键活动　价值主张　客户关系　分销渠道 　　　　　关键资源　　　　　客户细分 成本结构　　　　　收入流	

收入模式概览，循环货币化机制和成本

每个细分市场的收入模式 • 模式1 • 模式2 • 模式3	循环货币化机制
新引入的成本项目	新产生的节省

使用的资源
所做的假设

图 7.8　为掌握循环业务模式而包含的项目（空白模板）

在 TBC 中，重点是减缓循环和关闭循环策略（第 2 章中解释的第二阶段和第三阶段）：维修和维护，翻新和重新分配，再制造部件和重复使用，回收材料。TBC 中的基本循环策略选择如图 7.9 所示。

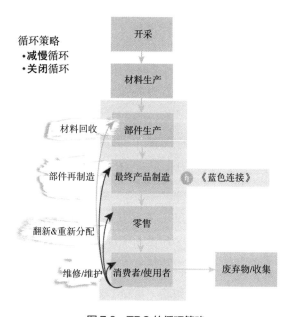

图 7.9　TBC 的循环策略

让我们来看看模板中的每个区域。

商业模式画布

你可以添加标准的商业模式画布，如果你愿意，也可以添加任何其他（可持续或面向循环的）内容。

练习 7.4　制作商业模式画布

制作

在你所选择的画布或其他你喜欢的商业模式模板的基础上，对循环商业模式进行概述，重点关注主导循环策略，并潜在地支持你所选择的循环策略。参考标准业务模式画布，你可以在价值主张的定义中包括收入模式。将你的业务模式添加到图 7.8 的模板中，并记录任何可能的备份材料以支持你的选择。准备好陈述和讨论。

循环策略：映射

模板中的下一个板块是实物货物流和循环价值链中相应的支持活动的映射，就像在第 6 章中为《蓝色连接》的初始线性价值链所做的那样。

练习 7.5　为你的循环策略制作映射

制作

在 TBC 的情况下，可选货物流和支持活动的组合见图 7.10（请注意，该图可能包括一些不太兼容的流程）。

根据你选择的主导循环策略和你正在考虑的潜在支持循环策略，包括开发实物货物流和循环价值链中相应的支持活动的映射。用模拟中的数字填充映射（数量、千克、金额等单位）。

你可以使用游戏中的基本信息、历史报告和模拟的主要假设。请记住，你还可以使用折旧图进行评估，例如，市场上的自行车数量，或由于你执行的回购价格，平均每年回到你手中的自行车数量。将映射添加到图 7.8 的模板中，并记录任何可能的备份材料以支持你的选择。

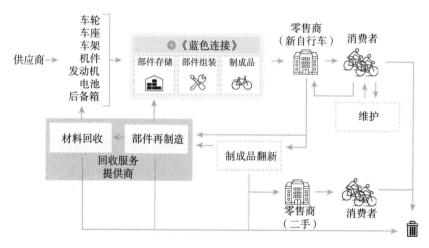

图 7.10　TBC 中可能的物流和支持活动

你可以将此图作为选择流（flows）和活动的基础。这些流和活动与你选择的主导循环策略和任何潜在的兼容支持循环策略对应。

细分市场和收益模式

TBC 有三个不同的零售商作为客户：Cheetah，Gearshift 和 HBS。在某种程度上，每一个都可以被看作一类非常不同的客户群体的代表。因此，首先要研究的是，在与消费者打交道方面，它们在多大程度上是不同的。它们可能对 TBC 产品的某些方面或价值主张的其他元素有一定偏好。

就收益模式而言，存在以下选项（有些兼容，有些不兼容）：

直接销售；
保修，带来额外收益；
维护强度（不同的包），可以获得额外收入；
订阅（期限不固定）；
租赁（期限提前规定）。

练习 7.6　分析公司零售客户

分析

进入销售领域中的协议选项卡，找到关于三个零售客户的更多信息。你可以通过首先单击每个客户名称旁边的灯泡符号来做到这一点。这些描述告诉了你什么，你如何利用这些信息为你服务？就价值主张而言，你能预见到哪些差异？

在销售协议的谈判中，大多数合同条款都涉及收入模式。作为合同协议的一部分，你与每个零售商协商相同的商品，但是这些商品的最佳价值在不同的零售商之间可能有很大的不同，因为它们可能有非常不同的偏好。对于合同中的某个条件，它们在多大程度上感到非常满意或不满意，可以从它们愿意支付的价格推断出来，如第 6 章所述。

与每个零售商进行谈判并更改其中一个合同参数，计算新的销售价格并评估价格变化了多少。将注意力集中在不同的收入模式上，而不是循环承诺。我们之后会单独处理这个问题。

你可以多次使用相同参数的不同值执行此操作，然后转移到另一个参数。各零售商对哪个合约参数更敏感或更不敏感？零售商在这方面有什么相似或不同之处呢？它们是否都对相同的参数同样敏感？根据不同零售商的目标受众的描述，你如何解释敏感度的差异？这对你为它们提供的价值主张意味着什么？你可以专注于哪一个？将你的发现和后续选择添加到图 7.8 的模板中，并记录任何可能的备份材料来支持你的选择。

循环货币化机制：额外收益

"循环溢价"

零售商的基本收入模式原则上独立于循环。在这些收入模式之上，还有一些方法可以有效地将所实现的循环货币化。首先，如果可以证明产品具有一定程度的循环性，那么会有零售商和消费者愿意在产品的基本价格上支付一定的溢价，类似于人们愿意为公平贸易产品、生物有机产品等支付更高的价格。TBC 也有零售商作为客户，它们在一定程度上对循环很敏感。

练习 7.7　分析 TBC 零售客户对循环的敏感性

分析

进入销售领域中的协议选项卡，打开关于销售协议的谈判。现在，对零售商逐个更改循环承诺，并评估每个零售商对循环的敏感性。零售商在这方面有什么相似或不同之处呢？它们是否都对循环同样敏感？这对你为它们提供的价值主张意味着什么？你可以专注于哪一个？将你的发现和选择添加到图 7.8 的模板中，并记录任何支持你的选择的备份材料。

请注意：如果你没有兑现自己的循环承诺，相应的零售商将对你处以一笔（高额）罚款，超过它们愿意支付给你的额外收入的承诺。

以类似的方式，也可以存在银行循环溢价，但由于这不是额外的收入，而是折扣，我们将在后面的成本节省部分处理与银行相关的溢价问题。

向二手市场销售

除了循环溢价之外，还有其他方法可以将循环货币化。一种方法是将翻新的自行车转售到二手市场。这种选择的财务潜力取决于许多不同的因素，折旧图在评估中发挥重要作用，如下面步骤所解释的：

1. 首先，你只有把自行车从市场上回收回来，才能对其进行翻新。这可以通过在直销模式下提供保修或回购选项来实现，也可以通过订阅或租赁计划实现。在后一种情况下，自行车仍然是 TBC 的财产，你可以在租赁合同期满（租赁）或使用寿命结束（订阅）时回收它们。

2. 其次，由于保修或回购，你能有效回收多少自行车取决于自行车的质量（只有坏了的自行车才会申请保修）或回购的价格（价格越高，消费者越有兴趣退回自行车）。

练习 7.8　分析将翻新自行车转售到二手市场的盈利潜力

分析

对于你选择的主导循环策略，通过应用上面提到的两个步骤，分析你将翻新自行车转售到二手市场的盈利潜力。请注意，关于折旧图的工作原理，你可能需要重温练习 7.1。此外，你可以在分析过程中使用图 7.10，特别是当你在图表中填充每个相关货物流的相应数量时。将你的发现和选择添加到图 7.8 中的模板中，并记录那些能支持你的选择的备份材料。

将回收材料卖回给供应商

循环利用的最后一个选择与回收材料有关，当然，这种情形只发生在你有效地选择回收作为主导循环策略或支持策略的情况下。这里有许多因素发挥作用，应逐步分析（也可参考图 7.10 的流程图）：

1. 你需要分析最终到达回收服务提供商（RSP）从而进行回收的材料流的大小。参见图 7.10，有两种可能的材料流进入 RSP，即从市场上返回的自行车的直接流，或从自行车翻新活动中产生的不可翻新的自行车或部件的废弃物流。供应链经理设置的最大翻新车龄参数定义了回收的自行车将首先进入翻新或直接进入 RSP。正如我们之前在讨论二手市场的货币化选择时所看到的，回收自行车的总量取决于有关保修的决定、自行车的质量，以及回购选项或租赁或订阅计划。

2. 关注进入 RSP 的流量大小，这取决于你是希望回收成为 RSP 的主要关注点，还是仅应用于再制造过程的废弃物流的次要选项。你选择的主导循环策略应该在这方面发挥主要作用，但特定的部件和材料特性也起着作用（所使用部件的可再制造性，这些部件的材料的可回收性）。因此，如果你希望自己的 RSP 专注于再制造或回收，你可以逐个部件进行确定。

3. 根据你对前面步骤中提到的参数所做的决定，你需要分析最终将有多少公斤有效回收的材料，哪些可以卖回给相应的供应商。

… 第 7 章 掌握循环的企业视角

练习 7.9　分析将回收材料卖给供应商的盈利潜力

分析

按照上面提到的三个步骤，在你选择的主导循环战略的特定背景下，分析你把回收材料卖给供应商的盈利潜力有多大。请注意，你可以在分析过程中使用图 7.10，特别是如果你在图表中填充了每个相关货物流的相应数量。将你的发现和选择添加到图 7.8 的模板中，并记录任何支持你的选择的备份材料。

循环货币化机制：节约潜力

由于部件的再制造而节省的采购费用

此外，还可以节省与购买的部件类型无关的采购费用。如果你决定将再制造作为主导或支持循环策略，那么那些可以成功再制造的部件将回流到 TBC 自己的新自行车组装过程中；换句话说，这个数量的部件不再需要从外部供应商处购买，从而代表了一种节省。

与银行相关的循环溢价带来的节省

正如我们在第 2 章中讨论的，越来越多的"绿色融资"替代方案出现在金融市场上。此外，TBC 的银行对客户的可持续发展倡议很敏感，这意味着它愿意根据客户承诺的循环水平，对它们的贷款适用更有吸引力的（也就是更低的）利率。

请注意：如果你没有兑现自己的循环承诺，银行将对你进行罚款，超过其愿意在你承诺的基础上给予的额外折扣。

> **练习 7.10　分析潜在的节约**
>
> **分析**
>
> 对于你选择的主导循环策略,分析你期望获得多少上面提到的额外节省。请注意,你可以在分析过程中使用图 7.10,特别是如果你在图表中填充了每个相关货物流的相应数量(特别是用于分析由于购买再制造部件而产生的节约潜力)。将你的发现和选择添加到图 7.8 的模板中,并记录任何支持你的选择的备份材料。

成本结构:新引入的成本

循环当然不仅是额外收入或货币化选择的潜在来源,也有与之相关的成本和潜在节省。让我们来看看其中的一些成本或节约。请记住,这一切都取决于你选择的主导循环策略和你可能选择应用的任何潜在的兼容支持策略。

维护

第一,维护活动存在潜在的额外成本。TBC 选择在内部与员工一起进行这种维护。相关成本的大小首先取决于所选择的维护强度,即每辆自行车每年的服务情况。正如你所记得的,你可以决定每个客户的维护强度,因此它们可以彼此不同。第二,我们需要知道一辆自行车平均每年的使用情况。该数据可以在信息页找到。第三,我们需要考虑安装基数的大小。第四,维护活动发生在自行车的整个寿命周期内,所以我们也需要知道这个数据。最后,还有每次服务的平均时间,这取决于自行车中使用的部件类型(通过"维修时间折扣"表示)。

如果你选择了银牌或金牌维护计划，你还需要考虑额外的 IoT（物联网）成本。这两种方案是按距离计算的（每多少公里提供一次服务），所以每辆自行车上都会安装一个小设备，以便跟踪行驶的距离，在这种情况下，这将为每辆自行车增加固定成本。

维修

第二项潜在的额外费用是维修活动。这与为特定客户所选择的租赁或订阅的收入模式有关。由于在租赁和订阅计划中，自行车仍然是 TBC 的财产，公司还必须承担保持自行车完好的责任。维修就是指使自行车完好使用的活动。TBC 已决定将这项维修活动外包给一家公司，该公司按固定价格对每项维修服务收费。如果使用更耐用或更容易维修的部件，价格可以降低。

在租赁的情况下，维修服务显然跨越整个商定的租赁合同期间。每年预期的维修次数可以用折旧图来计算。在订阅的情况下，每当一个订阅结束，另一个订阅开始时，都会提供维修服务。这需要考虑自行车的总体使用寿命，以及平均订阅时间和后续订阅合同之间的时间间隔。由于不同的零售商针对的是具有不同情况和偏好的消费者群体，因此平均订阅持续时间和订阅间隔可能因零售商而异。

由于保修或回购计划而产生的额外成本

另一项额外费用可能是推出保修计划或回购计划导致的。这两种情况都向消费者提供返还自行车的费用，但是，在不附带任何条件的情况下，只有自行车损坏才能进行保修。保修需要企业全额承担，但回购不同，回购价格是一个需要根据自行车的基本价值作出的决定（不包括客户可能支付的任何额外服务的价值）。

翻新成本

如果选择把自行车卖到二手市场,那么从市场上回来的自行车首先需要翻新,只有达到一定条件才可以再次出售。之前已经讨论过对返回的自行车数量的估计。考虑到并不是所有从市场上返回的自行车都处于足够好的状态,并可以有效地对其进行翻新,在这种情况下,它们要么被送到垃圾填埋场,要么(如果你已经选择并激活了一个RSP)被送到。

回收服务供应商成本

如果你已经选择了RSP,并且重要的是,你已经给出了RSP应该做什么(每个部件,再制造和/或回收)的说明,那么你将不得不考虑RSP的运营成本。

因卖方租赁协议变更而支付的利率变动

如果租赁方案发生变化,如首次引入租赁,或改变已售出的租赁合同的期限,租赁自行车的安装基数将发生变化,供应商与银行的租赁协议也必须相应调整。这将导致支付给银行的资金成本(利息成本)发生变化。

由于部件选择的变化而导致的采购成本的变化

设计或采购经理决定购买和使用哪些部件。通常情况下,部件将根据所选择的主导循环策略进行微调。不同的部件价格存在差异,因此用于购买部件的总金额会相应变化。

练习 7.11 分析成本

分析

对于你选择的主导循环策略,分析你可以预期的额外成本,评估上面提到的每一个额外成本项目。请注意,你可以在分析过程中使用图 7.10,特别是如果你在图表中填充了每个相关货物流的相应数量。将你的发现和选择添加到图 7.8 的模板中,并记录任何支持你的选择的备份材料。

微调所选择的业务模式

在完成练习 7.11 之后,你现在应该已经完成了图 7.8 中的模板,但是在你准备展示自己的总体战略规划之前,让我们做一些检查,看看还有哪些地方可以进行一些微调。在前面的练习中,我们已经研究了你为 TBC 选择的循环业务模式的各个元素。这应该已经为你提供了一个相当完整的画面,但我们还没有真正做的一件事是从不同的功能角色的角度出发,并将各个元素整合在一起。让我们现在就做这件事,然后准备提出最终的总体战略。

练习 7.12 分析收入模式和成本结构

分析

这个练习的目的是得到每辆自行车整个生命周期净收入的大致情况,这样我们就可以看到到目前为止我们的选择是准确的,还是需要调整。针对每个客户分别分析以下内容:

1. 每辆自行车的"生命周期总收入"，在直接销售、三年租赁、五年租赁、七年租赁和无限订阅的情况下。你可以通过每个客户的谈判屏幕找到答案。

2. 确定与每种收入模式相关的主要成本构成，如回购价格、维修、供应商租赁贷款利息等。

3. 现在计算"生命周期净收入"，方法是用生命周期总收入减去所分析的每个收入模式主要相关的成本。将结果绘制到图 7.11 的模板中。

即使你还没有深入到最细微的细节层面，图表也应该能让你清楚地了解各种收入模式，以及它们是如何与每个零售客户相匹配的。现在将这些见解与练习 7.4 至 7.11 中的分析结合起来，并在必要时进行调整。

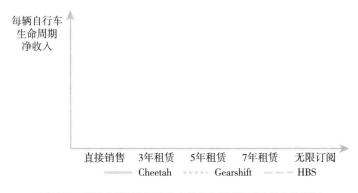

图 7.11 用于分析每个零售客户的收入模式和成本结构的模板

练习 7.13 分析安装租赁基数和与银行协商的供应商租赁

分析

如果与银行的供应商租赁协议确实涵盖了 TBC 的需求，那么该练习的目的是得到一个快速的答案。我们还会回顾本章前面关于安装基数概念的部分：

1. 对于每一个有租赁协议的零售客户，以年销售量和租期为输入要素，定义租赁池（lease pool）中自行车的安装基数有多大（稳定情况下）。
2. 检查所有以自行车的最新价格计算的租赁协议的总安装基数是否包含在与银行的供应商租赁协议中。

现在将这些见解与练习 7.4 至 7.11 中的分析结合起来，并在必要时进行调整。

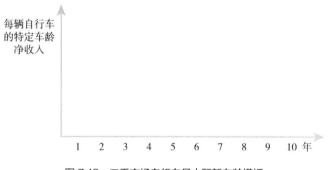

图 7.12　二手市场自行车最大翻新车龄模板

练习 7.14　分析最大翻新车龄

分析

请注意：如果所选择的循环策略包括将自行车翻新以出售给二手市场，则此练习尤其相关，并可能辅以其他兼容的循环策略。这个练习的目的是得到一个关于什么是合适的最大翻新车龄的快速答案。因此，有必要详细阐述两种不同的（极端）场景：一种是没有翻新（即将最大翻新车龄设置为零），另一种是具有非常高的最大翻新车龄，例如 10 年，并将它们作为两条单独的线绘制到图 7.12 中，每条线代表每辆自行车特定车龄的净收入：

1. 总收入：根据折旧图，分析自行车在使用寿命期间的收入水平。在此基础上，在你已经将其应用到你的策略中的情况下，再加上任何其他回收材料的潜在收入流。

2. 成本：根据现有信息和从市场上回收的自行车数量，确定翻新、再制造或回收相关的主要成本，如果这些已被应用为补充策略。如果适用，你可以推断由于使用再制造材料而产生的任何潜在的采购成本节省。

3. 净收入：根据潜在使用年限，你可以计算每辆自行车的净收入，即用总收入减去主要相关成本。你可以将自己的发现绘制到图 7.12 的模板中。

尽管等式中可以添加更多的成本要素，例如回购成本，但上述内容应该已经让你清楚地了解与最大翻新车龄相关的盈亏平衡点，即在 0 年场景和 10 年场景之间的某个点。现在将这些见解与练习 7.4 至 7.11 中的分析结合起来，并在必要时进行调整。

练习 7.15　分析设计中的权衡

分析

该练习的目的是快速得到一个关于适当应用设计原则的答案。你可以对每个部件进行分析。

1. 部件成本：每个部件有什么不同的选择？它们在采购价格上有什么不同？

2. 每个设计原则的总收入：对于每个部件，与标准部件相比，它们提供的额外收入潜力有多大？

3. 净收入：对于每个分析的部件，你可以计算其设计原则的净收入，即用总收入减去主要相关部件成本。你可以将自己的发现绘制到图7.13 的模板中。

尽管可以在等式中添加更多的成本要素，但上述内容应该已经让你清楚地了解与不同部件应用不同设计原则相关的盈亏平衡点，并且你应该能够决定哪些选择更有意义，哪些选择更没有意义。现在将这些见解与练习 7.4 至 7.11 中的分析结合起来，并在必要时进行调整。

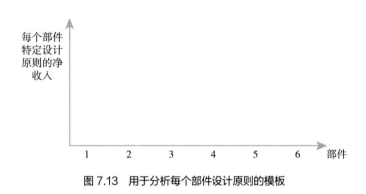

图 7.13　用于分析每个部件设计原则的模板

基于练习 7.4 至 7.11 中所做的工作，以及从练习 7.12 至 7.15 中获得的额外见解，你现在应该结合模板 7.7 和 7.8，以及你在此过程中准备的任何支持性备份材料，为自己的战略规划准备一个"最终"版本。

练习 7.16　提出你的 TBC 战略规划

决定

根据图 7.7 和 7.8 的模板，加上任何支持性的备份材料作为输入，展示 TBC 战略规划。准备一份不超过五分钟的报告，展示你的规划。准备好陈述和讨论。

本章小结

图7.14 准备第二轮

第 8 章

掌握跨越企业边界的视角

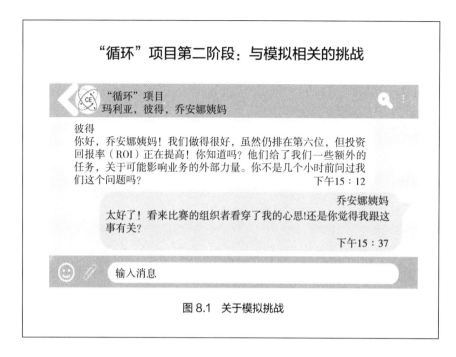

图 8.1 关于模拟挑战

本章的练习包含了玛利亚与乔安娜姨妈的聊天信息中提到的小例子。这些练习包含了第 3 章中涉及的大部分主题：立法、企业间合作和生态系统。请不要被本章有限的篇幅所迷惑：大部分内容都是对练习的简单描述，每个练习都需要仔细思考。

对于所有的练习，你都可以把你在第 7 章练习中填写的图 7.8 的完整模板作为参考。如果你在第 7 章练习之后对循环策略、收入模式或成本结构做了任何更改，你可能需要更新模板，使其准确反映 TBC 的现状。

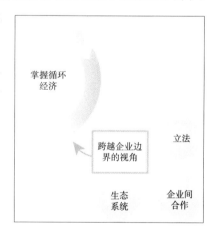

图 8.2 应用于 TBC 的来自跨越企业边界循环视角的主题

立法

第一个小案例：从若干不同的角度讨论立法问题。

小案例：财政激励刺激电动自行车使用

练习 8.1　立法小案例：财政激励刺激电动自行车使用

分析

有消息称，政府将实施激励措施，促进在家庭—工作—家庭通勤中使用电动自行车。首先，预计这些激励措施将主要针对较大的组织（公司和政府）。对于 TBC 来说，这些组织可以代表现有客户之外的新客户。目前似乎有三种选择，但还不清楚最终会选择哪一种：一是补贴给雇主，这样它们就可以以折扣价为员工购买电动自行车（直销模式）；二是对雇主提供税收优惠，因此雇主能以财务优势为员工租赁电动自行车（租赁模式）；三是对生产通勤电动自行车的生产商（例如 TBC）设定较低的增值税税率，因此在生产通勤电动自行车的情况下，TBC 能够以较低的价格或费用出售或租赁自行车：

1. 将图 7.8 中的完整模板作为参考。
2. 所呈现的场景可能发生变化，分析模板每个框中的项目。如果场景是有效的，更新后的模板最终会是什么样子（思考未来稳定的新情况，请忽略潜在的过渡期）？
3. 你认为最重要的潜在影响是什么？
4. 准备好陈述和讨论。

小案例：对"银发工人"的财政激励和失业培训

练习 8.2 立法小案例：对"银发工人"的财政激励和对失业者的培训

分析

有消息指出，各国政府即将实施财政激励或补贴，从而纳入所谓的"银发工人"（老一辈工人），以及对因新技术的出现而失业的人员进行职业培训。另外，政府官员还谈到了可能降低劳动税的问题。预计劳动密集型企业将受益于此类激励措施，例如生产公司、物流公司和 RSP，最终会创造更多就业机会，同时也会降低上述行业的劳动力成本：

1. 将图 7.8 中的完整模板作为参考。
2. 所呈现的场景可能导致一些变化，分析模板中的每个项目。如果场景是有效的，更新后的模板最终会是什么样子（思考未来稳定的新情况，请忽略潜在的过渡期）？
3. 你认为最重要的潜在影响是什么？
4. 准备好陈述和讨论。

小案例：鼓励使用环保材料的激励措施

练习 8.3 立法小案例：鼓励使用环保材料的激励措施

分析

有消息称，各国政府即将采取措施，鼓励使用更环保的材料。目前尚不清楚的是，这些新措施是否会对钢铁和铝等能源密集型材料的使用或塑料等化石基材料的使用采取惩罚措施，或是否会采取激励措施，鼓励使用替代材料：

1. 将图 7.8 中的完整模板作为参考。
2. 所呈现的场景可能导致一些变化，分析模板中的每个项目。如果场景是有效的，更新后的模板最终会是什么样子（思考未来稳定的新情况，请忽略潜在的过渡期）？
3. 你认为最重要的潜在影响是什么？
4. 准备好陈述和讨论。

小案例：家庭用品维修补贴

练习 8.4　立法小案例：有利于家庭用品维修的补贴

分析

有消息称，越来越多的地方政府即将实施类似于奥地利格拉茨市的措施。在那里，家庭每年可以获得用于修理某些产品的补贴，该市正在推动本地小型企业所需维修基础设施的完善，从而支持延长产品寿命的战略。

1. 将图 7.8 中的完整模板作为参考。
2. 所呈现的场景可能导致发生变化，分析模板中的每个项目。如果场景是有效的，更新后的模板最终会是什么样子（思考未来稳定的新情况，请忽略潜在的过渡期）？
3. 你认为最重要的潜在影响是什么？

4. 准备好陈述和讨论。

小案例：刺激正外部性，减少负外部性

练习 8.5　立法小案例：对正外部性和负外部性征税或激励

分析

有消息称，越来越多的政府即将实施刺激正外部性、减少负外部性的措施（见第 3 章外部性一节）。

1. 在 TBC 的情况下，你能想到哪些正外部性和负外部性？
2. 将图 7.8 中的完整模板作为参考。
3. 所呈现的场景可能导致发生变化，分析模板中的每个项目。如果场景是有效的，更新后的模板最终会是什么样子（思考未来稳定的新情况，请忽略潜在的过渡期）？
4. 你认为最重要的潜在影响是什么？
5. 准备好陈述和讨论。

小案例：生产者责任延伸

练习 8.6　立法小案例：生产者责任延伸

分析

有消息称，越来越多的政府即将实施有关生产者责任延伸的立法，

这意味着在使用寿命结束时没有价值的自行车可以由所有者退还给原始制造商：

1. 将图 7.8 中的完整模板作为参考。
2. 所呈现的场景可能导致发生变化，分析模板中的每个项目。如果场景是有效的，更新后的模板最终会是什么样子（思考未来稳定的新情况，请忽略潜在的过渡期）？
3. 你认为最重要的潜在影响是什么？
4. 准备好陈述和讨论。

企业间合作

小案例：分析潜在的企业间合作——超越正常的买卖关系

练习 8.7　企业间合作小案例：超越正常的买卖关系

分析

从你作为 TBC 董事会成员的角度来看，你希望与价值链上的哪些公司或金融机构进行密切合作，而不仅仅是简单的买卖关系？

1. 将图 7.8 中的完整模板作为参考。
2. 在推动建立更紧密合作的过程中，你会优先考虑价值链中的哪些公司？
3. 所呈现的场景可能导致发生变化，分析模板中的每个项目。如果场景是有效的，更新后的模板最终会是什么样子（思考未来稳定的新情况，请忽略潜在的过渡期）？

4. 另外，对于你所确定的每一项合作，你都希望达到哪些具体的目标？你会为自己和潜在的合作伙伴设定哪些具体的目标？

5. 准备好陈述和讨论。

小案例：分析潜在的企业间合作——数据共享与技术

练习 8.8　企业间合作小案例：数据共享与技术

分析

更复杂的循环实践提高了价值链中参与者之间更好的合作和数据共享的需求。从你作为 TBC 董事会成员的角度，你对大数据、开源循环经济（见第 3 章）、物联网、区块链等话题有何建议？

1. 将图 7.8 中的完整模板作为参考。

2. 价值链的哪些部分将受到这些新技术的重要影响？价值链中的哪些公司将优先建立更紧密的合作关系？

3. 所呈现的场景可能导致发生变化，分析模板中的每个项目。如果场景是有效的，更新后的模板最终会是什么样子（思考未来稳定的新情况，请忽略潜在的过渡期）？

4. 另外，对于你所确定的每一项合作，你都希望达到哪些具体的目标？你会为自己和潜在的合作伙伴设定哪些具体的目标？

5. 准备好陈述和讨论。

生态系统

小案例：分析生态系统利益相关者

> **练习 8.9　生态系统小案例：利益相关者**
>
> **分析**
>
> 从你作为 TBC 董事会成员的角度来看，你会积极寻求与公司以外的哪些其他实体/利益相关者进行更密切的合作？
>
> 1. 将图 7.8 中的完整模板作为参考。
> 2. 所呈现的场景可能导致发生变化，分析模板中的每个项目。如果场景是有效的，更新后的模板最终会是什么样子（思考未来稳定的新情况，请忽略潜在的过渡期）？
> 3. 另外，对于你所确定的每一项合作，你都希望达到哪些具体的目标？你会为自己和潜在的合作伙伴设定哪些具体的目标？
> 4. 准备好陈述和讨论。

小案例：从个人主义（公司）思维到集体思维

> **练习 8.10　生态系统小案例：走向集体思维**
>
> **分析**
>
> 以练习 8.9 中确定的利益相关者为起点。

第 8 章 掌握跨越企业边界的视角

1. 分析 TBC 作为一个中小型企业在多大程度上可以成为在利益相关者中建立和保持"集体思考"精神的驱动力。

2. 准备好陈述和讨论。

本章小结

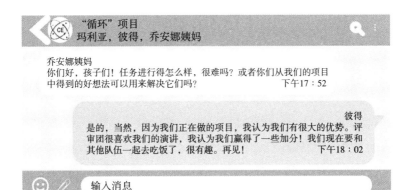

图 8.3 即将开始最后一轮游戏

第 9 章
掌握循环的领导视角

"循环"项目第二阶段：模拟挑战继续

"循环"项目
玛利亚，彼得，乔安娜姨妈

乔安娜姨妈
嗨，孩子们！还好吗？好久没有你们的消息了……你们不是在为自己的决定而争吵吧？你们还记得我们讲了很多关于循环的领导挑战吗？我希望你们不是受害者！
上午11：43

玛利亚
很好，乔安娜阿姨，这是一个艰巨的挑战，但我们做得还行。的确，在领导方面，虽然没有CEO，但我们正试图让团队变得更有组织性。如果你有空闲时间，可以随时和我们联系……
上午11：52

乔安娜姨妈

上午11：56

输入消息

图9.1　挑战继续

塑造文化　　　　　　　　　掌握循环经济

领导视角

　　　　　　　利用极性
　　　跨越边界
过程和利
益相关者
　　　　筒仓

图9.2　应用于TBC的循环领导视角的主题

利用极性来领导：平衡目标和记分卡

正如我们在第 4 章中所看到的，指标和目标被用作影响人们行为的有力工具，并使他们朝着预期的方向前进。这也是为什么我们在"领导维度"的范围内讨论这个话题。为了解公司目前的业绩状况，并评估哪些纠正措施可能是必要的，以便向合作者提供指示，需要建立明确的 KPI。由于许多决策是由职能专家做出的，因此公司中的 KPI 通常也是由每个职能领域确定的。这是否真的总是更可取和最理想的方式将在后面讨论，现在让我们专注于那些职能 KPI。

> 练习 9.1 分析每个职能领域的 KPI，并决定如何使用这些信息
>
> ### 分析
>
> 在第 7 章的基础上，以目标宣言、战略循环目标、选定的主导循环策略和收入模式为起点，为四位副总裁每人考虑三个有意义的 KPI：销售、设计或采购、供应链和财务（总共 12 个 KPI）。
>
> 此外，对于每个功能区域所选择的 KPI，分析它们受到哪些特定于角色决策的影响。这些决策在多大程度上涵盖了相应职能角色的最重要决策？是否存在任何差距，即 KPI 没有涵盖的重要职能决策？如果有必要，重新考虑 KPI。
>
> 你可以使用图 9.3 中的模板。
>
> ### 决定
>
> 为每个角色确定一组有意义的 KPI。

所选的主导策略：		所选的兼容支持循环策略：	
设计/采购		销售	
KPIs	受到哪些因素影响	KPIs	受到哪些因素影响
1.		1.	
2.		2.	
3.		3.	
供应链管理		财务	
KPIs	受到哪些因素影响	KPIs	受到哪些因素影响
1.		1.	
2.		2.	
3.		3.	

图 9.3　每个职能角色的 KPI 模板

如前所述，为每个职能领域定义 KPI 并不能保证实现有效的跨职能合作。因此，在设计 KPI 时考虑到这一点是很重要的：它们应该以尽可能最佳的方式确保跨职能合作。现在，职能 KPI 作为你所定义的全局 KPI 仪表盘的一部分，在多大程度上促进了合作和一致性，并使公司整体朝着正确的方向前进，而不是将职能专家推向不同的方向？

练习 9.2　分析职能 KPI 之间的一致性，并决定 KPI 仪表盘

分析

对于练习 9.1 中列出的每个关键绩效指标，逐一分析它们的目标是否与列表中的其他关键绩效指标相冲突。这对于职能领域之间不同的 KPI 尤为重要。如果有必要，重新考虑 KPI。

对于列表中当前定义的每个 KPI，考虑一个目标值。

决定

决定全局 KPI 仪表盘，每个功能角色有三个 KPI，包括为每个定义

的 KPI 设置目标。

决定如何在整个游戏中使用这些 KPI 和目标。如果有必要，使用所做的更改更新图 9.3 中的模板，然后将其集成到图 7.7 的模板中（目的—策略—KPI）。

如果考虑了整体背景并进行了很好的设计，那么当前选择的 KPI 应该在一定程度上合理地保持一致，至少不会"冲突"。然而，良好的合作可能会更进一步。作为可以用来"判断"个人绩效的单纯职能性 KPI 的补充，考虑一些跨职能的 KPI 也可能是有用的：一些具有明确目标的 KPI 集合，可以积极促进内部协调。也有可能，一些刚刚定义为职能性 KPI 已经具有这样的特征，但也不一定（最好不是这样，因为职能性指标在理想情况下应该主要与同一职能领域内的决策相关）。

在 TBC 的整体循环仪表盘中，循环过渡指标（CTI）具有核心作用，如第 4 章所述，特别关注流入循环和流出循环（参见图 9.4）作为计算整体循环百分比所需的元素：

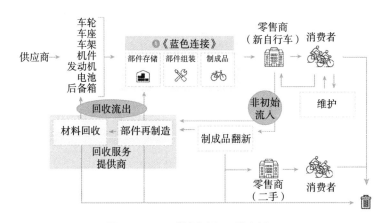

图 9.4 TBC 的流入循环和流出循环

1. 流入循环率（% Inflow Circularity）：该指标显示了公司采购材料的循环程度。它被定义为循环流入（非原始物料）除以总流入。

2. 流出循环率（% Outflow Circularity）：该指标显示了一家公司"生产"

的产品的循环程度。它的定义是循环流出（可恢复流出）除以总流出。

3. 循环率（% Circularity）：循环率表示公司在物质循环方面的循环程度。它被定义为流入循环率和流出循环率的平均值。

练习 9.3　分析 CTI 与角色特定决策之间的关系

分析

关注流入循环率和流出循环率的 KPI，分析每个角色的决策受到哪些影响。你可以使用图 9.5 的模板。

决定

定义并决定管理团队在整个游戏中协调时如何有效地使用这两个跨职能 KPI。

循环流入率，受到哪些决策影响	
循环流出率，受到哪些决策影响	循环流出率，受到哪些决策影响
设计/采购：	设计/采购：
销售：	销售：
供应链管理：	供应链管理：
财务：	财务：

图 9.5　分析 CTI

跨越边界来领导：筒仓

除了单纯衡量不同角色的个人表现之外，在这个阶段，另一种思考也很有必要。每个团队成员在游戏中承担不同的职能角色，现在你已经有了一些在游戏过程中如何发挥作用的经验。练习9.4将思考如何处理第4章中介绍的职能筒仓。

> **练习9.4　分析职能分工并决定行动**
>
> **分析**
>
> 让一个人专注于每个角色的职能专业化在多大程度上产生了积极的影响，比如产生了特定于角色的学习曲线，从职能角度在筒仓内提出了更好的观点和更好的个人判断？
>
> 职能专业化在多大程度上以消极的方式强调了团队中的职能筒仓，例如，来自一个角色的人试图告诉另一个角色的人做出哪些决定会产生紧张关系？或者因为来自其他角色的团队成员缺乏特定的职能专业知识而造成更多的误解？
>
> **决定**
>
> 决定如何最好地利用职能专业化的好处，同时将团队中筒仓的潜在负面影响限制到最低限度。

通过塑造文化来领导：组织和团队动态

衡量绩效是了解自己所处位置以及决定下一步需要做什么的第一步。然而，KPI不会完成所有的工作。一旦人们开始一起工作以取得成果，团队的人员维度就开始发挥作用。独立于每个团队成员的职能和责任，我们可以谈论团队成员的角色。

"团队角色"一词指的是人们在团队中的表现。例如，有些人更有可能带头推动团队前进；有些人则会充当"黏合剂"，将团队成员团结在一起；而另一些人则会搜索相关信息并将其提供给团队。人们的个性和性格对这方面有很大的影响，一组团队成员的特定组合可能或多或少是平衡的。虽然关于这个话题有很多学术争论，没有一致意见，但总的想法是，一个团队在团队角色方面越平衡，其表现就越有可能更好。

显然，还有另一个与个性和角色相关的维度，它们共同在团队中产生稳定或爆炸性的组合。"团队动态"（team dynamics）的概念是用于评估团队的氛围有多好，以及手头工作的进展程度。在接下来的步骤中，我们将使用由管理世界公司（Management Worlds, Inc.）开发的两份简短的问卷（转载已获允许）。

练习 9.5　分析团队的任务定位

分析

使用图 9.6 的模板，从手头"任务"的角度评估你的团队的表现。最好是每个团队成员都单独做这件事。

练习 9.6　分析团队和团队关系导向

分析

使用图 9.7 的模板，从"团队维度（关系）"评估团队的表现。最好是每个团队成员都单独做这件事。

作为反思的有趣延伸，每个团队成员可能会被要求多次完成问卷调查，用于反映游戏过程中的不同时刻（回合）。这样，随着时间的推移，新的发展也可以被明确地表达和解释。

练习 9.7 分析组合任务、团队和团队的关系导向并决定行动，以提高团队绩效

分析

使用图 9.8 的模板，在一个组合图形中表达两份问卷的结果，显示不同团队成员的个人评估。如果每个团队成员都多次填写了之前的问卷，以显示随时间的发展，那么也可以将其合并到图表中。

决定

你和你的团队从中可以得出什么结论？根据你们作为一个团队来观察，你们下一步打算做什么？

团队：	主导策略：	《蓝色连接》
团队评估：任务		

T1: 你是否有明确的方向和目标？
　　1　　2　　3　　4　　　5　　6　　7
目标和目的被明确地理解并取得一致同意。　　　　　　　　　目标和目的不明确，很少员工体会到归属感。

T2: 团队中的成员是否理解应该做什么？
　　1　　2　　3　　4　　　5　　6　　7
角色、职责和任务明确并被接受。很好地进行劳动分工。　　角色和职责不明确并且没有进行分工。团队没有充分地发挥作用。

T3: 工作是如何组织和执行的？
　　1　　2　　3　　4　　　5　　6　　7
工作程序有组织、高效。团队富有创造力、灵活性。　　工作程序缺乏效率或无效率。团队僵化、不灵活。

T4: 你规划和控制项目的程度如何？
　　1　　2　　3　　4　　　5　　6　　7
行动和决定都是事先规划好的，能够预见到问题并有备选方案。数据是有组织的，平衡了细节和大局。　　规划的时间视野有限，工作受到微观管理。数据分散、无组织、过于详细或过于模糊。

T5: 作为一个团队如何进行决策？
　　1　　2　　3　　4　　　5　　6　　7
寻求和验证共识，制定决策和探索问题的方法。对分歧进行了探讨。　　没有商定的决策或解决问题的方法。决策延迟、偶然，或根本就没有决策。

图 9.6　模板：分析领导的"任务"维度

第 9 章 掌握循环的领导视角

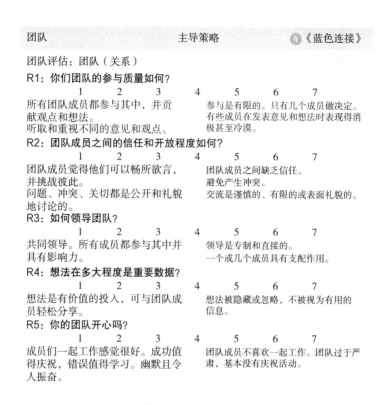

图 9.7 模板：分析领导的"团队"维度

通过跨越边界来领导：流程和利益相关者

职能角色之间跨界协调的过程

为了有效地协调决策，我们需要跨越不同部门之间的界限（参见图 9.8）。正如我们在本章前面以及在第 4 章所看到的，两极分化可能存在：由于目标、优先次序等方面的差异，部门之间可能存在"冲突"。你开发的 KPI 仪表盘应该有助于在存在这种潜在的极性（polarities）时创建透明度，但透明度本身并不能解决任何问题。此外，你可以考虑观察决策过程本身，并分析是否可以执行有助于更好合作的过程。第 4 章给出了来自（线性）

供应链世界的销售和运营规划过程的例子。让我们看看类似的逻辑是否可以应用于 TBC 的决策。

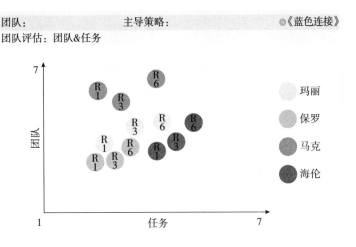

图 9.8 模板：分析领导的"任务"和"团队"维度

练习 9.8 制定一个一致的决策过程

制定

与超级自行车队一样，使用图 9.9 的模板。每个职能区域包含一列（"泳道图"）。团队决定使用便利贴来提高工作效率。图 9.9 显示了他们开始工作之后的状态。

列出迄今为止你在游戏中看到的每个职能领域的所有决策。你可以把每个决策分别写在便利贴上，并根据所有决策创建一个全局流程图。换句话说，对于每个决策，考虑哪些其他决策为该决策提供了输入。请注意，流程图不一定只朝着一个方向：反馈循环是可能的（一些决策具有迭代特征而不是线性特征）。此外，你可能会发现一些决策与其他决策之间没有明确的关系；也就是说，它们不需要其他决策作为输入，也不为其他决策提供输入。

第 9 章 掌握循环的领导视角

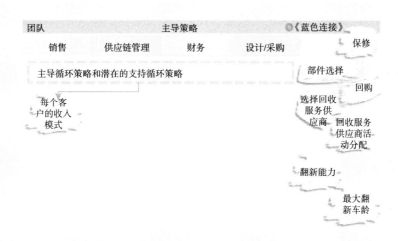

图 9.9 制定决策过程的模板

决定

现在决定如何在你的团队决策中运用销售和运营规划流程图的发现，目标是使整体决策更高效（更快）、更有效（更好地协调和更明智的决策）。

利益相关者

在《蓝色连接》的特定设定中，大多数直接参与管理业务和（循环）货物流动的内部利益相关者实际上都是参与模拟游戏的团队的一部分。然而，还有另一个非常重要的利益相关者我们必须应对，我们从本章开始就没有太多关注：凯瑟琳·麦克拉伦回来了，她想要一些答案！

高质量的报告是支持有效的利益相关者管理的重要和相关的技能。你告诉别人的方式，例如你到底告诉他们什么，你怎么告诉他们，将为接下来的步骤创建一个良好的起点。这需要一定程度的同理心（empathy）来理解你的听众会对什么信息感兴趣，同时还需要一点创造力来让你的报告既吸引人又容易理解。要意识到，看你报告的人可能时间有限，所以他们需要能够迅速抓住你的关键信息。此外,要知道他们阅读报告时你可能不在现场,所以除非他们明确要求你解释,否则你可能没有机会解释任何事情。

图 9.10 凯瑟琳·麦克拉伦回来了!

练习 9.9 分析到目前为止发生的事情,并为公司的循环周转经理撰写一份报告

分析

使用下面超级自行车队开发的模板,回顾到目前为止的比赛经验,并为凯瑟琳·麦克拉伦撰写一份管理报告。

决定

决定要关注哪些元素并撰写报告。确保报告准确、扼要、一目了然(参见图 9.11)。

第 9 章 掌握循环的领导视角

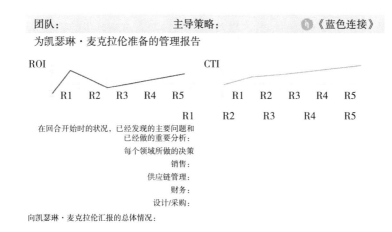

图 9.11 向凯瑟琳·麦克拉伦报告

本章小结

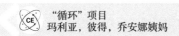

"循环"项目
玛利亚,彼得,乔安娜姨妈

玛丽亚
你好,乔安娜姨妈!我们刚刚结束比赛,现在正在等待最终的分数和排名。我认为我们在上一轮做得很好,在我们把领导层的事情搞清楚之后,就会知道KPI和决策过程。他们甚至让我们向虚拟循环周转经理展示,真的很酷!
下午17:11

乔安娜姨妈
听起来不错,玛丽亚!你和彼得下周早些时候到办公室来,向真正的首席执行官介绍你们的经历,怎么样?
下午17:23

彼得
你可以相信我们,乔安娜姨妈,我们有很多话要告诉你!哦,我得走了,他们要宣布比赛成绩和获胜者了。下周见。
下午17:27

图 9.12 模拟挑战结束

在下一章中，我们将回顾一下由于企业视角、跨越企业边界视角和领导视角及诸多要素的结合，以及相应的协调需求所产生的整体复杂性，以此结束我们掌握循环经济的旅程。

第 10 章
企业循环使命：商业故事和价值之三

"循环"项目第二阶段总结

"太棒了,太棒了,这是多么奇妙的经历啊!"乔安娜姨妈说,欢迎玛丽亚和彼得来到她的办公室,"来点美味的自制苹果派怎么样?庆祝你们进入了前三名,真为你们感到骄傲!"

"是啊,就像你说的,真是很难得的经历,乔安娜姨妈。"彼得说,"回想起来,我认为我们在开始模拟挑战时并不知道自己在做什么。但不管怎样,和我们的团队以及其他参与者在一起都很开心。"

"我同意,"玛丽亚说,"这比我想象的还要复杂,尽管我们最终没有获得冠军,但这绝对是值得的。在短短两天的挑战中,我学到了很多东西!"

"那么,告诉我,你们到底学到了什么?"乔安娜姨妈问,"我们还保留着项目的规划图,所以我很好奇你们在游戏过程中是如何体验这些主题的。"

乔安娜姨妈继续说:"首先,我们探索了循环的企业视角,并且谈论了许多关于循环策略、收入模式和成本的内容,那么你们在游戏中是如何感知这些内容的?"

练习 10.1 关于掌握企业循环视角的思考

思考

关于第 2 章中循环策略的不同理论概念,以及第 7 章中循环策略在现实生活中的实际应用,你学到了什么?对这些概念理解到什么程度?你经历过其中的复杂性吗?下次你会有什么不同的做法?

"真有趣，观察得很细致，谢谢。"乔安娜姨妈说，"好的，讨论过企业的视角之后，我们分析了跨越企业边界的循环视角，谈到了立法、生态系统、教育等。我记得在一条信息中，你们告诉我你们被要求准备一些关于模拟挑战的作业，那么你们从这些作业中学到了什么？"

练习10.2 关于掌握跨越企业边界视角的思考

思考

关于第3章中涉及的立法、生态系统和企业间合作等主题，以及在第8章中应用的现实生活中的实际应用，你学到了什么？对这些概念理解到什么程度？你经历过其中的复杂性吗？

"好主意，孩子们，我真的很感动，"乔安娜姨妈说，"关于剩下的领导视角，我们广泛地讨论了KPI仪表盘、团队表现、决策过程等。你们在游戏中是怎么体验这些内容的？"

练习10.3 关于掌握循环领导视角的思考

思考

关于以循环为中心的KPI仪表盘，你学到了什么？基于这些KPI管理决策过程是容易还是困难？

你是如何组织决策过程的？对决策的顺序理解到什么程度？这一过程在多大程度上是有效的，是否在不必要的讨论中浪费了时间？

你从你的团队的行为中学到了什么？在分析团队行为时，你和队友有多少相同的观点？你觉得这是为什么呢？如果你意识到了这一点，你会采取什么不同的做法？

第10章 企业循环使命：商业故事和价值之三

"哇，这真是太棒了，我明白你们为什么说从模拟游戏体验中学到了很多！"乔安娜姨妈总结道。她停顿了一会儿，"好吧，那么让我们试着把所有这些都更紧密地与我们的'循环'项目联系起来，特别是与我们的叙事和价值联系起来。"

"玛丽亚，在你开始玩游戏之前，你完全相信我们应该采用的故事情节，我是说有利于循环的叙事。"乔安娜姨妈继续说，"我记得很清楚，你认为转向循环有着不可避免的紧迫性，也是企业必须采取的明显步骤。但是与之相关的价值是什么呢？这款游戏给了你什么新的见解吗？"

"是的，乔安娜姨妈，这一切都发生了，我现在还很清楚，"玛丽亚回答说，"我仍然相信企业应该开始循环，但更重要的是，我认为通过游戏，我们已经证明了良好的循环程度与较好的盈利能力是高度相关的。毕竟，我们真的在循环方面提高了很多，最重要的是，我们让公司扭亏为盈，再次盈利，获得了非常不错的正投资回报率。姨妈，我就说这些吧！"她带着灿烂的微笑总结道。

"谢谢，玛丽亚，这确实很清楚，我欣赏你对自己选择的道路的热情和信念，"乔安娜姨妈说。"你呢，彼得？我记得在游戏开始之前，你仍然有很多疑惑。如果我没记错的话，你怀疑的不是循环背后的原因，而是盈利是否可能。我想至少你已经在游戏中看到了，就像玛丽亚刚才说的，循环和盈利能力似乎能很好地结合在一起。"

"好吧，我能说什么呢，乔安娜姨妈？"彼得吓了一跳，"首先，我非常坚定我的看法，即循环的商业故事是较容易的部分。我的意思是，如果像玛丽亚所说的'循环'，企业可以为地球做一些好事，那么谁会反对呢？虽然我们确实提高了盈利能力，但在游戏中我看到，这真的不是一个简单的任务，有太多的事情需要协调。而且，在游戏中的虚拟公司里，我们只有一个产品和三个客户要处理。一些客户和银行同样赞成循环。现实生活中真的是这样吗？我知道，到目前为止，我们在这个项目中看到，在某些情况下，零售商、消费者和银行都表示支持，但这很快就能实现吗？"

"此外，"彼得继续说，"在游戏中我们有很多可用的信息，我想知道真正的公司是否也会提供这些信息。此外，你计划和执行的一切都按照预期的方式运行，没有意外。最重要的是，我们不必担心从最初的局面到实施后新的稳定局面之间的过渡期。换句话说，我们做出决定所依据的假设总是可行的，因为它们来自游戏本身的信息。我只是想知道，在现实生活中，一个公司会拥有所有这些资源吗？如果不是，这些信息和假设从何而来？如果你的假设被证明是错误的，你会冒哪些风险？所以，毫无疑问，我们已经证明了盈利能力和循环能力确实可以结合在一起，我很高兴看到这一点，因为就像你说的，实际上我原本对这一点是不确定的。但是，我仍然有一种感觉，还有很多其他的问题需要回答。特别如果你是一家从线性价值链开始的现有公司，因为你将面临一个复杂甚至有风险的过渡。这当然与循环创业公司有很大不同。"

第二部分的最终反思

"彼得，你提出的这个观点很有道理，"乔安娜姨妈说，"我们还没有真正考虑设想、实施和过渡。但首先，让我们看看在我们继续之前，能否把项目的第二阶段富有成效地结束。你还记得在游戏之前，我让你为我准备一份宣传材料，主要是关于商业故事吗？我们为什么不再次这么做呢？只不过现在我们根据你的游戏经验加入了价值因素。"

练习 10.4　支持企业循环使命的商业故事和价值

回到第二部分所讨论的主题（参见图 10.1），从企业的角度思考循环商业故事，但现在你也可以从 TBC 游戏的价值体验中获得支持：企业循环使命。提出最多 10 个令人信服的短语，你自己坚定地相信，也说服其他人加入你的循环之旅。

第 10 章 企业循环使命：商业故事和价值之三

图 10.1 第二部分的主题概览：掌握循环经济

"干得好，孩子们！"乔安娜姨妈说，"我喜欢这些方案。如果我把它们与你们之前的方案进行比较，我可以看到我们确实取得了很好的进展。我很高兴你们收到了参加模拟游戏挑战的邀请，因为这确实有助于完善叙事和价值。"

"但我想回到彼得刚才提到的问题上，"她接着说，"当时他谈到了假设、信息的可用性，以及在现实中实现过渡的复杂性。我有一种感觉，深入研究这些话题的细节将使我们的图景更加完整。"

"我们项目第一阶段涉及的许多主题都适用于第二阶段的《蓝色连接》挑战,所以我们可以直接将这些主题带入第三阶段。但我认为我们在第一阶段讨论了一些其他的主题,这些主题在游戏中没有涉及,例如教育、创新和变革管理,也许还有更多。我们应该在项目'循环'的第三阶段讨论这些主题。"

第三部分

构想从线性价值链到循环价值链的转型

乔安娜姨妈的办公室:"循环"项目的第三阶段开始

"所以,孩子们,"乔安娜姨妈说,"在'循环'项目的第一阶段,我们开始探索循环的许多不同方面。继而在第二阶段,你们有机会直接将这些概念应用到《蓝色连接》游戏中,专注于掌握运行一个相对稳定的循环价值链的各个方面。"

"现在在第三阶段,在彼得之前所说的基础上,"她继续说,"我们应该'构想从线性价值链到循环价值链的转型',所以我们将超越这种稳定的循环情况,构想在线性起点和循环解决方案之间所需的转变。如果你们同意,我们可以再次使用你们在模拟游戏《蓝色连接》中的经验作为参考。我们将在此基础上,将你们从游戏中了解的公司情况作为案例研究,也就是说,尽可能使用系统中的相关数据支持我们的分析。"

"正如彼得所说,我认为他的观点是有道理的,游戏代表了一个简化的情境;然而,我相信它包含了我们所需要的所有相关特征。我认为我们应该再次回到在整个项目中看到的视角:企业视角、跨越企业边界的视角和领导视角,并根据"从线性到循环的转型"这一具体角度来看待每一个视角。我相信,将这三种不同的视角应用于从线性到循环的转型,将为我们提供关键的见解,了解实现转型所需的具体潜在项目。"

乔安娜姨妈继续说:"我相信这还需要你们充分发挥想象力。顺便说一下,这对于任何一家现实公司的董事会来说都是一样的,他们正在考虑实现所需转型的潜在路线图。但请注意,正如我多年来所学到的,构想绝对不等同于纯粹的猜测。在富有想象力的想法的基础上,可以制定和评估非常具体的场景和项目计划。这正是我想让你们做的。我希望你们确保没有把自己的项目作为独立和孤立的计划来开发,而是把你们的变革计划集成到整体项目计划中,而非单独或并行地放在一起。挑战在于让变革管理成为计划的重要组成部分,而不是一个独立管理的附加项目。"

"然后，一旦你完成了，我们还需要做的唯一一件事，"乔安娜姨妈笑了笑，继续说完她对未来步骤的计划，"就是把所有这些项目放在一起，形成一个大的概述，然后我们就可以准备好讲述叙事和价值的完整故事。你们怎么看？"

"没时间了，我们开始吧。"玛丽亚说，"来吧，彼得，我们有工作要做啦！"

第 11 章
从线性到循环的转型

> **乔安娜姨妈的办公室:"循环"项目第三阶段**
>
> "好吧,彼得,"玛丽亚说,"那么,让我们从创建一个清晰的起点开始,来研究从线性到循环的转型。在游戏过程中,我们主要比较了一种稳定状态与另一种稳定状态,我们并不需要担心在这两种稳定状态之间会发生什么。到目前为止,我们已经在循环方面做了很多工作,但我认为我们还需要构想《蓝色连接》的线性起点,因为这样我们才能真正看到它们未来的转型之旅。"
>
> "好主意,"彼得回答。"因为我们以前见过,所以我们已经掌握了 TBC 材料的线性流动。但接下来,按照到目前为止的主题逻辑流程,我们还需要讨论目标、战略目标、KPI 和线性业务模式。我们从这里开始,好吗?我再去拿些挂图,你去倒点咖啡和茶好吗?"

可视化初始线性价值链:目标、战略、KPI

在第二部分的第 7 章,我们为 TBC 制定了一个有利于循环的目标宣言,还得出与此目标相关的战略目标。在第 9 章中,我们添加了有意义的 KPI。为了也能够从过渡和转型的角度来看待这些方面,我们需要为它们建立一个线性起点。运用我们之前在第 7 章中使用的模板作为灵感,超级自行车队给出了他们的解释(参见图 11.1)。

练习 11.1 构想最初线性 TBC 的目标、战略目标和 KPI

构想

仔细看看超级自行车在改变路线变得更加循环之前,在《蓝色连接》的目标宣言、战略目标和 KPI 方面，已经做了什么，如图 11.1 所示。根据超级自行车队的工作，想象一下你认为它会是什么样子。在你认为合适的地方进行调整。

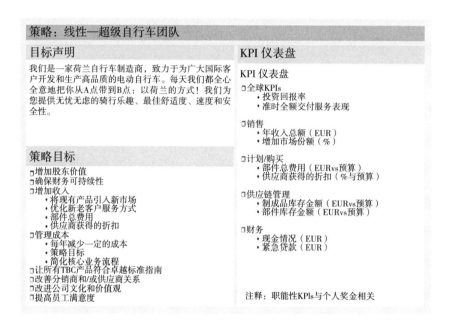

图 11.1　掌握目标、战略目标和 KPI 的模板

可视化初始线性价值链：业务模式画布

为了能够评估我们将要研究的趋势和发展的潜在影响，我们需要对现有情况和现状形成清晰的看法。根据在第二部分中获得的 TBC 经验，我们将假设 TBC 初始线性价值链的输入和输出是已知的。但我们还没有真正了解 TBC 的整体初始业务模式。为了对此建立清晰的理解，我们回到第一部分第 2 章中介绍的商业模式画布的概念。

第 11 章 从线性到循环的转型

练习 11.2 构想 TBC 的线性商业模式

构想

超级自行车队已前往网站 www.strategyzer.com 下载商业模式画布的副本（只要遵守其使用的确切知识共享许可条件，每个人都可以这样做）。你可能还想查看一些其他支持资源，以便在网站上使用画布。

在创建画布时使用便笺，为了更灵活地进行调整，超级自行车队开发了以下画布，来表达《蓝色连接》的线性起点。根据超级自行车队的工作，想象一下最初的线性商业模式可能是什么样子。在你认为合适的地方进行调整（参见图 11.2）。

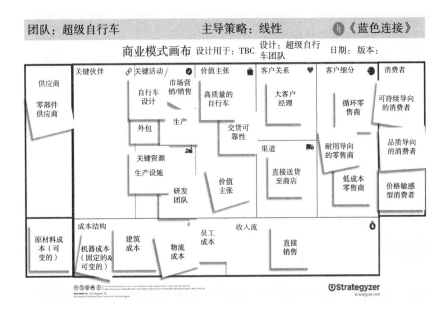

图 11.2 模板：超级自行车队的线性业务模式画布

请注意，作为一项实验，超级自行车队已经决定对标准画布自由地做一些修改：

首先，他们在右侧增加了一个名为消费者的栏目，以便能够清楚地表达 TBC 的付费客户和使用 TBC 自行车的消费者之间的区别。虽然 TBC 目前的市场显然是 B2B（企业对企业），但它们认为不能将消费者排除在商业模式之外，因为 TBC 最终生产的是消费品。为了避免混淆，例如对顾客的价值主张和对消费者的价值主张之间的混淆，所以额外增加了一栏。

其次，他们在左侧增加了一栏，称为供应商，以便能够清楚地区分与之建立战略关系的关键合作伙伴和与之建立更标准买卖关系的"正常"供应商之间的区别。例如，它们认为这将允许它们将 TBC 可能会从其购买大量价值不菲的产品的供应商包括进来（即对整体成本结构很重要），但这些供应商不会被视为关键合作伙伴，因为产品几乎可以在任何地方购买。因此，成本结构这一栏已经扩展到也包括正常交易的供应商。

如果你愿意，你可以尝试超级自行车队的修正，看看它们是否对你有用。如果没有，那就使用原始画布。

请注意，在创建画布时，你不应该只关注运营和供应链方面，而应该考虑业务的所有元素。在制作画布时，请注意以下检查：

是否所有在画布"是什么"一面的元素（细分市场、价值主张、渠道和客户关系）都由一个或多个"怎么样"所支持（关键活动、关键资源、关键合作伙伴、供应商）。如果答案是否定的，那么有两种选择：要么你错过了一些东西，要么你发现了业务模式一致性中的一个缺口。

画布中的所有元素都是必须的吗？换句话说，如果你去掉一个特定的元素，这真的会削弱商业模式的一致性吗？如果你发现了一些不必要的内容，那么你可能找到了一些多余的东西，也就是说，可以从公司移除，而不会损害业务模式的有效性。

这两种检查都可以用一种非常"机械"的方式有效地完成，只需逐张检查便签。

在练习 11.1 中，你已经根据超级自行车队的工作，利用图 7.7 中的模

第 11 章 从线性到循环的转型

板创建了与循环模板相同的线性模板。在完成商业模式画布之后,你现在还拥有了所有元素,可以根据图 7.8 的模板来创建线性模板的等效物,即循环模板。

练习 11.3 掌握 TBC 的线性业务模式

构想

在前面练习的基础上,现在根据超级自行车队的工作和你所看到的任何适当的修改或调整,将所有输入放在一起,并描绘出 TBC 的完整线性商业模式。你可以使用图 11.3 中的模板。

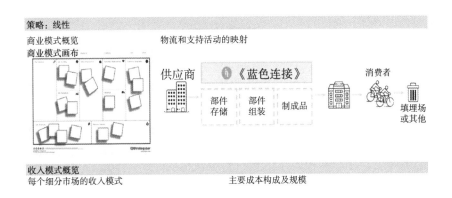

来源:
所做的假设:

图 11.3 掌握 TBC 线性业务模式的模板

转型项目名称:		❶《蓝色连接》
团队:		
所选的主导循环策略:	所选的支持循环策略:	
业务动机（为什么要开始这个项目？）	建议的方案和方法	高级成本收益分析
主要目标和指标	主要职责	风险和缓释措施
高级规划和重要事件		团队和主要利益相关者

图 11.4　项目章程模板

本章小结

"好吧，真是太快了！"玛丽亚说，"我认为现在我们有了一个坚实的起点来评估从线性到循环的转型会是什么样子。正如乔安娜姨妈所说，我们现在需要从迄今为止所处理过的各个角度来看待转型：企业的视角、跨越企业边界的视角和领导的视角。她让我们根据她给我们的模板，试着把我们遇到的所有项目转化为具体的转型项目。所以我想我们在以后的活动中会经常用到这个模板。

"你去倒点水好吗？我来准备图板。"

第 12 章
从企业的视角构想循环

"过来，彼得，"玛丽亚说，"看看白板。我已经准备好了乔安娜姨妈要我们做的工作概述，这样我们就可以跟踪并确保我们把所有的工作都做了。"

"我觉得不错。"彼得回答，"乔安娜姨妈说她会在下午结束的时候回来找我们，所以我们从第一个主题开始吧，这是关于目标、战略和商业模式的。"

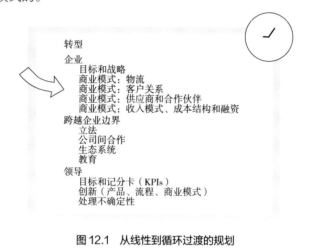

图12.1 从线性到循环过渡的规划

转型项目名称：目标和战略		《蓝色连接》
团队：		
所选的主导循环策略：	所选的支持循环策略：	
业务动机（为什么要开始这个项目？）	建议的方案和方法	高级成本收益分析
主要目标和指标	主要职责	风险和缓释措施
高级规划和重要事件		团队和主要利益相关者

图12.2 项目章程模板：目标和策略

构想转型：目标和战略

在第 7 章练习的基础上，我们将进一步讨论实现从线性目标和战略目标向循环目标过渡所需的转变。

> **练习 12.1　构想目标和战略目标的转变**
>
> **构想**
>
> 1. 比较模板 7.7 和 11.1 的最终版本，目前重点关注目标宣言和所定义的战略目标。
>
> 2. 构想公司应该采取哪些步骤来成功实施"新"循环目标宣言和附带的战略目标。不仅要考虑如何在实践中组织制定新的目标宣言和目标的过程，还要特别考虑如何让利益相关者（董事会、员工等）接受、传播和有效采纳这些过程。
>
> 3. 为了实现所需的变革，如步骤 2 所示，准备高级项目章程（见图 12.2，基于图 11.4 中的模板）和附录中的支持项目管理信息，描述从线性设置到为循环未来做好准备的转型。
>
> 4. 暂时保存你的结果。

第 12 章　从企业的视角构想循环

构想业务模式转型：循环策略

练习 12.2　构想循环策略转型：物流

构想

1. 比较模板 7.8 和 11.3 的最终版本，重点关注产品、部件和材料的物流以及所涉及的活动。

2. 构想公司应该采取哪些步骤，才能成功地实现向新的物流和经营活动循环网络的转变。需要管理哪些新产品、部件或材料流，其影响是什么？需要引入或开发哪些新的活动，这将对运营、物流或行政管理产生什么影响？

3. 为了实现所需的变革，如步骤 2 所示，准备高级项目章程（见图 12.3，基于图 11.4 中的模板）和附录中的支持项目管理信息，描述从线性设置到为循环未来做好准备的转型。

4. 暂时保存你的结果。

如果你愿意，你可以结合一个或多个兼容的支持策略，对每个可能的主导循环策略重复上述步骤 2 至步骤 4。

构想业务模式转型：客户关系

> **练习12.3　构想循环策略转型：客户关系**
>
> **构想**
>
> 1. 比较模板7.8和11.3的最终版本，重点关注画布中的客户关系和每个零售客户选择的收入模式。
>
> 2. 构想公司应该采取哪些步骤，才能成功实现向每个零售客户的新循环协议转型。引入循环策略和新的收入模式，对零售客户的战略关系和日常关系或合同有何影响？
>
> 3. 为了实现所需的变革，如步骤2所示，准备高级项目章程（参见图12.4，基于图11.4中的模板）和附录中的支持项目管理信息，描述从线性设置到为循环未来做好准备的转型。
>
> 4. 暂时保存你的结果。

构想业务模式转型：供应商和合作伙伴

> **练习12.4　构想循环策略转型：供应商和合作伙伴**
>
> **构想**
>
> 1. 比较模板7.8和11.3的最终版本，现在重点关注画布中的供应商和合作伙伴关系以及物流网络中的活动。

第 12 章　从企业的视角构想循环

2.构想公司应该采取哪些步骤才能成功实施向新循环结构的转型。不仅要考虑哪些供应商或伙伴关系可能会发生变化、需要更换或需要引入，还要考虑需要调整或终止的合同中可能发生的相应变化，以及任何可能需要的供应商选择流程、现有或新供应商的学习曲线等。

3.为了实现所需的变革，如步骤 2 所示，准备高级项目章程（参见图 12.5，基于图 11.4 中的模板）和附录中的支持项目管理信息，描述从线性设置到为循环未来做好准备的转型。

4.暂时保存你的结果。

构想业务模式转型：收入模式、成本结构和融资

练习 12.5　构想循环策略转型：收入模式、成本结构和融资

构想

1.比较模板 7.8 和 11.3 的最终版本，现在重点关注资金流的变化，以及收入模式、成本结构和相应的融资要求的变化。

2.构想公司应该采取哪些步骤才能成功实施向新循环结构的转型。例如，我们需要如何组织适当的发票开具、付款检查、预防和管理坏账风险等？在固定成本和可变成本方面，成本结构的主要预期变化是什么？对我们与银行和其他潜在投资者的融资安排有何影响？

3.为了实现所需的变革，如步骤 2 所示，准备高级项目章程（参见图 12.6，基于图 11.4 中的模板）和附录中的支持项目管理信息，描述从线性设置到为循环未来做好准备的转型。

4.暂时保存你的结果。

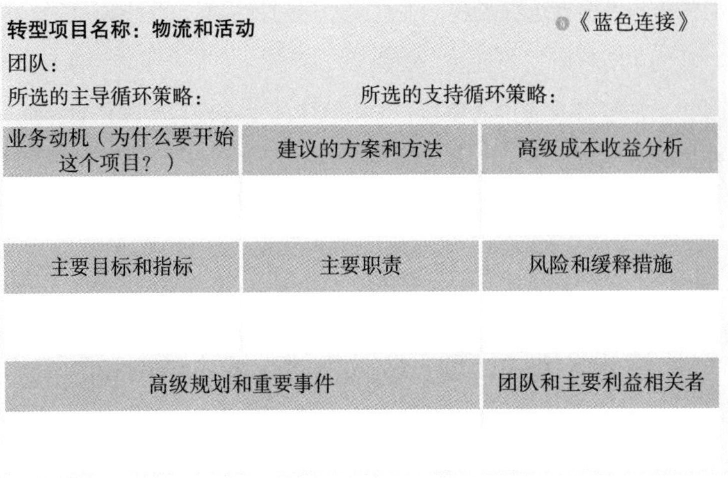

转型项目名称：物流和活动		《蓝色连接》
团队：		
所选的主导循环策略：	所选的支持循环策略：	
业务动机（为什么要开始这个项目？）	建议的方案和方法	高级成本收益分析
主要目标和指标	主要职责	风险和缓释措施
高级规划和重要事件		团队和主要利益相关者

图 12.3　项目章程模板：物流和活动

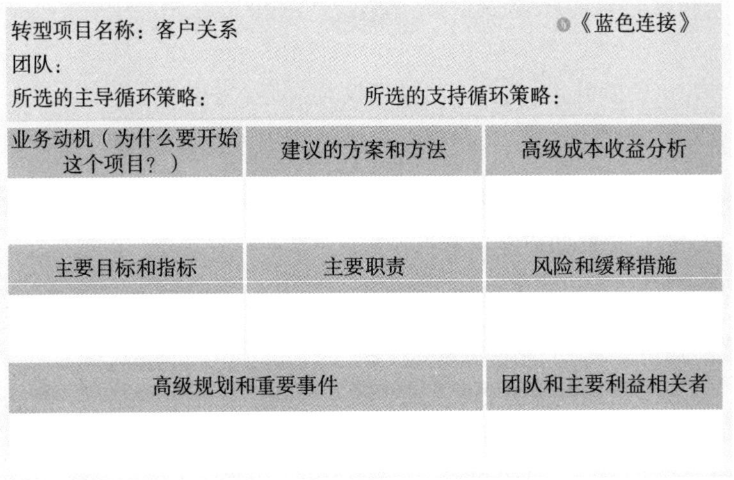

转型项目名称：客户关系		《蓝色连接》
团队：		
所选的主导循环策略：	所选的支持循环策略：	
业务动机（为什么要开始这个项目？）	建议的方案和方法	高级成本收益分析
主要目标和指标	主要职责	风险和缓释措施
高级规划和重要事件		团队和主要利益相关者

图 12.4　项目章程模板：客户关系

第 12 章 从企业的视角构想循环

转型项目名称：供应商和合作伙伴　　　　　　　　　　《蓝色连接》
团队：
所选的主导循环策略：　　　　　　所选的支持循环策略：

| 业务动机（为什么要开始这个项目？） | 建议的方案和方法 | 高级成本收益分析 |

| 主要目标和指标 | 主要职责 | 风险和缓释措施 |

| 高级规划和重要事件 | 团队和主要利益相关者 |

图 12.5　项目章程模板：供应商和合作伙伴

转型项目名称：收入模式、成本结构和融资　　　　　　《蓝色连接》
团队：
所选的主导循环策略：　　　　　　所选的支持循环策略：

| 业务动机（为什么要开始这个项目？） | 建议的方案和方法 | 高级成本收益分析 |

| 主要目标和指标 | 主要职责 | 风险和缓释措施 |

| 高级规划和重要事件 | 团队和主要利益相关者 |

图 12.6　项目章程模板：收入模式、成本结构和融资

273

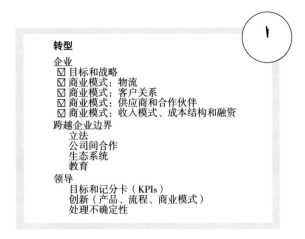

图 12.7 制定从线性到循环的过渡计划：企业视角

本章小结

"好，干得好，第一部分完成了！"（参见图 12.7）彼得一边说，一边在白板上打钩，"让我们继续，直接来处理跨越企业边界这部分。"

第 13 章
从跨越企业边界的视角构想转型

玛丽亚说："很好，所以我们将研究与立法、企业间合作、生态系统和教育相关的转型方面。""你准备好了吗，彼得？"

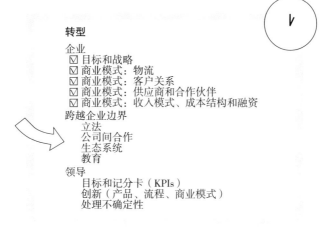

图 13.1　为线性到循环的转型制定计划：跨越企业边界

在本章中，我们将根据第 3 章中讨论的主题（立法、企业间合作、生态系统和教育）以及第 8 章中相应的假设场景，更详细地研究从线性经济到循环经济的过渡时期会发生什么。对于所有的练习，你可以使用图 13.2 来描述公司的关注圈、影响圈和控制圈。重要的是要弄清楚在过渡时期它们可以做些什么，从而为循环经济做好充分的准备。

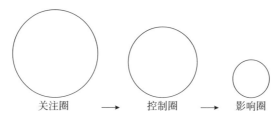

图 13.2　关注、影响和控制圈

构想转型：立法

再看看第 8 章中关于财政激励、刺激使用环保材料和减少负外部性、支持维修的补贴和扩大生产者责任的立法小案例。如果需要，请回到第 3 章查找相应的信息。例如，如果一家公司只有在政府有消息公布时才采取财务激励措施以促进可持续行为或使因新技术而失业的人重新获得技能，那么对这一变化做出充分反应可能为时已晚。企业必须展望未来，尽管目前尚不清楚假设的情况是否会真正实现。

练习 13.1 从法律维度构想转型

构想

1. 请回忆第 8 章中有关财政激励、环保材料的刺激、对负外部性征税、支持维修的补贴和生产者责任延伸法律的"假设"情景（练习 8.1 至 8.6）。

2. 构想公司应该如何应对这些潜在的法律变化，或者因为这些变化而做出什么改变。在知道自己周围存在一定程度的不确定性的情况下，它们如何密切关注这种潜在的未来法律情况，并为之做好准备？在回答这些问题时，请使用图 13.2 来可视化关注圈、影响圈和控制圈。

3. 为了有效地应对这些变化可能带来的影响，如步骤 2 所示，准备高级项目章程（参见图 13.3，基于图 11.4 的模板）和附录中的支持项目管理信息，描述从最初的线性设置到为循环未来做好准备的转型。

4. 暂时保存你的结果。

第 13 章 从跨越企业边界的视角构想转型

构想转型：企业间合作

正如我们在第 3 章中提到的，众多利益相关方的企业间合作对于实现循环至关重要，因为合作会促使提高透明度、技术转让、组织学习以及循环经济中清洁技术和资源效率所必需的正确伙伴关系。这种合作的关键是系统思维，这意味着我们将价值链视为一个整体，其中所有系统和每个利益相关者都是连接在一起的。

练习 13.2 从企业间合作的维度构想转型

构想

1. 看看第 8 章中关于价值链中潜在合作伙伴的企业间合作练习，而不仅仅是简单的买卖关系（参加练习 8.7）。

2. 构想公司应该做些什么来关注潜在的合作伙伴以及它们在价值链中的发展。当潜在的合作场景出现时，例如多方利益相关者的公司间合作，企业加速器（Corporate Accelerators）或使用区块链共享公司数据、应用物联网和使用大数据推动决策制定时，你将如何为公司做好准备？在回答这些问题时，请使用图 13.2 来可视化关注圈、影响圈和控制圈。此外，你可以查看循环经济报告中的"你愿意成为我的合作伙伴吗？"，其概述可在附录（"合作"）中找到。

3. 为了有效地应对这些变化可能带来的影响，如步骤 2 所示，准备高级项目章程（参见图 13.4，基于图 11.4 的模板）和附录中的支持项目管理信息，描述从最初的线性设置到为循环未来做好准备的转型。

4 暂时保存你的结果。

韧性商业模式

转型项目名称：立法		⊙《蓝色连接》
团队：		
所选的主导循环策略：	所选的支持循环策略：	
业务动机（为什么要开始这个项目？）	建议的方案和方法	高级成本收益分析
主要目标和指标	主要职责	风险和缓释措施
高级规划和重要事件		团队和主要利益相关者

图 13.3　项目章程模板：立法

转型项目名称：企业间合作		⊙《蓝色连接》
团队：		
所选的主导循环策略：	所选的支持循环策略：	
业务动机（为什么要开始这个项目？）	建议的方案和方法	高级成本收益分析
主要目标和指标	主要职责	风险和缓释措施
高级规划和重要事件		团队和主要利益相关者

图 13.4　项目章程模板：企业间合作

构想转型：生态系统

在循环生态系统中，协同创新至关重要，这意味着需要跨部门和多学科合作来激发创新解决方案。正如在第 3 章中提到的，这种类型的合作是为了在缩小、减缓和关闭的资源循环中创造可持续的价值主张。此外，这种价值创造是合作的：生态系统作为一个整体创造的价值，比个体参与者独立行动的总和更多。因此，企业必须创建这些生态系统，使循环经济发挥作用。

练习13.3　从生态系统维度构想转型

构想

1.请回顾第 8 章中的生态系统练习，重点是生态系统的利益相关者，以及从个人主义（公司）思维到集体思维的转变（参见练习 8.9）。

2.构想公司应该做些什么来充分准备向集体思维和生态系统协作的转变，从而变得更有韧性，知道它们周围有相当程度的不确定性，例如由于竞争政策或（虚拟的）开源循环经济而产生的不确定性。在回答这些问题时，请使用图 13.2 可视化关注圈、影响圈和控制圈。此外，你可以使用循环生态系统的元素（参见图 3.3）为步骤 3 做准备。

3.为了有效地应对这些变化可能带来的影响，如步骤 2 所示，准备高级项目章程（参见图 13.5，基于图 11.4 的模板）和附录中的支持项目管理信息，描述从最初的线性设置到为循环未来做好准备的转型。

4.暂时保存你的结果。

构想转型：教育

从第 3 章我们已经知道，向循环经济过渡需要知识的发展、传播和创新。如果这方面的知识存在短板，就会阻碍向循环过渡。由于企业、知识机构和政府之间的结构性合作在转型情景中尚未得到保证，这就提出了企业如何从 A 到 B 的问题：如何为循环经济组织创造知识，以及如何有效地传播所获得的知识？

转型项目名称：生态系统		①《蓝色连接》
团队：		
所选的主导循环策略：	所选的支持循环策略：	
业务动机（为什么要开始这个项目？）	建议的方案和方法	高级成本收益分析
主要目标和指标	主要职责	风险和缓释措施
高级规划和重要事件		团队和主要利益相关者

图 13.5　项目章程模板：生态系统

练习 13.4　从教育维度构想转型

构想

1. 回到第 3 章关于教育的部分，回顾关于循环劳动力市场、所需能力，以及教育、技能和再培训机会的内容。此外，回到练习 2.14，你在其中探索了主导的和兼容的支持循环策略。现在，请记住 TBC 游戏以及它们从线性到循环的转型。

2. 构想企业应该为每一个主导循环战略做些什么，在知道它们周围有相当程度的不确定性的情况下，为自己和员工在教育方面做好充分准备。请使用第 3 章中确定的三种类型的能力（技术、价值和横向）来描述所需的教育准备。

3. 为了有效地处理第 2 步所确定的影响，根据图 11.4 中的模板和附录中的支持项目管理信息，制定一份高级项目章程（参见图 13.6），描述从最初的线性设置到为循环未来做好准备的转型。

4. 暂时保存你的结果。

第 13 章 从跨越企业边界的视角构想转型

转型项目名称：教育		❶《蓝色连接》
团队：		
所选的主导循环策略：	所选的支持循环策略：	
业务动机（为什么要开始这个项目？）	建议的方案和方法	高级成本收益分析
主要目标和指标	主要职责	风险和缓释措施
高级规划和重要事件		团队和主要利益相关者

图 13.6　项目章程模板：教育

本章小结

"快要完成了，玛丽亚，"彼得说，"两个话题都结束了，还剩一个。（参见图 13.7）"

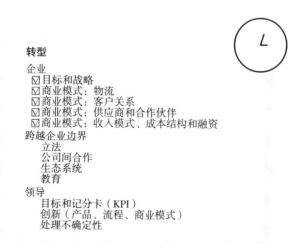

转型
　企业
　　☑目标和战略
　　☑商业模式：物流
　　☑商业模式：客户关系
　　☑商业模式：供应商和合作伙伴
　　☑商业模式：收入模式、成本结构和融资
　跨越企业边界
　　立法
　　公司间合作
　　生态系统
　　教育
　领导
　　目标和记分卡（KPI）
　　创新（产品、流程、商业模式）
　　处理不确定性

图 13.7　为从线性到循环的转型制定计划：跨越企业边界
（已完成）

第 14 章
从领导的视角构想循环

"玛丽亚和彼得，你们进展如何？"乔安娜姨妈从会议室门口的角落看过来，并且问道，"你看我们今天下午还能不能聚一聚，然后把你们的情况简要地告诉我？"

"你好，乔安娜姨妈，"玛丽亚回答道，"我们要开始研究清单上的最后一项（参见图14.1），我想我们已经准备好告诉你全部的故事了。下午4：30左右怎么样？"

"没问题！"乔安娜姨妈说着又走了。

转型
企业
☑ 目标和战略
☑ 商业模式：物流
☑ 商业模式：客户关系
☑ 商业模式：供应商和合作伙伴
☑ 商业模式：收入模式、成本结构和融资
跨越企业边界
☑ 立法
☑ 公司间合作
☑ 生态系统
☑ 教育
领导
　目标和记分卡（KPIs）
　创新（产品、流程、商业模式）
　处理不确定性

图14.1　为线性到循环的转型制定计划：领导

在第4章的主题和第9章的一些练习的基础上，我们将关注从线性到循环转型的领导方面。

构想转型：目标和平衡记分卡

练习 14.1　构想转型 KPI

构想

1. 比较模板 7.7 和 11.1 的最终版本，现在的重点是 KPI。

2. 构想为了成功实施"新的"循环 KPI，公司应该采取哪些步骤。不仅要考虑制定新 KPI 的过程，还要特别考虑如何让有关的利益相关者（董事会、员工等）接受、传播和有效地采用这些 KPI。如果与员工个人的奖金协议有关，你甚至可能需要明确地考虑如何处理这些 KPI 的转换。

3. 为了实现步骤 2 中确定的所需变革，准备高级项目章程（参见图 14.2，基于图 11.4 的模板）和附录中的支持项目管理信息，描述从线性设置到为循环未来做好准备的转型。

4. 暂时保存你的结果。

转型项目名称：KPIs		《蓝色连接》
团队：		
所选的主导循环策略：	所选的支持循环策略：	
业务动机（为什么要开始这个项目？）	建议的方案和方法	高级成本收益分析
主要目标和指标	主要职责	风险和缓释措施
高级规划和重要事件		团队和主要利益相关者

图 14.2　项目章程模板：KPIs

构想转型：创新

练习 14.2　构想转型：产品创新

构想

1. 企业可以创新的领域之一是产品创新，从而为更多的循环产品做准备。

2. 构想公司应该或可以做些什么来关注相关的技术发展，并激发其在循环产品创新方面的能力。这对最初的线性经营方式意味着什么变化？

3. 为了实现步骤 2 中确定的所需变革，准备高级项目章程（参见图 14.3，基于图 11.4 的模板）和附录中的支持项目管理信息，描述从线性设置到为循环未来做好准备的转型。

4. 暂时保存你的结果。

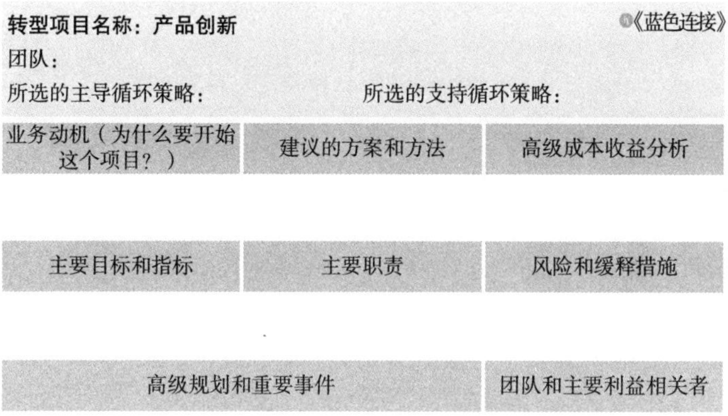

转型项目名称：产品创新		《蓝色连接》
团队：		
所选的主导循环策略：	所选的支持循环策略：	
业务动机（为什么要开始这个项目？）	建议的方案和方法	高级成本收益分析
主要目标和指标	主要职责	风险和缓释措施
高级规划和重要事件		团队和主要利益相关者

图 14.3　项目章程模板：循环产品创新

练习14.3 构想转型：流程创新

构想

1. 企业可以创新的另一个领域是流程创新，从而为循环程度更高的生产做准备。

2. 构想企业应该或可以做些什么来关注相关的技术发展，并激发其循环过程创新的能力，使内部生产和物流过程更加循环。这对线性经营方式意味着什么变化？

3. 为了实现步骤2中所确定的所需变革，准备高级项目章程（参见图14.4，基于图11.4的模板）和附录中的支持项目管理信息，描述从线性设置到为循环未来做好准备的转型。

4. 暂时保存你的结果。

转型项目名称：流程创新		©《蓝色连接》
团队：		
所选的主导循环策略：	所选的支持循环策略：	
业务动机（为什么要开始这个项目？）	建议的方案和方法	高级成本收益分析
主要目标和指标	主要职责	风险和缓释措施
高级规划和重要事件		团队和主要利益相关者

图14.4 项目章程模板：循环流程创新

第 14 章 从领导的视角构想循环

练习 14.4 构想转型：商业模式创新

构想

1. 企业可以创新的另一个领域是商业模式创新，为循环程度更高的商业模式做好准备，并走在新商业模式选择的前沿。

2. 构想企业应该或可以做什么来激发其循环商业模式创新的能力。这对线性经营方式意味着什么变化？

3. 为了实现步骤 2 中所确定的所需变革，准备高级项目章程（参见图 14.5，基于图 11.4 的模板）和附录中的支持项目管理信息，描述从线性设置到为循环未来做好准备的转型。

4. 暂时保存你的结果。

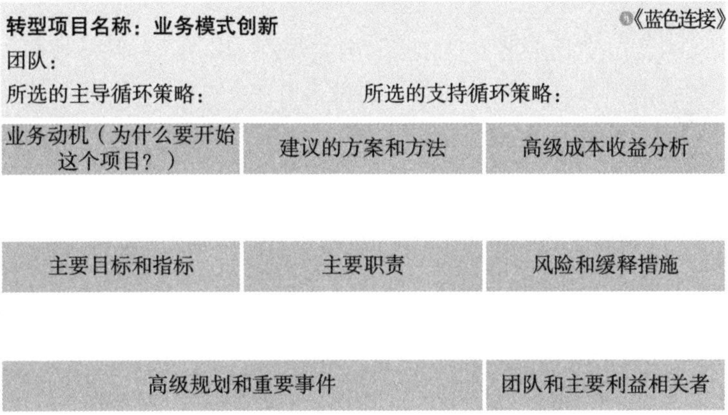

转型项目名称：业务模式创新		❶《蓝色连接》
团队：		
所选的主导循环策略：	所选的支持循环策略：	
业务动机（为什么要开始这个项目？）	建议的方案和方法	高级成本收益分析
主要目标和指标	主要职责	风险和缓释措施
高级规划和重要事件		团队和主要利益相关者

图 14.5 项目章程模板：业务模式创新

构想转型：处理不确定性

创新、变革和转型都会带来不确定性。从线性到循环的过程也不例外。在 TBC 游戏中有许多给定的元素，例如通过可用信息、折旧图或其他隐含的假设提供很多已知的内容。人们显然会质疑，一家公司是否会一直拥有这些资源，以及它们将如何应对由此产生的不确定性。让我们来看看一些场景，在这些场景中评估其不确定性的程度和潜在的缓解措施。

练习 14.5　构想转型：市场不确定性

构想

1. 在游戏过程中，销量和零售客户偏好方面的市场行为是完全已知的。

2. 构想市场行为可能存在哪些不确定性，特别是销售量以及零售商和消费者对循环的敏感性。以游戏情境为"中性"起点，添加积极和消极情境。这两种情况对企业意味着什么？想象一下，为了应对由此产生的不确定性，或者建立必要的灵活性或弹性，企业可以做些什么。

3. 为了给第 2 步所确定的不确定性做好准备，准备高级项目章程（参见图 14.6，基于图 11.4 的模板）和附录中的支持项目管理信息，描述从线性设置到为循环未来做好准备的转型。

4. 暂时保存你的结果。

第 14 章　从领导的视角构想循环

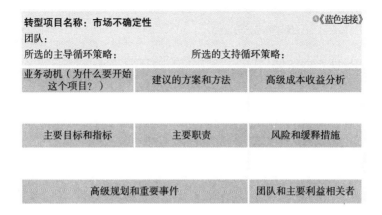

图 14.6　项目章程模板：市场不确定性

练习 14.6　构想转型：循环策略的不确定性

构想

1.在游戏过程中，循环策略的结果是完全已知的，并且可以通过折旧图进行评估，例如市场对回购价格的反应或租赁计划中的维修率。在实践中，这些信息很可能是不可用的、高度不确定的甚至是模糊的，特别是在转型过程的开始阶段。

2.构想这些循环策略可能存在哪些不确定性。尤其要考虑对回购价格的反应，根据每年预计返还的自行车数量，或作为租赁计划的一部分，每年需要进行的维修数量。以游戏情境为"中性"起点，添加积极和消极情境。这两种情况对公司意味着什么？想象一下，为了应对由此产生的不确定性，或者建立必要的灵活性或弹性，公司可以做些什么。

3.为了给第 2 步所确定的不确定性做好准备，准备高级项目章程（参见图 14.7，基于图 11.4 的模板）和附录中的支持项目管理信息，描述从线性设置到为循环未来做好准备的转型。

4.暂时保存你的结果。

转型项目名称：循环策略不确定性		《蓝色连接》
团队：		
所选的主导循环策略：		所选的支持循环策略：
业务动机（为什么要开始这个项目？）	建议的方案和方法	高级成本收益分析
主要目标和指标	主要职责	风险和缓释措施
高级规划和重要事件		团队和主要利益相关者

图 14.7　项目章程模板：循环策略不确定性

练习 14.7　构想转型：设计选择的不确定性

构想

1.在游戏过程中，某些部件设计选择的结果是完全已知的，可以通过折旧图进行评估，例如选择更耐用的部件及其对自行车寿命的影响。在实践中，这些信息很可能是不可用的、高度不确定的甚至是模糊的，特别是在转型过程的开始阶段。

2.构想这些设计选择可能存在哪些不确定性，尤其要考虑寿命对设计选择的影响。以游戏情境为"中性"起点，添加积极和消极情境。这两种情况对公司意味着什么？想象一下，为了应对由此产生的不确定性，或者建立必要的灵活性或弹性，公司可以做些什么。

3.为了给第2步所确定的不确定性做好准备，准备高级项目章程（参见图 14.8，基于图 11.4 的模板）和附录中的支持项目管理信息，描述从线性设置到为循环未来做好准备的转型。

4.暂时保存你的结果。

第 14 章 从领导的视角构想循环

练习 14.8　构想转型：二手市场价值的不确定性

构想

1. 在游戏过程中，自行车的二手市场价值是完全已知的，可以通过折旧图进行评估。在实践中，这些信息很可能是不可用的、高度不确定的甚至是模糊的，特别是在转型过程的开始阶段。

2. 构想二手市场价值可能存在哪些不确定性。以游戏情境为"中性"起点，添加积极和消极情境。这两种情况对企业意味着什么？想象一下，为了应对由此产生的不确定性，或者建立必要的灵活性或弹性，企业可以做些什么。

3. 为了给第 2 步所确定的不确定性做好准备，准备高级项目章程（参见图 14.9，基于图 11.4 的模板）和附录中的支持项目管理信息，描述从线性设置到为循环未来做好准备的转型。

4. 暂时保存你的结果。

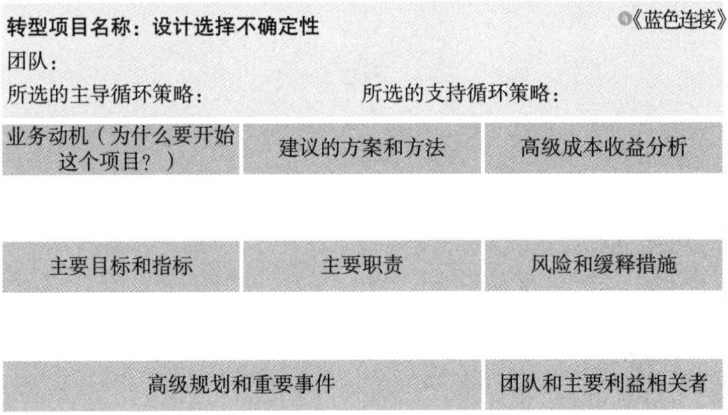

转型项目名称：设计选择不确定性　　　　　　　　　　　　◎《蓝色连接》
团队：
所选的主导循环策略：　　　　　　　　　所选的支持循环策略：

| 业务动机（为什么要开始这个项目？） | 建议的方案和方法 | 高级成本收益分析 |

| 主要目标和指标 | 主要职责 | 风险和缓释措施 |

| 高级规划和重要事件 | | 团队和主要利益相关者 |

图 14.8　项目章程模板：设计选择不确定性

上面提到的一些问题与折旧图有关。在游戏中，你应该已经体验到它是循环决策的一个强大工具。

转型项目名称：二手市场价值不确定性		《蓝色连接》
团队：		
所选的主导循环策略：	所选的支持循环策略：	
业务动机（为什么要开始这个项目？）	建议的方案和方法	高级成本收益分析
主要目标和指标	主要职责	风险和缓释措施
高级规划和重要事件		团队和主要利益相关者

图14.9　项目章程模板：二手市场价值不确定性

练习14.9　构想转型：折旧图

构想

1. 评估你通过折旧图所获得的信息。

2. 构想在实践中哪里已经存在这些信息，在哪里可以找到这些信息，或者在没有可用信息的情况下需要如何建立假设。公司需要如何处理这个问题呢？

3. 为项目制定高级项目章程，从而创建可靠的决策支持工具，如折旧图（参见图14.10，基于图11.4的模板）和附录中的支持项目管理信息，描述从线性设置到为循环未来做好准备的转型。

4. 暂时保存你的结果。

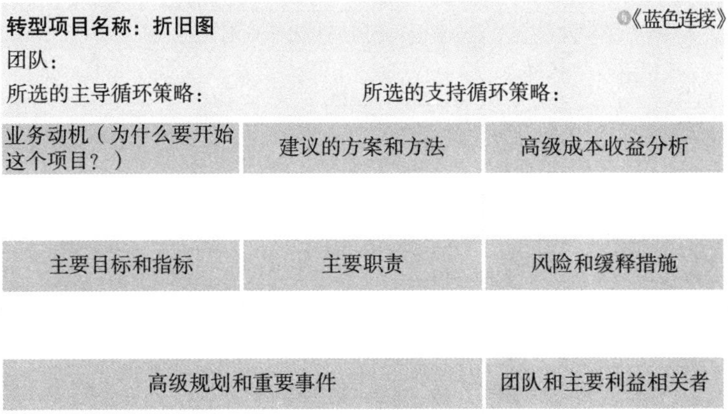

第 14 章 从领导的视角构想循环

转型项目名称：折旧图		《蓝色连接》
团队：		
所选的主导循环策略：	所选的支持循环策略：	
业务动机（为什么要开始这个项目？）	建议的方案和方法	高级成本收益分析
主要目标和指标	主要职责	风险和缓释措施
高级规划和重要事件		团队和主要利益相关者

图 14.10 项目章程模板：折旧图

构想转型：变革管理

虽然在下一章中我们只会把所有的项目章程放在一起，但这可能是重温由科特制定并在第 4 章中列出的变革管理的 8 个步骤的好时机。在制定整体转型方法时，这些将派上用场。

本章小结

"我们完成了，玛丽亚！"彼得说，脸上露出满意的笑容，"我们把乔安娜姨妈叫过来，向她简单介绍一下我们今天的工作，好吗？"

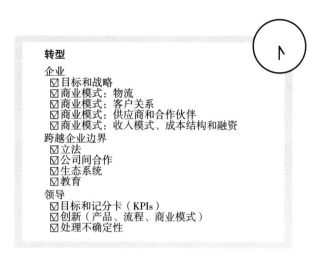

图 14.11　为线性到循环的过渡制定计划：领导（完成）

第 15 章
企业循环使命：商业故事和价值之四

> ## 结束"循环"项目之旅
>
> "这确实是一项伟大的工作,孩子们,这么多的项目,"乔安娜姨妈说,"我不确定自己是否准备好了,但你们确实回答了我的问题,从线性到循环的战略转型可能是什么样的!"
>
> "记得我以前跟你说过的话吗?"挑战在于使变革管理成为计划的重要组成部分,而不是独立管理的附加部分。所以我们现在需要做的是再向前一步。"她接着说,"为这些举措安排一些优先事项,并制定一套令人信服、连贯和完整的全面变革管理方法。"

练习15.1 构想定义一个从线性到循环转型的战略计划:项目热图

构想

想象一下,你必须为TBC列出一份未来三到五年的战略优先事项清单——它将包括哪些内容?按照步骤1至步骤3和下面相应的模板给出你的答案。

第一步:回顾你在第12~14章中列出的所有行动、建议和倡议。假设所有与它们相关的挑战都是真实的,并且在目前某种程度上是相关的。作为提醒,我们已处理了以下挑战:

循环的企业视角;
目标和战略目标;
物流;
客户关系;
供应商和合作伙伴;

收入模式、成本结构和融资。

跨越企业边界的循环视角：

立法；

企业间合作；

生态系统；

教育。

循环的领导视角：

KPI；

产品创新；

工艺创新；

商业模式创新；

市场不确定性；

循环策略不确定性；

设计选择不确定性；

二手市场价值不确定性；

折旧图。

第二步：使用超级自行车队的热图模板（参见图 15.1），尝试定义优先级。热图显示了确定的项目在两个维度上的"得分"：一方面是影响或重要性（从高到低），另一方面是所需的努力（从高到低）。花点时间好好定位各个项目。确保你有能力为自己的选择辩护。

第三步：在热图的基础上，定义优先级的位置，从低影响或低努力到高影响或高努力。你认为在未来三到五年内，有多少行动可以合理地放在优先事项清单上（取决于所选择的循环策略以及这些策略所暗示的过渡期）？这需要使用多少实际资源呢？考虑到 TBC 作为一个中等规模的公司可能没有独立的项目部门，这意味着这些项目应该由同时承担全职任务的人员组成，或者需要寻找和确定外部（昂贵的）资源。使用图 15.2 中

第 15 章 企业循环使命：商业故事和价值之四

的模板，尝试为优先的项目分配一个合理的项目时间表，确保你获得一个可行的整体方案，可以成功地将公司从线性转向循环。

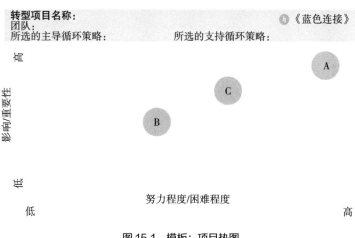

图 15.1 模板：项目热图

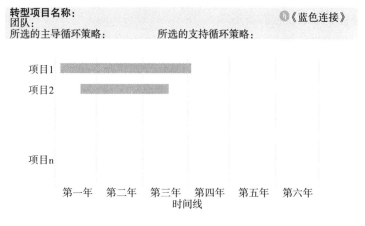

图 15.2 项目时间线

"哇，看来我们哈里森·摩尔公司有工作要做了。我们可能真的需要雇佣你们，"乔安娜姨妈笑着说，"我还有几个问题要问你们。"

"但在我说这些之前，我很想听一些其他的东西，现在我们的'循环'项目已经接近尾声了。我只是想问问你们在这个项目中的经历。我记得以前我们讨论过循环所需的特定技能的概念，也讨论过 T-型经理。所以，我想知道的是你们如何评价自己，例如从 1~5 的范围。你们是否认为自己具备成为像你们告诉我的凯瑟琳·麦克拉伦那样的循环周转经理所需要的条件？"

> **练习 15.2　构想自己成为循环周转经理所需的知识和技能**
>
> ### 构想
>
> 再仔细看看图 4.9 中 T- 型供应链经理的图表，以及之前关于循环能力的练习（参见练习 3.7）。在探索和掌握循环经济、构想从线性到循环的转型之旅即将结束之际，你会给自己打多少分？

"嗯，听起来很不错，孩子们，"乔安娜姨妈说，"就像我之前说的，我可能需要考虑让你们加入。"

"无论如何，我真的从你们的帮助中学到了很多东西，也很高兴你们从这段旅程中学到了很多东西，通过这段经历，反思发生了什么，将事件概念化，并在旅途中继续前行。请注意，学习不会就此停止。我甚至认为这是学习真正应该开始的地方：你们现在有了基础，也有了对它可能走向的展望。现在由你们来决定如何继续学习。"

"真的，我是认真的，学习不会就此结束，它才刚刚开始。现在取决于你们定义自己的持续循环价值链学习路径，并找到最适合你们的方法：使用书籍自学，链接到网络资源，如组织和专家协会的网站，订阅杂志和时事通讯，在社交媒体（如领英）上关注专业人士的团体，寻找导师，阅读一般商业和特定行业的报纸，进行项目实习，等等。有很多可能性供你们挖掘。"

"你们知道吗，我认为这对公司来说也是一样的！我甚至可以考虑与哈里森·摩尔的一些关键人物一起玩《蓝色连接》，让他们共同创造一个关于循环的话题，并让更多人加入这个话题。玛丽亚，我甚至可能会让一些供应商参与进来，比如我们的塑料供应商。"

第 15 章 企业循环使命：商业故事和价值之四

"不管怎样，你还记得前段时间我们在讨论那些强调供应链经理日常十项全能的博客文章吗？我们说它对于循环也是非常有帮助的。这篇文章指出'经理需要是多面手、多技能的人，在某种程度上是变色龙。这有点像十项全能运动员，他们需要在许多不同的项目上表现出色，不一定是每一项都最好，但足够好，有机会在比赛中成为总冠军'。在我看来，从你的结论来看，这确实是一个对循环周转经理同样有效的真实陈述！"

"总的来说，我很高兴看到我们的'循环'项目为你们提供了积极做事的条件，并引起了你们的好奇心。在我看来，它在某种程度上激发你们提出了许多问题，让你们发现了新的想法，感受到了循环价值链管理的许多令人兴奋的方面，就像我一样。"

"所以，感谢你们陪我一起踏上了不同角度的循环之旅，从企业的角度，到跨越企业边界的角度，再到领导的角度。我真诚地希望它也值得你们花时间，最重要的是，它激励你们在这个令人着迷的工作领域前进。挑战是很多的，我相信未来需要大量的思考。在我们的项目中，我们已经处理了许多这样的挑战，而且可以肯定的是，无论你们走到哪里，都可能面临更多这样的挑战。但是有了坚实的工作方式和良好的态度，你们就有希望为接下来的任何事情做好充分的准备。记住，关键不在于谁拥有所有的知识，而在于谁知道如何提出正确的问题。"

"看我这儿有什么，"她接着说，从夹克口袋里掏出一个啤酒杯垫（参见图 15.3），"看来我们确实完成了我在开始之前设想的各个阶段！"

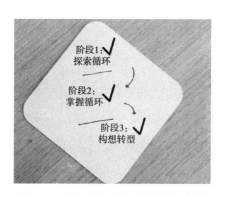

图 15.3　再次审视乔安娜姨妈的啤酒杯垫

企业循环使命：商业故事和价值

"这就给我留下了这个项目最后、甚至可能是最重要的问题：企业循环使命到底是什么？你们对叙事和价值的'最终'看法是什么？你们建议哈里森·摩尔公司做些什么？为什么？你们能不能每个人再做一次推介，让我知道你们在旅程结束时的想法？"

"好吧，乔安娜姨妈，"玛丽亚坚定地说，"彼得和我实际上已经为你的问题做好了准备。你知道我们决定了什么吗？"

"我们决定，"彼得继续说，"我们要一起做最后一次推介。你知道玛利亚和我在整个项目中一直争论不休。我们在很多问题上似乎都存在分歧。"

"嗯，就像我们经常做的那样，真的，"他微笑着揶揄地对玛丽亚说，"无论如何，我们还发现，从哈里森·摩尔的角度来看，我们在循环的许多方面是否存在分歧并不重要，因为我们似乎在最基本的一点上达成了一致：循环实际上对企业来说是一件有益的事情。但在我们开始推介之前，请允许我暂时保密。"

"你准备好了吗，乔安娜姨妈？"

练习 15.3 支持企业循环使命的商业故事和价值

回到整本书所涵盖的主题，从循环的背景一直到已经处理过的三个不同的角度，再加上本书第二部分中你对《蓝色连接》的经验，以及第三部分中关于管理从线性到循环转型的练习。现在再一次从企业的角度来思考循环的叙事和价值：企业循环使命。准备一个令人信服的最多5分钟的演讲，你自己坚定地相信，也会说服其他人加入你的公司循环之旅：为什么要这么做，它会是什么样子的，如何实现它。

第15章 企业循环使命：商业故事和价值之四

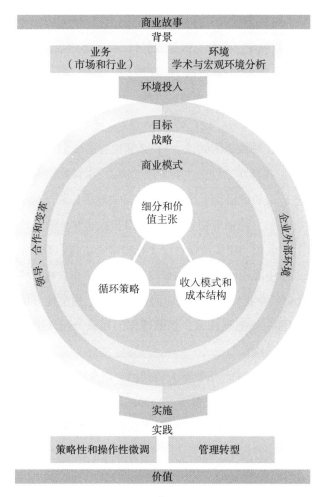

图15.4 "循环"项目之旅的全景

图15.5 玛丽亚和彼得给乔安娜姨妈的一张卡片：瓦尔特·斯塔赫尔的一段话

"太棒了，孩子们，非常好！"玛丽亚和彼得讲完后，乔安娜姨妈热情地说，"一旦我确定了在公司做报告的日期，你们能帮我准备一下吗？"

"我真的很喜欢你们的图片，它涵盖了'循环'项目的整个旅程（参见图15.4），这张图片我也想使用。当然，如果你允许的话，"她微笑着补充说。

"还有，"乔安娜姨妈继续说，"我必须把它给你们。你们最后一张幻灯片完全正确。我喜欢这段话（参见图15.5），也喜欢把它呈现为可以贴在墙上的那些短语和谚语的卡片之一。做得太好了！"

"乔安娜姨妈，"玛丽亚回答说，"彼得和我非常感激你让我们和你一起做这个项目，我们一定要送你一个小礼物来表达我们的感激之情。事实上，我们在演示中展示的卡片是为你定制的。在这里！再次感谢大家！"

"这绝对会激励我！非常感谢你们！我们马上找个地方把它挂在墙上吧！我想我们都应该喝点什么，我邀请你们和我一起来庆祝我们的'循环'项目之旅的结束！"

"也许我们可以讨论一下我昨天读到的一篇有趣的文章，"乔安娜姨妈带着神秘的微笑继续说，"它讲述了邪恶的问题、意想不到的后果和米基雷综合症（Midgely syndrome）。你们怎么看？这可能是我们的下一个项目吗？"

后记

"嗨,乔安娜姨妈,很高兴再次收到你的来信!"彼得在接受视频群聊后说,他发现乔安娜姨妈已经在等待了。几秒钟后,玛丽亚也加入进来,说:"你们好,抱歉才看到你的电话,你们都好吗?"

"我有很多消息要告诉你和彼得,"乔安娜姨妈说,"如你们所知,在我们的'循环'项目之后,我们公司发表了一篇关于我们所做的研究的文章,谈及我们对循环商业游戏的经验以及从这个项目得出的结论。此外,一本最新的教科书已经出版,名为《韧性商业模式》,它采用了与我们相同的方法,首先是探索,然后是掌握,最后是构想循环转型。它实际上还集成了《蓝色连接》模拟游戏!"

"我把这篇文章和这本书的信息分享给我的一些朋友,传播得相当快!'循环经济'的前首席执行官哈拉尔德·弗里德(Harald Friedl)直接回应了我,他现在是与COP26气候冠军团队一起推动循环转型的全球领导者之一。他在世界各地的会议上发言,是该领域的思想领袖,激励了许多人。"

"那么他说了什么,乔安娜姨妈?我等不及要听了。"彼得急不可耐地说。

"事实上,"乔安娜姨妈继续说,"他给我们循环项目背后的团队写了一封非常鼓舞人心的信,给我们所有人!我太受宠若惊了。我想当面读给你们听，看看你们的反应，所以我给你们打视频电话。"信中写道：

亲爱的来自"循环项目"的团队，现在一切都是为了创造改变。创造我们想要生活的世界，不知何故，我们今天已经遗忘了生存其中的世界。你们是这段旅程的一部分，而且必须成为其中的一部分。再也没有拖延和借口了。我们每个人都必须站出来，彼此接触：因为我们不是需要少做一点坏事，而是要从根本上做得更好。

循环经济是一个非常强大的工具，它为我们指明了正确的方向。它是具体和有形的，并能产生强大的结果。一如既往，问题不在于使用的各种定义，而在于采取的行动。要采取这一行动，我们需要领导力、勇气和智慧。这三者可以成为我们行动和改变的灵感。它可以从根本上使人、地球和利润这个 3 Ps 概念更加丰富。这还不足以告诉我们如何展望未来，如何决策，如何对待彼此和地球，而《韧性商业模式》一书的出版恰逢其时，意在激励我们采取更多行动。我真的很喜欢这本书所涵盖的主题的广度，其采用了广阔的视角，也考虑到在世界范围内扩大循环行动所需的环境和行为变化。教育是关键，这让我想起了我的一位导师曾经说过的一句话："如果我们受过足够的教育，我们都可以把隐藏的议程摆在桌面上，并从那里开始。"当我们掌握了这一点，我们就可以掌握真正的变化，加快行动。感谢你们和所有有勇气一起走这条路的人。

哈拉尔德·弗里德
COP26 气候冠军团队顾问、绿色协议循环大使、国际顾问委员会成员

致谢

我们要感谢很多人，因为他们对你手里拿的这本书做出了较大的贡献。首先，感谢艾格·哈克（Egge Haak）、汉斯·克莱默（Hans Kremer）和米切尔·斯蒂曼（Michiel Steeman）邀请我们接受撰写这本书的挑战，并在整个过程中对内容进行严格的校对和审核。也非常感谢 Inchainge 团队的其他成员帮助我们解决了关于《蓝色连接》的大量问题。

其次，感谢来自 Kogan Page 出版社的整个团队自始至终的支持，特别要感谢亚当·考克斯（Adam Cox）和艾米·敏舒尔（Amy Minshull）。还要感谢诺亚·沙乌（Noah Schaul），他在校对、协调图像和准备模拟环境等"幕后工作"中提供了巨大的帮助。此外，非常感谢克莱尔·奥尔伯恩（Claire Ahlborn）对书中图形所做的处理。

来自罗珊的致谢：我要特别感谢我的父母、姐姐和安特卫普的家人，感谢你们一直以来的支持、鼓励、咖啡和漫步，和你们富有同情心的倾听、让我身心愉悦快乐氛围以及引起我深思的对话。谢谢你们！千禧一代和 Z 世代（Gen Z）的同胞们，我们有非常好的机会去创造一个新的体系，在这个体系中我们不会犯我们的父母和祖父母辈曾经犯过的错误。在创造力、创新和对自身能力自信的帮助下，我们可以重新思考、设计和安排我们的现在和未来。

来自艾德的致谢：俗话说，我们不是从父母那里继承了这个星球，而是从孩子那里借来的。所以，最后我要感谢我的父母和公婆，还有玛丽克（Marieke），你们所有人都是我的后盾。感谢保（Pau）和马克（Marc）把他们的星球借给我，我保证我会尽我所能，以最好的方式对待它。谢谢你们给我源源不断的灵感和能量。这本书献给你们所有人。

附录

合作

如第三章所述，循环经济确定了成功合作的 9 个步骤，包括 4 种合作类型、14 种角色和 9 个特征，以确定合适和有吸引力的合作伙伴。在这里，我们将更深入地讨论合作类型、角色和合作伙伴的特征。

合作类型

基于循环价值链目前的发展阶段，循环经济确定了四种类型的多方利益相关者合作。这些类型在重点努力、合作伙伴的数量和类型上有所不同：

1. 垂直网络：这种类型的合作旨在与价值链中的所有参与方一起工作，从开始（资源开采）到结束（资源回收）。

2. 横向网络：在这种合作类型中，涉及的各方位于价值链内部和外部（例如知识机构或政府）。它们合作利用现有的循环网络（例如包装再利用系统的运作）或开发新材料或新技术。

3. 一对一联盟：在这里，各个合作伙伴一起工作，无论是沿着价值链还是在价值链之外，以提高价值链内流程的循环性。

4. 知识交流：这是一种非正式的知识交流，有利于影响创造和全行业学习，与外部或价值链上的各方进行交流。

14 个角色

在练习 3.4 中，你必须探索循环经济确定的循环合作中的 14 个角色，以找出你希望在当前或未来的工作中担任的角色。这些角色在表 App 1 中列出，并作为确定哪些任务应该由内部合作伙伴完成，以及在哪里需要合作支持的指导。它们在项目的开始、发展或实现过程中非常重要。此外，角色的相关性受产品、企业和循环战略三个因素的影响，并且因项目和业务的差异而不同。

附表 App 1　14 个循环合作角色

项目过程中的角色			其他角色	
开始	发展	实现	合作	外部
发起者 理念传播；以行动为导向的角色（例如，开发新的商业模式或启动研发项目）；压力制造者（例如，要求和引发改变）。	循环专家 掌握（技术）产品、循环创新、挑战和（当地）物流方面的知识。	冲击放大 这些都可以在竞争对手身上找到，遵循竞争前的方法，以促进循环创新并得到关键质量。	中介者 连接价值链中的各方进行一对一合作或构建循环生态系统。	外部教育者 在权威层面上对公众或参与者进行循环教育，使他们能够做出明智的选择和决定。
融资方 直接或间接实现循环创新（研发、知识、合作或市场）的融资。	市场专家 提供市场和行业背景的研究、知识和建议（例如立法、使用场景、消费者行为）。	使用阶段的支持者 构建、运营或利用循环价值链来延长产品的使用寿命。	知识经纪人 创建学习成果和研究成果，管理协作过程，促进讨论并要求循环经济主题。	使能者 具有共同创造、推动和引导规范、立法和市场走向循环经济的政治影响力。
内部教育者 在企业内部传递和传播关于循环的知识。	试验者 开发和试验循环创新。	生命终结支持者 二级原材料的收集、处理和使用，旨在为报废材料和产品创造第二个生命周期。		推动者 建立信誉和宣传，以推广循环产品。

如果你需要更多关于这些角色的信息，或者如果你想要具体的例子，我们建议你看看循环经济（2020b）报告"你愿意做我的合作伙伴吗？"

合作伙伴的九大特征

为了选择和评估最适合多方利益相关者合作的合作伙伴，循环经济（2020b）确定了理想合作伙伴（或潜在合作伙伴组织中的个人）应该满足的九个特征。这些特征被划分为循环背景中的特定特征和每种合作类型的一般特征。

具体循环经济伙伴特点：

1. 战略契合：合作伙伴应在愿景、文化、市场、环境和循环战略上保持一致。

2. 创意：合作伙伴应具有开放的思想和创造性，能够在循环经济中为不确定和复杂的问题寻求解决方案。

3. 开放的沟通：分享知识和挑战是实现共同进步和商业优势的关键。

4. 使命一致：合作伙伴应该在目标和使命上保持一致，因为价值是通过协同作用产生的。

5. 承诺：所有相关伙伴都应致力于创造变革并投资于有利于向循环经济过渡的领域。

一般合作伙伴的特征：

6. 财务可行性：公司没有财务优势，循环经济就不可行，因此合作伙伴的财务可行性至关重要。

7. 互补性：所有合作伙伴都应履行这14个角色，以相互补充，实现所需的循环结果。

8. 声誉：吸引知名的合作伙伴可以使循环合作合法化。此外，它还可以吸引其他必要的合作伙伴。

9. 诚信：合作是向循环经济过渡的关键，在多方利益相关者合作中，合作伙伴必须能够相互信任，遵守承诺并将承诺付诸行动。

SMART KPI

在 KPI 开发中，一个广泛使用的概念是"SMART KPI"，指的是应该明智地选择 KPI。此外，SMART 这个词的每个字母都代表一个需要考虑的特定方面。虽然对每个字母都有不同的解释，但下面的解释通常比较合适：

S = 简单的（Simple）：例如，指标的命名以及计算公式都应该清晰易懂。如果没有，人们可能只是不相信结果，因为他们没有掌握潜在的概念。

M = 可测量的（Measurable）：意思是应该可以用一个数字、一个百分比或一个数值（例如是或否）来理解这个概念。由于大多数事物都可以以某种方式进行测量，因此应该考虑可测量的第二个维度，即是否可以用一种及时且具有成本效益的方式进行测量。如果应该每周跟踪某个指标，但测量和获得结果需要超过两周的时间，要么是因为数据难以获取，要么是因为完成报告需要大量工作，要么是因为数据供应商需要相对较长的时间才能提供数据，那么可能应该考虑另一个 KPI。

A = 可接受的（Acceptable）：意味着该指标的受众接受它作为它应该测量的东西的代表。如果有人提议根据收到的客户投诉数量来衡量交付绩效，但一位直接相关的同事认为这是在衡量客户满意度，而不是真实的交付绩效，那么所提议的 KPI 对两者都是不可接受的，因此不合适，因为每次公布新的结果时，都会重新开始讨论其有效性。

R = 现实的（Realistic）：意味着目标应该是可以实现的。如果不是这样，结果很可能只是让人失去动力，而不是激励人们达到目标。

T = 有时间限制的（Time-constrained）：意味着应该有一个最后期限，否则人们会失去兴趣，或者他们会说"没关系，我们总有一天会做到的"。

附　录

团队生活的各个阶段，动机，沟通

团队生活的各个阶段

要考虑的第二个方面与团队组建的时间长短，以及他们作为一个团队发展得如何有关。布鲁斯·W. 塔克曼（Bruce W. Tuckman）在群体动力学领域的著名心理学框架将其描述为四个阶段的演变：组建、动荡、规范和执行，后来甚至补充了一个额外的结束阶段，称为解散。该框架背后的基本思想是，所有的团队都会经历相同的发展阶段，从混乱的初始阶段，人们开始相互了解，分析自己，并在团队中占据一席之地，到团队建立自己的内部规则和合作方式，并真正开始发挥作用的阶段。

从线性到循环的挑战性转变是由一个已经存在的坚强的团队领导，还是由一个新成立的任务小组来完成，这是非常不同的。新成立的小组成员可能从未在一起工作过。为了突出这一现象并强调团队组成和团队动态的重要性，许多参与《蓝色连接》游戏的老师和培训师更喜欢创建混合团队，成员最好是在其他团队活动中没有一起工作过的人，从而创造了反思团队表现的可能性。这个主题在本书的第二部分中有介绍。

动机

下一个要考虑的方面是动机，在这种情况下是团队中的个人。在某种程度上，它始于团队成员是否选择加入团队。如果他们没有加入，但仍然喜欢这个团队和活动，他们可能也会很开心。如果他们不是自己做出的选择，且不喜欢这项任务或这个团队，这很可能会对他们的行为产生负面影响，最终影响到团队绩效。

图书馆里满是解释人们动机的更多方面的书籍。让我们强调几个维度，以便有一个简单的理解，并在以后能够对该主题进行有用的反思。一个有趣的维度是观察内在动机和外在动机。内在动机来自个人内部，代表着学习新事物、结识新朋友、应对新挑战的动力。外在动机是指其他人给予个人奖励（积极的）或惩罚（消极的），从而产生外部动力去做某些事情。

似乎有大量的科学证据表明，内在动机比外在动机更能推动积极行为。这一点在学校和大学里很容易观察到：那些因为真诚地对学习新的有用的知识感兴趣而上大学的学生，比那些主要是为了获得文凭或因为父母的要求而上大学的学生，心态要积极得多。在公司里，情况也差不多。一些团队成员只是因为他们需要一份工作来糊口，所以机械地听从领导的安排，而另一些人可能是受到内在动机的驱使，有着非常积极的心态，努力把事情做好。因此，在任何团队、任何环境中，你可能会发现上述动机中的一个或两个都或多或少地存在，并有可能影响团队的表现。

综上所述，似乎更合理的做法是，让那些真正坚定相信这种方式、并真正认同这种方式背后逻辑的人，参与领导从线性到循环的转型。显然，组织的难题在于，要努力找到最有动力带头并且真正具备工作所需技能的人。

沟通：提问、倾听、使用通用语言

团队表现还与另一个方面，也是非常相关的，那就是沟通。这个话题有可能变得非常模糊。我们经常在公司里听到沟通被认为是不充分或无效的，但大多数情况下不太清楚这到底意味着什么，更重要的是，对此可以做些什么。一方面，更好的沟通并不一定意味着说得更多。

在销售和生产之间的沟通和决策中有一个简单而直接的角色扮演，这是我们在公司培训中经常做的。

两人一组，每个人扮演不同的角色，并收到一份假设情况的描述，他们被派去开会，必须达成协议来解决手头的问题。显然，这两个角色之间存在潜在的冲突。之后是对活动的汇报，探讨会议上提出的潜在解决方案，但最重要的是，我们试图指出达成协议的关键成功因素。我们在培训和汇报中已经做了很多次这样的活动，同样的因素几乎总是出现在关键成功因素之中。下面以随机的顺序列出一些因素：

积极倾听，给予解释，要求解释；

共情、乐于倾听、态度端正；

明确期望和工作方式；

努力以事实为依据，尽量避免未经证实的观点；

努力建立一种"共同语言"；

愿意解决问题；

情境化，探索替代方案；

准备参加会议，做好准备工作；

尽量避免将问题视为对一个人的批评；

创造一种允许挑战假设的氛围；

寻找共同利益，准备妥协。

有趣的是，该列表在我们做这个活动的所有时间里都非常相似（没有强加任何输入）。显然，大多数人凭直觉或从个人经验中知道使这种潜在的冲突对话有效的关键成功因素，但很明显，我们并没有做好这件事。这似乎是"简单而不容易"的另一个典型例子。存在各种各样的人，他们的背景、技能、性格、个人情况、动机、上司、职业前景、特定一天的压力等，都在发挥作用。

项目管理的概念和工具

在第 4 章中，我们提到项目是实现线性价值链到循环价值链转型的可能的关键方法。下面的图形（参见图 App 1-10）概述了项目生命周期中的重要阶段，以及每个项目管理领域的关键工具。要了解更多细节，读者可以参考著名的项目管理方法，如 PMI 和 Prince。

韧性商业模式

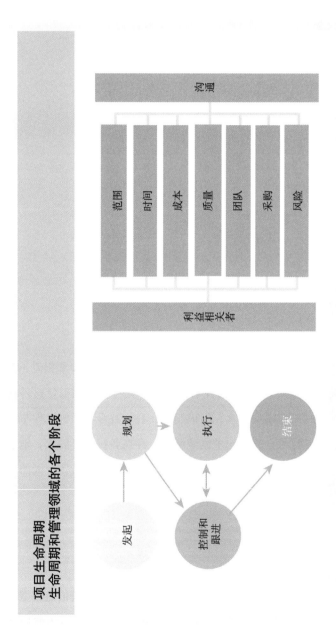

图 App 1　生命周期和管理领域的各个阶段

附 录

管理领域：
范围：

主要概念：
○ 项目数据表格或项目章程
　· 每个管理领域的主要项目特点总结
○ 工作分解结构
　· 一个优秀的工作分解结构为详细阐述所有其他知识领域的内容提供了一个良好的框架（项目经理的利器）。

工具：

○ 思维导图

○ 项目数据表格

○ 工作分解结构

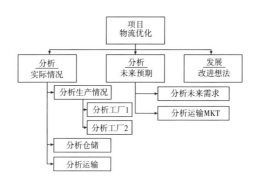

图 App 2　范围

韧性商业模式

管理领域：
时间：

主要概念：
- 时间管理和规划
- 计划完成时间、主要事件
- 设置优先事项
- 及时规划资源
- 识别潜在的瓶颈
- 将时间与所需的和可用的资源结合起来
- 识别关键路径

工具：

- PDM（前导图法）

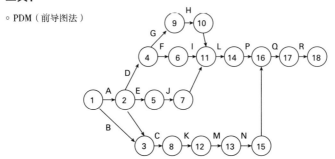

- 计划评审技术（"最可能时间""乐观时间""悲观时间"）
- 甘特图和关键路径

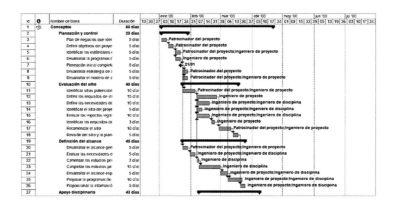

图 App 3　时间

附 录

管理领域：
成本：

主要概念：
- 成本估算（粗略的，高级的估算，例如在提议阶段）
- 预算（用于执行和控制阶段的详细计划）
- 成本控制
- 财务评价
- 财务组成部分
- 财务/成本组成部分
  · 劳动力、材料、外部服务及其他（如间接费用）
  · 预留"不可预见"部分，保证金（可选，如果是商业的）成本组成部分

初始阶段
（高级的估算）
报价/提议
预算
订单/合同
跟踪及成本控制
（非常详细）
结果
财务评价
最终报告

工具：
- 成本估计（高级的估算）

- 预算（详细）

成本	一月	二月	三月	四月	五月	六月	七月	八月
收入								
现金	$ 5.00	$ 5.50	$ 20.00	$ 5.00	$ 5.50	$ 20.00	$ 5.00	$ 5.50
股息和资本G	$ 5.50	$ 10.00	$ 30.00	$ 5.50	$ 10.00	$ 30.00	$ 5.50	$ 10.00
利息收入	$ 10.00	$ 20.00	$ 10.00	$ 10.00	$ 20.00	$ 10.00	$ 10.00	$ 20.00
投资	$ 20.00	$ 30.00	$ 50.00	$ 20.00	$ 30.00	$ 50.00	$ 20.00	$ 30.00
被动收入	$ 30.00	$ 60.00	$ 30.00	$ 10.00	$ 60.00	$ 30.00	$ 10.00	$ 60.00
薪水/工资	$ 10.00	$ 50.00	$ 5.00	$ 10.00	$ 5.00	$ 5.00	$ 10.00	$ 5.00
报销	$ 50.00	$ 60.00	$ 10.50	$ 50.00	$ 60.00	$ 10.50	$ 50.00	$ 60.00
退货	$ 60.00	$ 5.00	$ 50.00	$ 60.00	$ 5.00	$ 50.00	$ 60.00	$ 5.00
副业收入	$ 5.00	$ 5.00	$ 60.00	$ 5.00	$ 5.00	$ 60.00	$ 5.00	$ 5.00
其它收入	$ 10.50	$ 10.50	$ 5.00	$ 10.50	$ 10.50	$ 5.00	$ 10.50	$ 10.50
总收入	$ 206.00	$ 206.00	$ 300.50	$ 206.00	$ 206.00	$ 300.50	$ 206.00	$ 206.00
支出								
账单&水电煤气等费用								
电费	$ 1.00	$ 3.00	$ 4.00	$ 8.00	$ 5.50	$ 20.00	$ 5.50	$ 5.50
垃圾与回收	$ 2.00	$ 2.00	$ 5.00	$ 9.00	$ 9.00	$ 30.00	$ 5.50	$ 10.00
取暖费	$ 3.00	$ 1.00	$ 6.00	$ 10.00	$ 20.00	$ 10.00	$ 10.00	$ 20.00
网费	$ 4.00	$ 9.00	$ 7.00	$ 11.00	$ 30.00	$ 50.00	$ 20.00	$ 30.00
固定电话费	$ 5.00	$ 8.00	$ 8.00	$ 1.00	$ 10.00	$ 60.00	$ 30.00	$ 10.00
手机费	$ 6.00	$ 7.00	$ 9.00	$ 2.00	$ 50.00	$ 5.00	$ 50.00	$ 60.00
天然气	$ 7.00	$ 6.00	$ 5.00	$ 3.00	$ 60.00	$ 10.00	$ 50.00	$ 5.00
租金	$ 8.00	$ 5.00	$ 1.00	$ 4.00	$ 5.00	$ 60.00	$ 60.00	$ 5.00
电视&网络	$ 9.00	$ 4.00	$ 2.00	$ 5.00	$ 5.00	$ 60.00	$ 5.00	$ 5.00
水费&下水道费	$ 10.00	$ 3.00	$ 3.00	$ 6.00	$ 10.50	$ 5.50	$ 10.50	$ 10.50
垃圾	$ 11.00	$ 2.00	$ 2.00	$ 7.00	$ 2.00	$ 2.00	$ 2.00	$ 5.00
其他-账单&水电煤气等费用	$ 12.00	$ 1.00	$ 5.00	$ 8.00	$ 1.00	$ 1.00	$ 1.00	$ 1.00
总计	$ 78.00	$ 51.00	$ 62.00	$ 74.00	$ 209.00	$ 303.50	$ 209.00	$ 209.00

- 跟踪及成本（控制）

图 App 4 　成本

管理领域：
质量：

主要概念：
- 产品质量 vs 过程质量
- "必须具备的质量"
  · 正式认为的最低质量标准
- "应该具备的质量"
  · 客户的真实期望：期望和关系的管理
- "可能具备的质量"
  · 团队有能力做到什么

工具：
- 质量计划
- 列出标准（SMART!），并与项目目标清晰关联
- 按重要性排序
- 需要哪些组织或团队能力？
- 确定高于平均水平需要注意的标准
- 定义控制指令
- 将非质量影响与项目合同联系起来

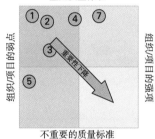

序号	质量标准	正常情况	控制工具
1			
2			
3			
4			
5			
6			
7			
8			
..			
n			

图 App 5 质量

管理领域：
团队：

主要概念：
◦ 企业组织 vs 项目组织
◦ 团队构成和角色
◦ 团队发展

工具：
◦ 角色识别
◦ 角色映射（个人）
◦ 角色映射（团队整体）

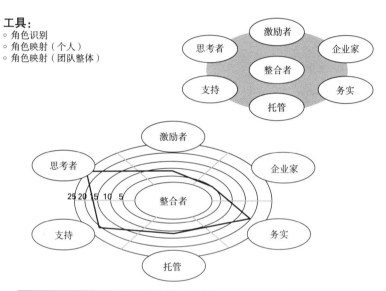

	团队成员1	团队成员2	团队成员3	……	团队成员n	总数
激励者	8	……	……	……	……	……
思考者	25	……	……	……	……	……
企业家	5	……	……	……	……	……
支持	21	……	……	……	……	……
务实	20	……	……	……	……	……
托管	11	……	……	……	……	……

图 App 6　团队

韧性商业模式

管理领域：
采购：

主要概念：
- 在许多情况下购买多种产品或服务
- "生产还是购买"的战略决策
- 购买产品vs购买服务
- 购买过程
  - 指定，定义选择标准，确定候选供应商，邀请，获得订单，评估，选择，谈判，签订合同
  - 不同类型的产品/服务的评估过程可能不同

采购：
- 供应商评价矩阵
  - 标准
  - 相对权重
  - 各供应商每个标准的得分

图 App 7 采购

附 录

管理领域：
风险：

主要概念：
○ 应对不安全性和/或不可预测性
○ 最小化概率和/或影响
○ 定义适当的措施
　　・风险防范
　　・预警系统
　　・影响最小化

主要概念：
○ 风险分析&控制
○ SWOT

描述	概率	影响	响应时间	风险价值	排名
硬件问题	2	4	1	8	4
软件问题	3	4	2	24	3
网络问题	4	4	3	48	1
电力问题	3	4	4	48	1
……					

图 App 8　风险

韧性商业模式

管理领域：
沟通：

主要概念：
- 内部与外部沟通
- 支持功能还是关键成功因素？
- 告知、推销、挑战、询问、影响、推动、组织等

工具：
- （内部）信息矩阵
- （外部）沟通计划

	项目所有者	项目领导者	项目团队成员	项目秘书		
项目合同	签字	创建	创建	创建、分发存档		
决策文件	签字	创建	创建	创建、分发存档		
进展报告	供参考	签字	创建	创建、分发存档		
行动清单	—	签字	供参考	创建、分发存档		
……						

目标群体	沟通的目标	信息类型	媒体类型	沟通频率	负责
集团董事会	通知，影响	项目状态报告，利益相关者意见	私人会议，电子邮件	必要时，每周至少一次	董事总经理
科学咨询委员会	征求意见，询问投入，获得批准	调查现状报告，研究问题，研究计划	私人会议，电子邮件	至少一个月一次	项目领导者
当地居民	影响舆论	项目现状、项目风险	当地媒体（电视、广播、互联网）、会议	……	沟通部门
区域政府	……	……	……	……	……
……	……	……	……	……	……

图 App 9　沟通

附 录

管理领域：
利益相关者：

主要概念：
○ 识别关键利益相关者
○ 识别主要利益相关者对计划的态度
　・积极的，消极的，中性的
○ 识别与利益相关者的关系强度
　・强，一般，弱
○ 识别相关的机会和风险（联盟形成，影响）
○ 与风险计划和沟通计划相联系

工具：
○ 利益相关者映射
○ 与风险和缓解计划相关
○ 与共同计划相关

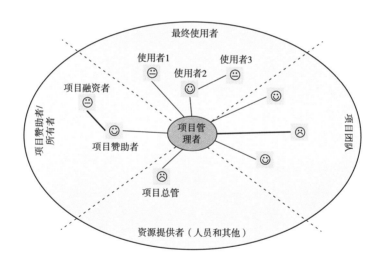

图 App 10　利益相关者

329

注释

第1章

1. Magretta（2002）在一篇关于商业模式的文章中介绍了"商业故事和价值"的概念。

2. 我们在这里改写了基础创新文献（如 Rothwell, 1994）中的术语"市场拉动"和"技术推动"。

3. 著名的巴克明斯特·富勒（Buckminster Fuller）是建筑师和发明家，但也经常在循环经济的背景下被引用，他在1969年出版的《地球飞船操作手册》一书中提出了地球飞船的隐喻，无疑为这个隐喻的普及做出了贡献（Fuller, 1969）。

4. 在德国，可重复使用的瓶子和易拉罐也要交押金，但有趣的是，这并没有受到法律的监管，而是由生产商、分销商和零售商等连锁伙伴来决定。

5. 德国"Pfand"系统的例子（一次性包装和可重复使用包装在操作上非常不同）和荷兰啤酒行业的全行业倡议也强调了在国家层面上研究细节的必要性，因为在许多情况下可以观察到这种差异。关于这一点，我们将在本章后面以及第3章中详细介绍。

6. 也许应该在这里明确一点细微差别。即使在那些消费主义占主导地位的国家，也有一些消费者可能因为预算紧张而没有太多选择，因此被迫选择更便宜的购买方式，而不是更可持续的选择。

第4章

1. 在撰写本书之时（2020年9月至12月）。

2. Bocken 和 Geradts（2020）认为在可持续商业模式创新背景下，绩效指标和激励系统是潜在的运营驱动因素或障碍。

3. Bocken 和 Geradts（2020）认为，在可持续商业模式创新的背景下，职能战略和协同创新是潜在的战略驱动因素或障碍。

4. Bocken 和 Geradts（2020）认为，在可持续商业模式创新的背景下，不确定性规避和接受模糊性是潜在的制度驱动因素或障碍，耐心投资是战略驱动因素。

5. Bocken 和 Geradts（2020）认为在可持续商业模式创新背景下，功能卓越／人员能力发展和标准与更灵活的结构是潜在的运营驱动因素或障碍。

6. The Fresh Connection（TFC）是另一款模拟游戏，开发这款游戏的公司还推出了《蓝色连接》模拟游戏，我们将在第二部分和第三部分中使用这款游戏。The Fresh Connection 的重点是管理价值链中复杂的物流和信息流。《掌握供应链》（Weenk，2019）一书的核心是 TFC，并将其直接与该领域的相关理论联系起来。

第 5 章

1. 本对话中提到的参考文献：Piketty（2017），Raworth（2017），Elkington（2018），Mikulka（2018），BRT（2019），Doctorow（2019），Bebchukand Tallarita（2020），NRC（2020a，2020b），Van Poppel（2020）。

2. 特别是："时间"框架一方面强调许多发展似乎正在加速，我们正在到达一个关键的时间点（物种灭绝、全球预警、污染），而另一方面，向更可持续的方法转变需要时间；"设计"框架强调更可持续的解决方案始于重新设计现有的解决方案（产品、工艺、材料）；而"丰富"框架则侧重于技术发展，以及在互联的世界中激发越来越大的创新潜力。

第 6 章

1. 如果你使用这本书进行自学，请参考"本书的结构"中关于"获取《蓝色连接》"的部分。

2. ROM 的指示器是由 Inchinge 开发的，Inchinge 是《蓝色连接》商业模拟背后的开发公司。ROM 的灵感来自 WBCSD 的"循环价值"指示器，这是 CTI 的一部分（参见第 4 章，图 4.6）。请记住，在第 1 章中，原始材料或线性流入被定义为新创造的原材料，并被用作生产过程中的所谓原料，因此被视为需要输入最小化。

3. 用数字填充图表是相当简单的。如下面所述，你正在寻找的数字可以直接在信息选项卡或报告中找到，或者可以根据找到的信息计算出来。例如，每年的车轮数量＝每年自行车的数量＊每辆自行车的车轮数量。车轮的千克数＝每年车轮数＊每个车轮的重量。每年花在车轮上的金额＝每年轮子的数量＊每个轮子的基本价格。

4. 请注意，图表中的名称和数量可能与你将使用的 TBC 版本不同。

第 7 章

1. 我们想回顾一下第 2 章关于收入模式和成本结构的部分，在那里我们详细阐述了订阅和租赁之间的区别。

2. 循环程度。例如，由循环 XX% 表示，我们将在第 9 章 TBC 的具体背景中更深入地对其进行讨论。

注 释

3. 自行车的基本价格可以在信息页上找到。

第 8 章

1. 引自 Stahel（2019），参见第 3 章。

第 10 章

1. 这段对话建立在乔安娜姨妈、玛丽亚和彼得在模拟挑战期间的 WhatsApp 交流上（第 6~9 章），以及第一部分第 5 章结尾时他们的对话基础上。

第 11 章

1. 引自阿什科纳斯（Ashkenas）2013 年的文章《变革管理需要变革》。

2. 请注意：不要因为本章篇幅有限而认为无足轻重。正如你将看到的，有很多思考需要完成，也有很多项目需要详细阐述。

3. 模板如图 11.4 所示。

第 12 章

1. 请注意：不要因为本章篇幅有限就认为无足轻重。正如你会看到的，有很多内容需要思考，还有很多项目需要详细阐述。

2. 关于管理活动，你可能需要考虑与维护和维修相关的活动（合同管理、联系人员进行维护服务预约、管理白银和黄金维护包中的物联网数据等）。

3. 关于供应商，你可能不仅要关注与物流相关的更显而易见的供应商，还需要考虑其他潜在的技术供应商（物联网、区块链等）。

第 13 章

1. 请注意：不要因为本章篇幅有限而认为无足轻重。正如你将看到的，有很多思考需要完成，也有很多项目需要详细阐述。

第 14 章

1. 请注意：不要因为本章篇幅有限而认为无足轻重。正如你将看到的，有很多内容需要思考，也有很多项目需要详细阐述。

第 15 章

1. Ashkenas（2013）。

2. Weenk（2013b）。

3. 指本书序言中引用的文献 Robinsonand Aronica（2015）。

4. Stahel（2019），得到瓦尔特·斯塔赫尔（Walter Stahel）先生的善意许可。

5. 例如 Raworth（2017），Elkington（2020）。

参考文献

ABN Amro (2018) *Waarom nieuw kopen als het anders kan?* insights.abnamro.nl/2018/01/waarom-nieuw-kopen-als-het-anders-kan/ (archived at https://perma.cc/6RJW-N96W)

Accenture (2018a) Make your wise pivot to the new, www.accenture.com/gb-en/insights/consulting/wise-pivot (archived at https://perma.cc/WNL8-JLB2)

Accenture (2018b) Circular Advantage: Innovative business models and technologies that create value, EU-Indonesia Business Dialogue, Jakarta, 25 October 2018

Accenture (2018c) To Affinity and Beyond: From me to we, the rise of the purpose-led brand, www.accenture.com/t20181205t121039z__w__/us-en/_acnmedia/thought-leadership-assets/pdf/accenture-competitiveagility-gcpr-pov.pdf (archived at https://perma.cc/72W2-TPLD)

Achterberg, E, Hinfelaar, J and Bocken, N (2016) Master circular business with the Value Hill, *Circle Economy*, www.circle-economy.com/resources/master-circular-business-with-the-value-hill (archived at https://perma.cc/LND5-S8P9)

Antikainen, M and Valkokari, K (2016) A framework for sustainable business model innovation, *Technology Innovation Management Review*, **6** (7), pp 5–12

APICS (n.d.) Supply Chain Operations Reference (SCOR) model, www.apics.org/apics-for-business/frameworks/scor (archived at https://perma.cc/Z892-DZGK)

Ashkenas, R (2013) Change management needs to change, *Harvard Business Review*, April, hbr.org/2013/04/change-management-needs-to-cha.html (archived at https://perma.cc/6AEK-26TN)

Ashkenas, R (2015) Jack Welch's approach to breaking down silos still works, *Harvard Business Review*, September 9, hbr.org/2015/09/jack-welchs-approach-to-breaking-down-silos-still-works (archived at https://perma.cc/S3B4-UYMF)

Backes, C (2017) *Law for A Circular Economy*, Eleven International Publishing, Den Haag

Bakker, C et al (2015) *Products That Last, Productontwerpen voor circulaire businessmodellen*, TUDelft (in Dutch)

Baldassarre, B et al (2020) Implementing sustainable design theory in business practice: a call to action, *Journal of Cleaner Production*, 273

B Corporation (n.d.) The B Corp Certification, bcorporation.net/certification (archived at https://perma.cc/PDX3-WM6R)

Bebchuk, L A and Tallarita, R (2020) The illusory promise of stakeholder governance, *Cornell Law Review*, December, papers.ssrn.com/sol3/papers.cfm?abstract_id=3544978 (archived at https://perma.cc/KH2V-JRKC)

Belbin, R M (2010) *Team Roles at Work*, 2nd edition, Routledge, New York

Benyus, J (1997) *Biomimicry: Innovation inspired by nature*, William Morrow

Bernick, L (2019) Can sustainable companies get a lower cost of capital? www.greenbiz.com/article/can-sustainable-companies-get-lower-cost-capital (archived at https://perma.cc/2UV5-968U)

Beschorner, T and Hajduk, T (2017) Creating shared value: a fundamental critique, in *Creating Shared Value: Concepts, experience, criticism*, ed J Weiland, Springer, pp 27–37

BlackRock (2018) Larry Fink's 2018 letter to CEOs: A Sense of Purpose, www.blackrock.com/corporate/investor-relations/2018-larry-fink-ceo-letter (archived at https://perma.cc/E92X-D6B2)

BlackRock (2019) Larry Fink's 2019 letter to CEOs: Profit & Purpose, www.blackrock.com/americas-offshore/2019-larry-fink-ceo-letter (archived at https://perma.cc/ER89-LWBX)

BlackRock (2020) Investment Stewardship Annual Report, www.blackrock.com/corporate/literature/publication/blk-annual-stewardship-report-2020.pdf (archived at https://perma.cc/4NQ6-Y6Z6)

Blank, S (2013) Why the lean startup changes everything, *Harvard Business Review*, May

Blomsma, F and Brennan, G (2017) The emergence of Circular Economy: a new framing around prolonging resource productivity, *Journal of Industrial Ecology*, 21 (3)

Bocken, N and Boons, F (2017) Designing sustainable business models: expanding boundaries to create positive value, 18th European Roundtable on Sustainable Consumption and production Conference (ERSCP 2017)

Bocken, N and Geradts, T (2020) Barriers and drivers to sustainable business model innovation: organization design and dynamic capabilities, *Long Range Planning*, 53

Bocken, N and Snihur, Y (2020) Lean startup and the business model: experimenting for novelty and impact, *Long Range Planning*, 53

Bocken, N, Schuit, C and Kraaijenhagen, C (2018) Experimenting with a circular business model: Lessons from eight cases, *Environmental Innovation and Societal Transitions*, 28, pp 79–95

Bocken, N et al (2016) Product design and business model strategies for a circular economy, *Journal of Industrial and Production Engineering*, 33 (5), pp 308–20

Bocken, N et al (2019) A review and evaluation of circular business model innovation tools, *Sustainability*, 11, p 2210

Boudry, M (2020) Overbevolking? Straks zijn we met steeds minder, column, *NRC*, www.nrc.nl/nieuws/2020/09/04/overbevolking-straks-zijn-we-met-steeds-minder-a4010852 (archived at https://perma.cc/5V6P-2Z7V) (in Dutch)

Boulding, K E (1966) The economics of the coming Spaceship Earth, essay

Bradford, A (2020) *The Brussels Effect: How the European Union rules the world*, Oxford University Press

Braungart, M and McDonough, W (2002) *Cradle to Cradle: Remaking the way we make things*, North Point Press, New York

BRT (2019) Business Roundtable redefines the purpose of a corporation to promote 'an economy that serves all Americans', www.businessroundtable.org/business-roundtable-redefines-the-purpose-of-a-corporation-to-promote-an-economy-that-serves-all-americans (archived at https://perma.cc/JQZ8-97GS)

BSDC (2017) Better business, better world, Business and Sustainable Development Commission

Business Insider (2009) The 10 most-respected global warming skeptics, www.businessinsider.com/the-ten-most-important-climate-change-skeptics-2009-7 (archived at https://perma.cc/4SG3-TANZ)

参考文献

Business Insider (2018) Trump says he thinks the Earth will cool back down, denying his own administration's climate change report, www.businessinsider.nl/trump-climate-change-back-on-own-denies-government-report-2018-11 (archived at https://perma.cc/TGC9-6EQV)

Campbell, D H (2011) What great companies know about culture, *Harvard Business Review*, 14 December, hbr.org/2011/12/what-great-companies-know-abou (archived at https://perma.cc/ZB49-K2VW)

Capital Institute (n.d.) Thought Leadership, capitalinstitute.org/thought-pieces/ (archived at https://perma.cc/A7TN-YSEE)

CGRi (2020) Circularity Gap Report, www.circularity-gap.world/2020 (archived at https://perma.cc/3HCD-VGN3)

Christopher, M (2016) *Logistics and Supply Chain Management*, 5th edition, Pearson Education, Harlow

Chua, J (2018) Circularity: sustainable fashion's Holy Grail or greenwashing? www.businessoffashion.com/articles/professional/circular-economy-the-holy-grail-of-sustainable-fashion (archived at https://perma.cc/79D4-LTGD)

Chua, J (2020) Is recycled polyester green or greenwashing? *Common Objective*, www.commonobjective.co/article/is-recycled-polyester-green-or-greenwashing (archived at https://perma.cc/G54M-CJBE)

Circle Economy (n.d.) About us, www.circle-economy.com/about (archived at https://perma.cc/C4VD-H35A)

Circle Economy (2020a) Jobs & skills in the circular economy: state of play and future pathways, www.circle-economy.com/resources/jobs-skills-in-the-circular-economy-state-of-play-and-future-pathways (archived at https://perma.cc/GWU2-2WH7)

Circle Economy (2020b) Will you be my partner? www.circle-economy.com/resources/will-you-be-my-partner-collaborations-in-the-circular-economy (archived at https://perma.cc/C7KT-GMMX)

Circulab (n.d.) Circular Canvas: The tool to design regenerative business models, circulab.com/toolbox-circular-economy/circular-canvas-regenerative-business-models/ (archived at https://perma.cc/9NHV-JG29)

Circular Flanders and VITO (2020) Veerkracht enquête circulaire ondernemingen, vito.be/sites/vito.be/files/resultaten_veerkracht-enquete_vito_vlaanderen_circulair.pdf (archived at https://perma.cc/EX9A-GSCX)

Cirkellab (2015) How long will it last? http://cirkellab.nl/wp-content/uploads/2015/08/ResourcesInfographic.jpg (archived at https://perma.cc/76KT-4N6U)

Club of Rome (1972) The limits to growth, clubofrome.org/publication/the-limits-to-growth/ (archived at https://perma.cc/VE2V-BVR7)

Club of Rome (2019) Nations should declare a planetary emergency says Club of Rome, www.clubofrome.org/2019/09/24/nations-should-declare-a-planetary-emergency-says-club-of-rome (archived at https://perma.cc/SGA8-59TT)

Condemi, A, Cucchiella, F and Schettini, D (2019) Circular economy and e-waste: an opportunity from RFID TAGs, *Applied Sciences*, 9, p 3422

Cordon, C (2020) How omnichannel can inspire a circular revolution, blogpost, www.supplychainmovement.com/how-omnichannel-can-inspire-a-circular-revolution (archived at https://perma.cc/3PZA-V2BE)

Covey, S R (2020) *The 7 Habits of Highly Effective People*, 30th anniversary edition, Simon & Schuster, New York City

Cranfield University (2014) Combining profit and purpose: our work with Coca-Cola Enterprises, www.cranfield.ac.uk/som/case-studies/coca-cola-enterprises-combining-profit-and-purpose (archived at https://perma.cc/NJV3-9KXZ)

Crawford, F and Mathews, R (2003) *The Myth of Excellence: Why great companies never try to be the best at everything*, Random House

Culey, S (2019) *Transition Point: From steam to the singularity*, Matador, UK

de Bono, E (1999) *Six Thinking Hats,* revised and updated edition, Back Bay Books

de Los Reyes, G et al (2017) Beyond the 'Win-win': creating shared value requires ethical frameworks, *California Management Review*, 59 (2), pp 142–67

De Wit, B and Meyer, R (1994) A discussion on strategy process paradigms, in *Strategy: Process, content, context*, West Publishing Company, St. Paul, MN, USA

Deloitte (2019) The Deloitte Global Millennial Survey 2019: Societal discord and technological transformation create a 'generation disrupted', www2.deloitte.com/content/dam/Deloitte/global/Documents/About-Deloitte/deloitte-2019-millennial-survey.pdf (archived at https://perma.cc/N7QE-AQYD)

Departement Omgeving (n.d.) Wat is een Green Deal? omgeving.vlaanderen.be/wat-is-een-green-deal (archived at https://perma.cc/4GXD-MTVD)

DeSmet, B (2018) *Supply Chain Strategy and Financial Metrics: The supply chain triangle of service, cost and cash*, Kogan Page, London

Doctorow, C (2019) Wework, Uber, Lyft, Netflix, Bird, Amazon: late-stage capitalism is all about money-losing predatory pricing aimed at creating monopolies, boingboing.net/2019/09/26/gresham-v-godwin.html (archived at https://perma.cc/7XAN-AJRE)

Dougherty, J and Gray, C (2006) *Sales & Operations Planning: Best practices, lessons learned from worldwide companies*, Partners for Excellence

Douma, S, Dooms, E and Van Oijen, A (2020) *Ondernemingsstrategie*, 8th edition, Noordhoff, Groningen (in Dutch)

Drucker, P (2004) What makes Executives effective? *Harvard Business Review*, June

Dunlap, R E (2013) Climate change skepticism and denial: an introduction, *American Behavioral Scientist,* 57 (6)

EC (n.d.) Waste from electrical and electronic equipment (WEEE), https://ec.europa.eu/environment/topics/waste-and-recycling/waste-electrical-and-electronic-equipment-weee_en (archived at https://perma.cc/D33J-JKSM)

Eccles, R and Klimenko, S (2019) The investor revolution: shareholders are getting serious about sustainability, *Harvard Business Review*, May–June

Ecovadis (n.d.) Business Sustainability Risk and Performance Index 2020, resources.ecovadis.com/sustainability-impact/ecovadis-index-2020 (archived at https://perma.cc/E946-UJ37)

EEA (2020) Countries which adopted a national resource efficiency or circular economy strategy or action plan, www.eea.europa.eu/data-and-maps/figures/countries-which-adopted-a-national (archived at https://perma.cc/5GTX-XTPY)

参考文献

EEC (1975) Waste Framework Directive (75/442/EEC), eur-lex.europa.eu/legal-content/EN/TXT/?uri=CELEX:31975L0442 (archived at https://perma.cc/8UP4-KH6L)

Elkington, J (1997) *Cannibals with Forks: The triple bottom line of 21st century business*, Capstone, Chichester

Elkington, J (2014) Towards the sustainable corporation: win-win-win business strategies for sustainable development, *California Management Review*, **36** (2)

Elkington, J (2017a) Saving the planet from ecological disaster is a $12 trillion opportunity, *Harvard Business Review*, May, https://hbr.org/2017/05/saving-the-planet-from-ecological-disaster-is-a-12-trillion-opportunity (archived at https://perma.cc/38SG-7ER3)

Elkington, J (2017b) The 6 ways business leaders talk about sustainability, *Harvard Business Review*, October, hbr.org/2017/10/the-6-ways-business-leaders-talk-about-sustainability (archived at https://perma.cc/2VKQ-LD7Z)

Elkington, J (2018) 25 years ago I coined the phrase 'Triple Bottom Line': here's why it's time to rethink it, *Harvard Business Review*, hbr.org/2018/06/25-years-ago-i-coined-the-phrase-triple-bottom-line-heres-why-im-giving-up-on-it (archived at https://perma.cc/W7C5-MTLU)

Elkington, J (2020) *Green Swans: The coming boom in regenerative capitalism*, Fast Company Press

Emerson, J (2000) The Blended Value Framework, www.blendedvalue.org/framework (archived at https://perma.cc/H2JD-74KP)

EMF (n.d. a) Mission and vision, Ellen Macarthur Foundation, www.ellenmacarthurfoundation.org/our-story/mission (archived at https://perma.cc/83HD-C994)

EMF (n.d. b) Circularity indicators - MCI, www.ellenmacarthurfoundation.org/assets/downloads/insight/Circularity-Indicators_MCI-Product-Level-Dynamic-Modelling-Tool_May2015.xlsx (archived at https://perma.cc/5CQ8-H8U7)

EMF (n.d. c) The circular economy in detail, www.ellenmacarthurfoundation.org/explore/the-circular-economy-in-detail (archived at https://perma.cc/V7HT-WEZ6)

EMF (n.d. d) Circulytics – measuring circularity, https://www.ellenmacarthurfoundation.org/resources/apply/circulytics-measuring-circularity (archived at https://perma.cc/DF9E-JMVS)

EMF (2012) Towards the circular economy: economic and business rationale for an accelerated transition, www.ellenmacarthurfoundation.org/assets/downloads/TCE_Ellen-MacArthur-Foundation_9-Dec-2015.pdf (archived at https://perma.cc/D7RU-QLQS)

EMF (2015) Delivering the circular economy: a toolkit for policy makers, www.ellenmacarthurfoundation.org/publications/delivering-the-circular-economy-a-toolkit-for-policymakers (archived at https://perma.cc/H2PK-MWEK)

EMF (2016a) Business Model Canvas worksheet, www.ellenmacarthurfoundation.org/assets/design/Business_Model_Canvas_Final.pdf (archived at https://perma.cc/QB2F-HNW3)

EMF (2016b) Intelligent assets: unlocking the circular economy potential, www.ellenmacarthurfoundation.org/publications/intelligent-assets (archived at https://perma.cc/EAN5-G2XS)

EMF (2020) Financing the circular economy, www.ellenmacarthurfoundation.org/assets/downloads/Financing-the-circular-economy.pdf (archived at https://perma.cc/N8SW-LCN5)

EPCA/AMS (2019) Individual sustainability leadership: identifying the key characteristics, competences, benefits, barriers and enablers, Antwerp Management School, offer, antwerpmanagementschool.be/en/en/download-briefing-epca (archived at https://perma.cc/TL8F-9VDG)

Esposito, M, Tse, T and Soufani, K (2018) Introducing a circular economy: new thinking with new managerial and policy implications, *California Management Review*, **60** (3), pp 5–19

Etzkowitz, H and Leydesdorff, L (1995) The triple helix – university-industry-government relations: a laboratory for knowledge based economic development, *EASTT Review*, **14** (1), pp 14–19

EU (2006) Commission implementing regulation (EU) 2016/1245, eur-lex.europa.eu/legal-content/EN/TXT/PDF/?uri=CELEX:32016R1245&from=EN (archived at https://perma.cc/8D8X-3PMA)

EU (2014a) Attitudes of Europeans towards waste management and resource efficiency, ec.europa.eu/commfrontoffice/publicopinion/flash/fl_388_en.pdf (archived at https://perma.cc/GD3T-9HNW)

EU (2014b) Ecodesign your future: how ecodesign can help the environment by making products smarter, op.europa.eu/en/publication-detail/-/publication/4d42d597-4f92-4498-8e1d-857cc157e6db/language-en/format-PDF (archived at https://perma.cc/86QX-2VU4)

EU (2016) Regulatory barriers for the Circular Economy, ec.europa.eu/growth/content/regulatory-barriers-circular-economy-lessons-ten-case-studies_en (archived at https://perma.cc/5KLC-9JYR)

EU (2019) A European Green Deal: striving to be the first climate-neutral continent, ec.europa.eu/info/strategy/priorities-2019-2024/european-green-deal_en (archived at https://perma.cc/J3JU-RT72)

EU (2020) EU Circular Economy Action Plan: a new Circular Economy action plan for a cleaner and more competitive Europe, ec.europa.eu/environment/circular-economy/index_en.htm (archived at https://perma.cc/X8Q6-S64K)

European Commission (2020) Open data and the Circular Economy, www.europeandataportal.eu/nl/highlights/open-data-and-circular-economy (archived at https://perma.cc/3696-EFR7)

European Standards (n.d.) British Standards, www.en-standard.eu/bs-standards/ (archived at https://perma.cc/YTF6-XNLB)

EuroVAT (n.d.) Sweden introduces a reduced VAT rate on repairs and home services in order to manage consumption and help refugees, www.eurovat.com/vat-news-20161010-Sweden-introduces-reduced-VAT.htm (archived at https://perma.cc/GU2B-MXUV)

Evans, S et al (2017) Business Model Innovation for sustainability: towards a unified perspective for creation of sustainable business models, *Business Strategy and the Environment*, **26**, pp 597–608

Ex'tax (n.d.) The Ex'tax Project, ex-tax.com/#about_us (archived at https://perma.cc/MS7A-3STR)

Flapper, S D P (1995) One-way or reusable distribution items?, Working Paper, Eindhoven University of Technology, research.tue.nl/files/4425561/436114.pdf (archived at https://perma.cc/RQ97-56GH)

Flapper, S D P and de Ron, A J (ed) (1999) *Re-use*: international working seminar : proceedings, 2nd, 1–3 March, 1999, Eindhoven University of Technology, Eindhoven

Fleischmann, M et al (1997) Quantitative models for reverse logistics: a review, *European Journal of Operational Research*, **103** (1)

Freeman, R F. (1984) *Strategic Management: A stakeholder approach*, Pitman, Boston

Freeman, R E and Parmar, B L (2017) Managing for stakeholders and the purpose of business, *Technical Note*, University of Virginia Darden Business Publishing

Friedman, M (1970) The social responsibility of business is to increase its profits, *The New York Times Magazine*, 13 September

FSC (n.d.) Forest management certification, fsc.org/en/forest-management-certification (archived at https://perma.cc/DS6P-35LZ)

Fuller, B (1969) *Operating Manual for Spaceship Earth*, Lars Muller Publishing

Gassmann, O, Frankenberger, K and Csik, M (2014) *The Business Model Navigator: 55 models that will revolutionize your business*, FT Publishing

Gattorna, J (2015) *Dynamic Supply Chains: How to design, build and manage people-centric value networks*, 3rd edition, Pearson Education, Harlow

Geissdoerfer, M et al (2017) The Circular Economy – a new sustainability paradigm? *Journal of Cleaner Production*, **143**

Geissdoerfer, M et al (2018) Business models and supply chains for the circular economy, *Journal of Cleaner Production*, **190**

Global Footprint (n.d.) Earth Overshoot Day, www.overshootday.org/ (archived at https://perma.cc/W9T7-RKQL)

Głuszek, E (2018) CSR Maturity Model – theoretical framework, conference paper for the conference 'Positive management and leadership in socially responsible organisations', at Toruń, Poland, February

Gooch J (2011) Virgin Material, in *Encyclopedic Dictionary of Polymers*, ed J W Gooch, Springer, New York, NY

Govindarajan, V (2010) Innovation is not creativity, *Harvard Business Review*, August, hbr.org/2010/08/innovation-is-not-creativity.html (archived at https://perma.cc/EJT5-ABZB)

Graz Rapariert (n.d.) Grazer Reparaturförderung, grazrepariert.at/grazer-reparaturfoerderung/ (archived at https://perma.cc/48J4-USHR)

Greenhouse Gas Protocol (n.d.) We set the standards to measure and manage emissions, ghgprotocol.org/ (archived at https://perma.cc/5A7H-4CKN)

Gregson, N, et al (2015) Interrogating the circular economy: the moral economy of resource recovery in the EU, *Economy and Society*, **44** (2), pp 218–43

Griffith, E (2020) Airbnb was like a family, until the layoffs started, *New York Times*, www.nytimes.com/2020/07/17/technology/airbnb-coronavirus-layoffs-.html (archived at https://perma.cc/C4K3-NQL6)

Guardian (2013) Is incineration holding back recycling?, www.theguardian.com/environment/2013/aug/29/incineration-recycling-europe-debate-trash (archived at https://perma.cc/WKU8-8QYF)

Guardian (2019) Donald Trump reportedly wants to purchase Greenland from Denmark, www.theguardian.com/us-news/2019/aug/15/donald-trump-greenland-purchase-denmark (archived at https://perma.cc/D2CF-B3XQ)

Guardian (2020) Unilever plans to remove oil-based ingredients from all cleaning products, www.theguardian.com/business/2020/sep/02/unilever-plans-to-remove-oil-based-ingredients-from-all-cleaning-products (archived at https://perma.cc/CH3P-XYU5)

Guest, D (1991) The hunt is on for the Renaissance Man of computing, *The Independent*, 17 September

Gupta S et al (2019) Circular economy and big data analytics: A stakeholder perspective, *Technological Forecasting and Social Change*, **144**, pp 466–74

Hammer, M (2001) The super-efficient company, *Harvard Business Review*, September

Hansen, M T and von Oetinger, B (2001) Introducing T-shaped managers: knowledge management's next generation, *Harvard Business Review*, March

Hansen, M T and Birkinshaw, J (2007) The innovation value chain, *Harvard Business Review*, June

Hart, S L and Milstein, M R (2003) Creating sustainable value, *Academy of Management Executive*, **17** (2), pp 56–69

Hax, A (1990) Defining the concept of strategy, *Planning Review*, May–June

Heineman, B W (2011) Steve Jobs and the purpose of the corporation, *Harvard Business Review*, hbr.org/2011/10/steve-jobs-and-the-purpose-of (archived at https://perma.cc/QE95-RVUK)

Heinrich, M and Lang, W (2019) Materials passports – best practices, Technische Universität München in association with BAMB, www.bamb2020.eu/wp-content/uploads/2019/02/BAMB_MaterialsPassports_BestPractice.pdf (archived at https://perma.cc/ZX4T-5MJG)

Helbling, T (2010) What are externalities? www.imf.org/external/pubs/ft/fandd/2010/12/pdf/basics.pdf (archived at https://perma.cc/P9T9-YTSW)

Henzen, R (2019) *De kleine circulaire economie voor Dummies*, BBNC Uitgevers, Amersfoort (in Dutch)

Het Groene Brein (n.d.) Barriers in current policy and legislation? https://hetgroenebrein.nl/ (archived at https://perma.cc/XN4G-TAU8)

Hollender, J (2010) Greenwashing is only getting worse, *Greenbiz*, www.greenbiz.com/article/greenwashing-only-getting-worse (archived at https://perma.cc/43CH-89G7)

Homrich, A S et al (2018) The circular economy umbrella: trends and gaps on integrating pathways, *Journal of Cleaner Production*, **175**, 525–43

Hopkinson, P et al (2018) Managing a complex circular economy business model: opportunities and challenges, *California Management Review*, **60** (3), pp 71–94

Hughes, R, Colarelli Beatty, K and Dinwoodie, D (2014) *Becoming a Strategic Leader: Your role in your organization's enduring success*, 2nd edition, Jossey-Bass, San Francisco

HumanProgress (2020) The Simon Abundance Index 2020, www.humanprogress.org/the-simon-abundance-index-2020/ (archived at https://perma.cc/9TLA-A82T)

Hurst, A (2014) *Welcome* to the purpose economy, *Fast Company*, www.fastcompany.com/3028410/welcome-to-the-purpose-economy (archived at https://perma.cc/A5NJ-CAEK)

参考文献

IBM (2020) The rise of the sustainable enterprise: using digital tech to respond to the environmental imperative, IBM Institute for Business Value

IIRC (2013a) Capitals, Background paper for <IR>, International Integrated Reporting Council

IIRC (2013b) The International <IR> Framework, International Integrated Reporting Council

Iles, J (2018) Which country is leading the circular economy shift? *Medium*, medium.com/circulatenews/which-country-is-leading-the-circular-economy-shift-3670467db4bb (archived at https://perma.cc/JP5L-CMKT)

IRTC (2020) Material criticality: an overview for decision makers, International Round Table on Materials Criticality, irtc.info/wp-content/uploads/2020/05/IRTC-Brochure-2.pdf (archived at https://perma.cc/SCS4-7AS4)

ISO (n.d.) ISO 14000 family: environmental management, www.iso.org/iso-14001-environmental-management.html (archived at https://perma.cc/FV7D-TACW)

Janssens, L and Kuppens, T (2018) De professional van de toekomst in de circulaire economie, www.uhasselt.be/Documents/ORA/ORA_cleantech_rapport.pdf (archived at https://perma.cc/6NYC-NEDW) (in Dutch)

Johnson, M, Christensen, C and Kagermann, H (2008) Reinventing your business model, *Harvard Business Review*, December

Jonker, J, Stegeman, H and Faber, N (2018) CE. Denkbeelden, ontwikkelingen en business modellen, Whitepaper (in Dutch)

Jonker, J et al (2018) *Circulair Organiseren. Werkboek voor het ontwikkelen van een circulair business model*, www.circulairebusinessmodellen.nl (archived at https://perma.cc/4YDB-36RF) (in Dutch)

Joyce, A and Paquin, R (2016) The triple layered business model canvas: a tool to design more sustainable business models, *Journal of Cleaner Production*, **135**, pp 1474–86

Joustra, D J, De Jong, E and Engelaer, F (2013) Guided choices towards a circular business model, *C2CBIZZ*, http://www.opai.eu/uploads/Guided_Choices_towards_a_Circular_Business_Model_pdf11.pdf (archived at https://perma.cc/7CHB-T7QH)

JWMI (2015) What is the role of a leader? Jack Welch Management Institute, *YouTube*, www.youtube.com/watch?v=ojkOs8Gatsg (archived at https://perma.cc/YT48-BJ37)

Kaplan, R S and Norton, D P (1992) The balanced scorecard: measures that drive performance, *Harvard Business Review*, Jan–Feb

Keurmerk Refurbished (n.d.) Zorgeloos refurbished, van duur naar duurzaam, www.keurmerk-refurbished.nl/ (archived at https://perma.cc/HM27-QVJN) (in Dutch)

Kirchherr, J, Reike, D and Hekkert, M (2017) Conceptualizing the circular economy: an analysis of 144 definitions, *Resources, Conservation & Recycling*, **127**, pp 221–32

Kolb, D (2015) *Experiential Learning: Experience as the source of learning and development*, 2nd edition, Pearson Education, Upper Saddle River, NJ

Korhonen, J, Honkasalo and A, Seppälä, J (2018) Circular economy: the concept and its limitations, *Ecological Economics*, **143**, pp 37–46

Koster, H R (2014) *Essays on Sustainable Supply Management*, CentER, Center for Economic Research

Kotler, P and Keller, K L (2015) *Marketing Management,* Global Edition, Pearson Education, Harlow

Kotter, J (n.d.) The 8-step process for leading change, www.kotterinc.com/8-steps-process-for-leading-change/ (archived at https://perma.cc/5Z9E-2Y8Z)

KPN (2017) Circular Manifesto and Appendix, www.overons.kpn/content/downloads/news/2017-10-11-Circular-Manifesto-and-Appendix-TEMPLATE-V1.0.pdf (archived at https://perma.cc/R22P-MXMN)

Kraaijenbrink, J (2015) *The Strategy Handbook*, Effectual Strategy Press, Doetinchem

Kramer, M and Pfitzer, M (2016) The ecosystem of shared value, *Harvard Business Review*, October

Kuik, S S, Nagalingam, S V, Amer, Y (2011) Sustainable supply chain for collaborative manufacturing, *Journal of Manufacturing Technology Management*, **22** (8), pp 984–1001

Kurpjuweit, S and Wagner, S (2020) Startup supplier programs: a new model for managing corporate-startup partnerships, *California Management Review*, **62** (3)

Lacy, P and Rutqvist, J (2017) *Waste to Wealth: The circular economy advantage*, Palgrave Macmillan, London

Lacy, P, Long, J and Spindler, W (2020) *The Circular Economy Handbook: Realizing the circular advantage*, Palgrave Macmillan, London

Lansink, A (n.d.) De man van de ladder, www.adlansink.nl/voorbeeld-pagina/de-man-van-de-ladder/ (archived at https://perma.cc/NW2Z-DQTF) (in Dutch)

Lawrence, A and Weber, J (2017) *Business and Society: Stakeholders, ethics, public policy*, 15th edition, McGraw Hill, NY

LinkedIn & Imperative (2016) Purpose at work: the largest global study on the role of purpose in the workforce, business.linkedin.com/content/dam/me/business/en-us/talent-solutions/resources/pdfs/purpose-at-work-global-report.pdf (archived at https://perma.cc/BR4Z-QGS3)

Lofvers, M (2020) The sustainability slog, blogpost, www.supplychainmovement.com/the-sustainability-slog (archived at https://perma.cc/9F4D-L8G9)

LPI (n.d.) Living Planet Index, www.livingplanetindex.org/ (archived at https://perma.cc/25M7-EL4W)

Lyle, J (1996) *Regenerative Design for Sustainable Development and Design for Human Ecosystems*, Wiley

Magretta, J (2002) Why business models matter, *Harvard Business Review*, **80**, pp 86–92

Malthus, T (1798) An essay on the principle of population, in digital form, *Electronic Scholarly Publishing Project*, http://www.esp.org/books/malthus/population/malthus.pdf (archived at https://perma.cc/DU75-2GGC)

Markides, C (1997) Strategic Innovation, *Sloan Management Review*, Spring

Maurya, A (2012) Why Lean Canvas vs Business Model Canvas?, blogpost, blog.leanstack.com/why-lean-canvas-vs-business-model-canvas-af62c0f250f0 (archived at https://perma.cc/UVT8-E9UD)

McKinnon, A (1995a) Logistics and the environment, *Logistics Europe*, June

McKinnon, A (1995b) Reducing the impact, *Logistics Europe*, August

McKinsey & Company (2019) Artificial intelligence and the circular economy: AI as a tool to accelerate the transition, www.mckinsey.com/business-functions/sustainability/

our-insights/artificial-intelligence-and-the-circular-economy-ai-as-a-tool-to-accelerate-the-transition (archived at https://perma.cc/W6EX-RU3X)

Mestre, A and Cooper, T (2017) Circular product design: a multiple loops life cycle design approach for the circular economy, *The Design Journal*, **20** (1), pp 1620–35

Mikulka, J (2018) The secret of the great American fracking bubble, *Desmog*, www.desmogblog.com/2018/04/18/finances-great-american-fracking-bubble, (archived at https://perma.cc/9TCR-9NEB)

Milieu Centraal (n.d.) Afval scheiden: cijfers en kilo's, www.milieucentraal.nl/minder-afval/afval-scheiden-cijfers-en-kilos/ (archived at https://perma.cc/NE9K-CTZM)

Millennium Ecosystem Assessment (2005*) Ecosystems and Human Well-being: Synthesis*, Island Press, Washington, DC

Mintzberg, H (1991) Learning 1, Planning 0: Reply to Igor Ansoff, *Strategic Management Journal*

Mintzberg, H (2015) *Rebalancing Society. Radical renewal beyond left, right and center*, Berrett-Koehler Publishers, Oakland

Mintzberg, H and Waters, J (1985) Of strategies, deliberate and emergent, *Strategic Management Journal*, July–September

Mishra, J L, Chiwenga, K D and Ali, K (2019) Collaboration as an enabler for circular economy: a case study of a developing country, *Management Decision*

Moore, J F (1993) Predators and prey: a new ecology of competition, *Harvard Business Review*, hbr.org/1993/05/predators-and-prey-a-new-ecology-of-competition (archived at https://perma.cc/7NAG-VA7J)

Moreau, H et al (2020) Dockless e-scooter: a green solution for mobility? Comparative case study between dockless e-scooters, displaced transport, and personal e-scooters, *Sustainability*, **12**

Morgan Stanley (n.d.) Plastic waste resolution, www.morganstanley.com/Themes/plastic-pollution-resolution (archived at https://perma.cc/XW43-XWM5)

Muirhead, S (2016) How open source can accelerate the circular economy shift, *P2P Foundation*, blog.p2pfoundation.net/open-source-can-accelerate-circular-economy-shift/2016/06/03?cn-reloaded=1 (archived at https://perma.cc/2FZ7-QCPY)

Murray, A, Skene, K and Haynes, K (2017) The circular economy: an interdisciplinary exploration of the concept and application in a global context, *Journal of Business Ethics*, **140**, pp 369–80

Nederlandse Brouwers (n.d.) Bruine Nederlandse Retourfles (BNR), www.nederlandsebrouwers.nl/biersector/duurzaamheid-en-ketenbeheer/verpakkingen/statiegeld-retourflessen/ (archived at https://perma.cc/CS8N-QWE7) (in Dutch)

Neessen, P (2020) Closing the Loop: Intrapreneurship and circular purchasing, PhD thesis, October 2020

Nobre, G and Tavares, E (2020) Assessing the role of Big Data and the Internet of Things on the transition to circular economy: Part I, *Johnson Matthey Technology Review*, **64** (1), pp 19–31

NRC (2020a) De aandeelhouder blijft het belangrijkste voor Amerikaanse bedrijven, www.nrc.nl/nieuws/2020/09/16/de-aandeelhouder-blijft-het-belangrijkste-voor-amerikaanse-bedrijven-a4012361 (archived at https://perma.cc/3AGQ-T2WK) (in Dutch)

NRC (2020b) 'Mijn soort mensen is nooit tevreden. Nooit.' Interview with Frank Slootman (CEO of Snowflake), www.nrc.nl/nieuws/2020/09/19/mijn-soort-mensen-is-nooit-tevreden-a4012769 (archived at https://perma.cc/X5G6-BF3P) (in Dutch)

OECD (n.d.) Extended producer responsibility, http://www.oecd.org/env/tools-evaluation/extendedproducerresponsibility.htm (archived at https://perma.cc/S5GU-LYLH)

OECD (2012) Recommendations of the Council on Principles for Public Governance of Public-Private Partnerships, OECD

Osterwalder, A and Pigneur Y (2010) *Business Model Generation: A handbook for visionaries, game changers, and challengers*, John Wiley and Sons, Hoboken. The Business Model Canvas diagram is licensed under Creative Commons Attribution-Share alike 3.0 (creativecommons.org/licenses/by-sa/3.0/ (archived at https://perma.cc/Q3R5-VAL2))

Osterwalder, A et al (2014) *Value Proposition Design: How to create products and services customers want*, John Wiley and Sons, Hoboken

Osterwalder, A et al (2020) *The Invincible Company*, Wiley

Padilla-Rivera, A, Russo-Garrido, S and Merveille, N (2020) Addressing the social aspects of a circular economy: a systematic literature review, *Sustainability*, **12** (7912): doi:10.3390/su12197912

Pauli, G (2017) *The Blue Economy 3.0: The marriage of science, innovation and entrepreneurship creates a new business model that transforms society*, Xlibris, Australia

Perez, H D (2013) *Supply Chain Roadmap: Aligning supply chain with business strategy*, CreateSpace Independent Publishing Platform

Phadnis, S et al (2013) Educating supply chain professionals to work in global virtual teams, Working Paper, CSCMP Educators Conference

Phillips, R A et al (2019) Stakeholder Theory, in *The Cambridge Handbook of Stakeholder Theory*, Oxford University Press, pp 1–16

Piketty, T (2017) *Capital In the Twenty-First Century*, Harvard University Press

Pieroni, M, McAloone, T and Pigosso, D (2020) From theory to practice: systematizing and testing business model archetypes for circular economy, *Resources, Conservation & Recycling*, **162**, 105029

Poelmans, S (2020) *Paradoxes of Leadership: Neuroscience-based leadership in the information age*, Pelckmans uitgevers – KCC

Porcelijn, B (n.d) Mijn verborgen impact, mijnverborgenimpact.nl/ (archived at https://perma.cc/VF9B-E67T) (in Dutch)

Porter, M E (1980) *Competitive Strategy: Techniques for analyzing industries and competitors*, Free Press, New York

Porter, M and Kramer, M (2006) Strategy and society: the link between competitive advantage and corporate social responsibility, *Harvard Business Review*

Porter, M E and Kramer, M R (2011) Creating Shared Value, *Harvard Business Review*, October

Potting, Hanemaaijer (2018) CE. Systeem en nulmeting

Rabello, J, Bernus, P and Romero, D (2015) Innovation ecosystems: a collaborative networks perspective, Conference Paper, PRO-VE 2015, Risks and Resilience of Collaborative Networks, pp 323–36

参考文献

Rau, T and Oberhuber, S (2016) *Material Matters: het alternatief voor onze roofbouwmaatschappij*, Bertram + de Leeuw Uitgevers, Haarlem (in Dutch)

Raworth, K (2017) *Doughnut Economics: Seven ways to think like a 21st-century economist*, Random House, London

Reike, D, Vermeulen, W and Witjes, S (2018) The circular economy: new or refurbished as CE 3.0? Exploring controversies in the conceptualization of the circular economy through a focus on history and resource value retention options, *Resources, Conservation and Recycling*, **135**, www.sciencedirect.com/science/article/pii/S0921344917302756 (archived at https://perma.cc/2X59-N6ZW)

Reuter M A, Schaik van A and Ballester, M (2018) Limits of the circular economy:
Fairphone modular design pushing the limits, *World of Metallurgy – Erzmetall*, **2** (71), pp 68–79

Rigby, D, Sutherland, J and Takeuchi, H (2016) Embracing agile, *Harvard Business Review*, May

Rli (2015) Circulaire economie: van wens naar uitvoering, www.rli.nl/sites/default/files/rli028-1_wtk_advies_circ_eco_interactief_2.pdf (archived at https://perma.cc/7NL5-9NSQ) (in Dutch)

Robinson, K and Aronica, L (2015) *Creative Schools: Revolutionizing education from the ground up*, Penguin Random House

Rood, T and Kishna, M (2019), *Outline of the Circular Economy*, PBL Netherlands Environmental Assessment Agency, The Hague

Rosling, H and Härgestam, F (2020) *How I Learned to Understand the World: A memoir*, Flatiron Books

Rosling, H et al (2018) *Factfulness: Ten reasons we're wrong about the world – and why things are better than you think*, Sceptre, UK

Rothwell, R (1994) Towards the fifth-generation innovation process, *International Marketing Review*, **11** (1)

Rushton, A, Croucher, P and Baker, P (2017) *Handbook of Logistics and Distribution Management: Understanding the supply chain*, 6th edition, Kogan Page, London

SASB (n.d.) Financial Materiality Maps, www.sasb.org/standards-overview/materiality-map/ (archived at https://perma.cc/NNN2-DP88)

Sawhney, M, Wolcott, R and Arroniz, I (2006) The 12 different ways for companies to innovate, *MIT Sloan Management Review*, **47** (3)

SBA (2012) Do economic or industry factors affect business survival?, US Small Business Association, www.sba.gov/sites/default/files/Business-Survival.pdf (archived at https://perma.cc/G4CC-LH84)

SB Insight (n.d.) Sustainable Brand Index, www.sb-index.com/ (archived at https://perma.cc/88BB-79GE)

Schippers, M, Rook, L and Van de Velde, S (2011) Team supply chain management decisions. Curvilinear effects of reflexivity and regulatory focus, Working Paper, Erasmus University / Rotterdam School of Management. Abstract to be found on discovery.rsm.nl/articles/detail/47-crisis-performance-predictability-in-supply-chains/ (archived at https://perma.cc/T7BS-NS3Y)

Schumpeter, J (1942) *Capitalism, socialism and democracy*

Schwab, K (2016) *The Fourth Industrial Revolution*, World Economic Forum, Coligny/Geneva

SDG Compass (n.d.) The guide for business action on the SDGs, sdgcompass.org/wp-content/uploads/2016/05/019104_SDG_Compass_Guide_2015_v29.pdf (archived at https://perma.cc/FNN6-RZHW)

Sehnem, S et al (2018) Circular economy: benefits, impacts and overlapping, *Supply Chain Management: An International Journal*, **24** (6), pp 784–804

Sihvonen, S and Ritola, T (2015) Conceptualizing ReX for aggregating end-of-life strategies in product development, *Procedia CIRP*, **29**, pp 639–44

Simchi-Levi et al (2009) *Designing and Managing the Supply Chain: Concepts, strategies and case studies*, 3rd edition, McGraw-Hill, New York

Sinek, S (2009) *Start with Why: How great leaders inspire everyone to take action*, Penguin Books Ltd

Singularity University (n.d.) Global grand challenges, su.org/about/global-grand-challenges/ (archived at https://perma.cc/58C7-C8VB)

SP Global (n.d.) Dow Jones Sustainability World Index, www.spglobal.com/spdji/en/indices/equity/dow-jones-sustainability-world-index/ (archived at https://perma.cc/N5XM-VDK6)

Stahel, W R (2013) Policy for material efficiency – sustainable taxation as a departure from the throwaway society, *Philosophical Transactions of the Royal Society A*, **371**, http://dx.doi.org/10.1098/rsta.2011.0567 (archived at https://perma.cc/H2EJ-TGDK)

Stahel, W R (2019) *The Circular Economy: A user's guide*, Routledge, Oxon

Stahl, R (2009) Sales and operations planning: simpler, better and more needed than ever, *Foresight*, **14**, http://rastahl.fatcow.com/-Final%20Summer%20Column%20.pdf (archived at https://perma.cc/YA3F-C5BW)

Steeman, M (2017) Viewpoint: supply chain finance in the circular economy, SCF Academy, http://scfacademy.org/briefing/viewpoint-supply-chain-finance-in-the-circular-economy/ (archived at https://perma.cc/M5SX-WGV6)

Steffen, W et al (2015) The trajectory of the Anthropocene: the great acceleration, *The Anthropocene Review*, March

Steward, R, Bey, N and Boks C (2016) Exploration of the barriers to implementing different types of sustainability approaches, *Procedia CIRP*, **48**, pp 22–27

Stock, J (1992) Reverse Logistics: white paper, Council of Logistics Management, Oak Brook, IL

Stockholm Resilience (2015) New planetary dashboard shows increasing human impact, stockholmresilience.org/research/research-news/2015-01-15-new-planetary-dashboard-shows-increasing-human-impact.html (archived at https://perma.cc/8NDA-U5VV)

Suurmond, R, Wynstra, F and Dul, J (2020) Unraveling the dimensions of supplier involvement and their effects on NPD performance: a meta-analysis, *Journal of Supply Chain Management*, **56** (3)

Takacs, F, Stechow, R and Frankenberger, K (2020) Circular Ecosystems: Business model innovation for the circular economy, White Paper of the Institute of Management & Strategy, University of St. Gallen

参考文献

Teece, D (2010) Business models, business strategy and innovation, *Long Range Planning*, **43**, pp 172–94

Thierry, M et al (1995) Strategic issues in product recovery management, *California Management Review*, 37 (2), pp 114–35

Toffel, M W (2003) The growing strategic importance of end-of-life product management, *California Management Review*, **45** (3), Spring

Treacy, M and Wiersema, F (1995) *Discipline of Market Leaders: Choose your customers, narrow your focus, dominate your market*, Ingram Publishers

Tuckman, B (1965) Developmental sequence in small groups, *Psychological Bulletin*, **63** (6)

UMIO (2020), A circular economy approach, umio-prime.nl/finding-opportunity-in-crisis/ (archived at https://perma.cc/U5NB-PYT6)

UN (n.d.) Making global goals local business, www.unglobalcompact.org/sdgs (archived at https://perma.cc/M7DU-MVUN)

UN (2020) *The SDG Partnership Guidebook*, sdgs.un.org/publications/sdg-partnership-guidebook-24566 (archived at https://perma.cc/5NFR-X5HD)

UNDP (2020) National Circular Economy Strategy and Action Plan, www.kh.undp.org/content/cambodia/en/home/presscenter/speeches/2020/national-circular-economy-strategy-and-action-plan.html (archived at https://perma.cc/LS4A-NL2Y)

UNFCCC (n.d.) What is the Paris Agreement? unfccc.int/process-and-meetings/the-paris-agreement/what-is-the-paris-agreement (archived at https://perma.cc/SY2J-WJ8A)

Unilever (n.d) Sustainable living: together we can change the way the world does business, www.unilever.com/sustainable-living/ (archived at https://perma.cc/9M9C-BK3J)

United Nations Foundation (2019) The sustainable development goals in 2019: People, planet, prosperity in focus, unfoundation.org/blog/post/the-sustainable-development-goals-in-2019-people-planet-prosperity-in-focus/ (archived at https://perma.cc/8DKJ-ACQC)

UN IRP (2018) Redefining value: the manufacturing revolution. Remanufacturing, refurbishment, repair and direct reuse in the circular economy, Report of the International Resource Panel, United Nations Environment Program, Nairobi, Kenya.

Upward, A and Jones, P (2016) An ontology for strongly sustainable business models: defining an enterprise framework compatible with natural and social science, *Organization and Environment*, pp 1–27, core.ac.uk/download/pdf/54849742.pdf (archived at https://perma.cc/7BT6-VUWX)

USGBC (n.d.) LEED rating system, www.usgbc.org/leed (archived at https://perma.cc/D43P-J23C)

Vaccaro, A and Kusyk, S (2011) *The Trial of Business Ethics, Technical Note*, IESE Business School publishing

Van Poppel, J (2020) Waarom bijna geen enkele circulaire 'oplossing' echt duurzaam is, *De Correspondent*, decorrespondent.nl/11912/waarom-bijna-geen-enkele-circulaire-oplossing-echt-duurzaam-is/725922652312-76dacf90 (archived at https://perma.cc/3KPB-QC43) (in Dutch)

Vegter, D, van Hillegersberg, J and Olthaar, M (2020) Supply chains in circular business models: process and performance objectives, *Resources, Conservation & Recycling*, **162**, 105046

Velter, M et al (2020) Sustainable business model innovation: the role of boundary work for multi-stakeholder alignment, *Journal of Cleaner Production*, **247**

Vermeulen, W, Reike, D and Witjes, S (2018) Circular Economy 3.0. Solving confusion around new conceptions of circularity by synthesizing and reorganizing the 3R's concept into a 10R hierarchy, *Renewable Matter Think Tank*, **27**

Visser, W (2014) *CSR 2.0: Transforming corporate sustainability and responsibility*, Springer

Visser, W and Kymal, C (2014) Creating integrated value: beyond CSR and CSV to CIV, Kaleidoscope Futures Paper Series, No. 3, http://www.waynevisser.com/papers/creating-integrated-value-civ (archived at https://perma.cc/BB9H-TCN9)

Visser, W (2017a) Integrated value: what it is, what it's not and why it's important, *Huffpost*, 30 September, www.huffpost.com/entry/integrated-value-what-it-is-what-its-not-and-why_b_59cffdc3e4b0f58902e5ccbf (archived at https://perma.cc/VM5C-X5X9)

Visser, W (2017b) *World Guide to Sustainable Enterprise, vol 1-4*, Greenleaf Publishing, Sheffield, UK

Vollset S E et al (2020) Fertility, mortality, migration, and population scenarios for 195 countries and territories from 2017 to 2100: a forecasting analysis for the Global Burden of Disease Study, *The Lancet*, 14 July, 2020, www.thelancet.com/article/S0140-6736(20)30677-2/fulltext (archived at https://perma.cc/JHH4-5REX)

Wallace, T (2009) S&OP 101, www.rastahlcompany.com/10101.html (archived at https://perma.cc/NM29-2EHG)

Wang, N et al (2019) The circular economy and carbon footprint: a systematic accounting for typical coal-fuelled power industrial parks, *Journal of Cleaner Production*, **229** (20)

WBSCD (n.d. a) WBCSD Vision 2050, www.wbcsd.org/Overview/About-us/Vision-2050-Refresh/Resources/WBCSD-Vision-2050 (archived at https://perma.cc/JWV7-8F6G)

WBCSD (n.d. b) Redefining Value, www.wbcsd.org/Programs/Redefining-Value (archived at https://perma.cc/2BK4-2WHY)

WBCSD (2018) Circular metrics, landscape analysis, docs.wbcsd.org/2018/06/Circular_Metrics-Landscape_analysis.pdf (archived at https://perma.cc/Z8JP-ZECZ)

WBCSD (2020a) Circularity transition indicators v1.0, www.wbcsd.org/Programs/Circular-Economy/Factor-10/Metrics-Measurement/Resources/Circular-Transition-Indicators-V1.0-Metrics-for-business-by-business (archived at https://perma.cc/JS3G-DEPZ)

WBCSD (2020b) Measuring stakeholder capitalism: towards common metrics and consistent reporting of sustainable value creation, http://www3.weforum.org/docs/WEF_IBC_Measuring_Stakeholder_Capitalism_Report_2020.pdf (archived at https://perma.cc/6LSG-3X4A)

Webster, K (2017) *The Circular Economy: A wealth of flows*, 2nd edition, Ellen MacArthur Foundation Publishing, Cowes, Isle of Wight

Weenk, E (2013a) *The Perfect Pass: What the manager can learn from the football trainer*, QuSL/Libros de Cabecera, Barcelona

Weenk, E (2013b) The supply chain manager's daily decathlon, SupplyChainMovement.com. Published between March and June 2013 as a series of six blogposts, www.supplychainmovement.com/the-supply-chain-managers-daily-decathlon-part-1-of-6/ (archived at https://perma.cc/Z5SX-MZHM)

参考文献

Weenk, E (2019) *Mastering the Supply Chain: Principles, practice and real-life applications*, London, Kogan Page

Weetman, C (2020) *A Circular Economy Handbook for Business and Supply Chains: Repair, remake, redesign, rethink*, Kogan Page, London

WEF (n.d.) What is systems change? http://reports.weforum.org/schwab-foundation-beyond-organizational-scale/explaining-systems-change/?doing_wp_cron=1604853045.2114210128784179687500 (archived at https://perma.cc/NY8N-GTF2)

WEF (2019) Davos Manifesto 2020: The universal purpose of a company in the Fourth Industrial Revolution, www.weforum.org/agenda/2019/12/davos-manifesto-2020-the-universal-purpose-of-a-company-in-the-fourth-industrial-revolution/ (archived at https://perma.cc/H2PG-9CAT)

WEF (2020a) To build a resilient world, we must go circular: here's how to do it, www.weforum.org/agenda/2020/07/to-build-resilience-to-future-pandemics-and-climate-change-we-must-go-circular/ (archived at https://perma.cc/JZR2-L8NU)

WEF (2020b) *Global Risks Report 2020*, World Economic Forum, www.weforum.org/reports/the-global-risks-report-2020 (archived at https://perma.cc/YS7D-7789)

WEF (2020c) Measuring stakeholder capitalism: towards common metrics and consistent reporting of sustainable value creation, http://www3.weforum.org/docs/WEF_IBC_Measuring_Stakeholder_Capitalism_Report_2020.pdf (archived at https://perma.cc/PFC4-4QHZ)

Weiblein, T and Chesbrough, H W (2015) Engaging with startups to enhance corporate innovation, *California Management Review*, 57 (2), pp 66–90

Wijkman, A and Skanberg, K (2020) The circular economy and benefits for society, a study report at the request of the Club of Rome with support from the MAVA Foundation, clubofrome.org/wp-content/uploads/2020/03/The-Circular-Economy-and-Benefits-for-Society.pdf (archived at https://perma.cc/T9BT-ZRBE)

Wilms, F (2020) Wat je moet weten over de 2 leiderschapsstijlen, blogpost, managementcursussen.com/twee-leiderschapsstijlen/ (archived at https://perma.cc/F7AV-995M) (in Dutch)

World Bank (2018) *What a Waste 2.0 : A global snapshot of solid waste management to 2050*, openknowledge.worldbank.org/handle/10986/30317 (archived at https://perma.cc/C9HL-WD4T)

WRAP (2015) Employment and the circular economy: Job creation in a more resource efficient Britain, http://www.wrap.org.uk/sites/files/wrap/Employment%20and%20the%20circular%20economy%20summary.pdf (archived at https://perma.cc/CT97-T8CJ)

图形列表

0.1 综合学习方法
0.2 学习周期
0.3 本书关于循环的三个核心视角
0.4 商业故事事与价值之旅（企业循环使命）
1.0 写着乔安娜姨妈项目计划的啤酒杯垫
1.1 探索循环经济的背景
1.2 蝴蝶图
1.3 兰辛克阶梯
1.4 探索循环经济背景的复杂性
2.1 探索循环的企业视角
2.2 三种目标
2.3 可持续发展目标指南
2.4 主流价值创造概念
2.5 目标、战略、商业模式
2.6 商业模式画布
2.7 细分和价值主张
2.8 价值、核心产品和外围服务
2.9 循环策略
2.10 价值山
2.11 R-阶梯
2.12 价值山第一阶段：拒绝、减少、再出售或再利用
2.13 价值山第二阶段：修理、翻新、再制造和重新调整用途
2.14 价值山第三阶段：材料回收、能源回收和再开发
2.15 降级回收、回收和升级回收之间的区别
2.16 洗衣机产品说明书（示例，未详细说明）
2.17 循环策略模板：维修和维护
2.18 循环策略模板：翻新和重新分配
2.19 循环策略模板：部件再制造
2.20 循环策略模板：材料回收
2.21 循环策略模板：整体评估
2.22 收入模式和成本结构
2.23 损益表中的项目（利润或损失）
2.24 资产负债表上的项目（财务状况）
2.25 主导和支持循环策略
2.26 用于掌握循环业务模式的项目示例

353

2.27 探索循环的企业视角

3.1 探索跨越企业边界的循环视角

3.2 概览：合作生态系统的步骤

3.3 循环业务生态系统

3.4 循环经济所需的技术、价值和横向能力

3.5 练习 3.7 的自我评估工具：你如何在三种循环能力中为自己打分？

3.6 关注、影响和控制圈

3.7 探索循环超越企业边界的视角

4.1 探索循环的领导视角

4.2 关键的组织和领导能力

4.3 六种资本框架

4.4 材料循环指标（MCI）

4.5 循环过渡指标（CTI）

4.6 S&OP 流程

4.7 创新过程和创新漏斗的概念

4.8 T-型供应链管理者

4.9 探索循环的领导视角（详细）

5.1 第一部分的主题概览：掌握循环经济

6.0 商业模拟挑战即将开始

6.1 超级自行车队

6.2 介绍公司的循环周转经理

6.3 TBC 的线性价值链

6.4 TBC 的价值链模板（网络的视角）

6.5 TBC 屏幕：信息标签

6.6 TBC 屏幕：每个功能角色的历史报告

6.7 利用公司数据所丰富的映射（图形的一小部分）

6.8 TBC 屏幕：谈判窗口（来自销售角色的例子）

7.1 游戏第一轮即将开始

7.2 应用于 TBC 的循环的企业视角相关主题

7.3 每个角色的决策（TBC 标准版本）

7.4 安装基数的概念

7.5 "过渡期"的概念

7.6 折旧图

7.7 掌握目标、战略和 KPIs 模板

7.8 为掌握循环业务模式而包含的项目（空白模板）

7.9 TBC 的循环策略

7.10 TBC 中可能的物流和支持活动

7.11 用于分析每个零售客户的收入模式和成本结构的模板

7.12 二手市场自行车最大翻新车龄模板

7.13 用于分析每个部件设计原则的模板

7.14 准备第二轮

8.1 关于模拟挑战

8.2 应用于 TBC 的来自跨越企业边界循环视角的主题

8.3 即将开始最后一轮游戏

9.1 挑战继续

9.2 应用于 TBC 的循环领导视角的主题

9.3 每个职能角色的 KPI 模板

9.4 TBC 的流入循环和流出循环

9.5 分析 CTI

9.6 模板：分析领导的"任务"维度

9.7 模板：分析领导的"团队"维度

9.8 模板：分析领导的"任务"和"团队"维度

9.9 制定决策过程的模板

9.10 凯瑟琳·麦克拉伦回来了！

9.11 向凯瑟琳·麦克拉伦报告

9.12 模拟挑战结束

10.1 第二部分的主题概览：掌握循环经济

11.1 掌握目标、战略目标和 KPI 的模板

11.2 模板：超级自行车队的线性业务模式画布

11.3 掌握 TBC 线性业务模式的模板

11.4 项目章程模板

12.1 从线性到循环过渡的规划

12.2 项目章程模板：目标和策略

12.3 项目章程模板：物流和活动

12.4 项目章程模板：客户关系

12.5 项目章程模板：供应商和合作伙伴

12.6 项目章程模板：收入模式、成本结构和融资

12.7 制定从线性到循环的过渡计划：企业视角

13.1 为线性到循环的转型制定计划：跨越企业边界

13.2 关注、影响和控制圈

13.3 项目章程模板：立法

13.4 项目章程模板：企业间合作

13.5 项目章程模板：生态系统

13.6 项目章程模板：教育

13.7 为线性到循环的转型制定计划：跨越企业边界（已完成）

14.1 为线性到循环的转型制定计划：领导

14.2 项目章程模板：KPIs

14.3 项目章程模板：循环产品创新

14.4 项目章程模板：循环流程创新

14.5 项目章程模板：业务模式创新

14.6 项目章程模板：市场不确定性

14.7 项目章程模板：循环策略不确定性

14.8 项目章程模板：设计选择不确定性

14.9 项目章程模板：二手市场价值不确定性

14.10 项目章程模板：折旧图

14.11 为线性到循环的过渡制定计划：领导（完成）

15.1 模板：项目热图

15.2 项目时间线

15.3 再次审视乔安娜姨妈的啤酒杯垫

15.4 "循环"项目之旅的全景

15.5 玛丽亚和彼得给乔安娜姨妈的一张卡片：沃尔特·斯塔赫尔的一段话

APP 1 生命周期和管理领域的各个阶段

APP 2 范围

APP 3 时间

APP 4 成本

APP 5 质量

APP 6 团队

APP 7 采购

APP 8 风险

APP 9 沟通

APP 10 利益相关者

练习列表

1.1 探索地球和社会背景

1.2 探索建立更美好世界的全球方案背景

1.3 探索规则、监管和行业标准的背景

1.4 探索股东和利益相关者方法的背景

1.5 探索批评和其他复杂因素的背景

2.1 探索目标和使命

2.2 探索可持续发展目标和循环经济

2.3 探索重新定义价值

2.4 探索目标和循环之间的联系

2.5 探索不同的商业模式画布和循环

2.6 探索循环价值主张

2.7 探索杜绝、减少和再出售／再利用

2.8 探索维修、翻新、再制造和重新调整用途

2.9 探索降级回收、升级回收和回收

2.10 探索一种产品："解构工作坊"

2.11 探索 R-阶梯上的循环收入模式和策略

2.12 探索收入和利润

2.13 探索"绿色"融资

2.14 探索主导和兼容的支持循环战略

3.1 探讨与循环有关的政策和立法障碍的背景

3.2 探讨与循环相关的政策和立法推动因素的背景

3.3 探索循环经济中的区块链和大数据

3.4 探索循环合作中的 14 个角色

3.5 探索促进循环经济的企业间合作

3.6 合作、网络和生态系统：有什么不同？

3.7 自我评估循环能力

3.8 探索关注、影响和控制圈

4.1 探索六种资本框架

4.2 探索 MCI

4.3 探索销售和运营规划及其在循环中的潜在应用

4.4 探索跨越企业外部边界

4.5 探索团队表现

4.6 探索循环转型经理的知识和技能

5.1 关于支持企业循环使命的商业故事

6.1 分析《蓝色连接》的初始情况
6.2 反思在游戏过程中团队合作的方式
7.1 使用折旧图
7.2 对 TBC 的目标宣言作出决定
7.3 决定与 TBC 循环相关的战略目标
7.4 制作商业模式画布
7.5 为你的循环策略制作映射
7.6 分析公司零售客户
7.7 分析 TBC 零售客户对循环的敏感性
7.8 分析将翻新自行车转售到二手市场的盈利潜力
7.9 分析将回收材料卖给供应商的盈利潜力
7.10 分析潜在的节约
7.11 分析成本
7.12 分析收入模式和成本结构
7.13 分析安装租赁基数和与银行协商的供应商租赁
7.14 分析最大翻新车龄
7.15 分析设计中的权衡
7.16 提出你的 TBC 战略规划
8.1 立法小案例：财政激励刺激电动自行车
8.2 立法小案例：对"银发工人"的财政激励和对失业者的培训
8.3 立法小案例：鼓励使用环保材料的激励措施
8.4 立法小案例：有利于家庭用品维修的补贴
8.5 立法小案例：对正外部性和负外部性税收或激励
8.6 立法小案例：生产者责任延伸
8.7 企业间合作小案例：超越正常的买卖关系
8.8 企业间合作小案例：数据共享与技术
8.9 生态系统小案例：利益相关者
8.10 生态系统小案例：走向集体思维
9.1 分析每个职能领域的 KPI，并决定如何使用这些信息
9.2 分析职能 KPI 之间的一致性，并决定 KPI 仪表盘
9.3 分析 CTI 与角色特定决策之间的关系
9.4 分析职能分工并决定行动
9.5 分析团队的任务定位
9.6 分析团队和团队关系导向
9.7 分析组合任务、团队和团队关系导向并决定行动，以提高团队绩效
9.8 制定一个一致的决策过程
9.9 分析到目前为止发生的事情，并为公司的循环周转经理撰写一份报告
10.1 关于掌握企业循环视角的思考
10.2 关于掌握跨越企业边界视角的思考
10.3 关于掌握循环领导视角的思考
10.4 支持企业循环使命的商业故事和价值
11.1 构想最初线性 TBC 的目标、战略目标和 KPI
11.2 构想 TBC 的线性商业模式
11.3 掌握 TBC 的线性业务模式
12.1 构想目标和战略目标的转变
12.2 构想循环策略转型：物流
12.3 构想循环策略转型：客户关系

12.4 构想循环策略转型：供应商和合作伙伴

12.5 构想循环策略转型：收入模式、成本结构和融资

13.1 从法律维度构想转型

13.2 从企业间合作的维度构想转型

13.3 从生态系统维度构想转型

13.4 从教育维度构想转型

14.1 构想转型KPI

14.2 构想转型：产品创新

14.3 构想转型：流程创新

14.4 构想转型：商业模式创新

14.5 构想转型：市场不确定性

14.6 构想转型：循环战略的不确定性

14.7 构想转型：设计选择的不确定性

14.8 构想转型：二手市场价值的不确定性

14.9 构想转型：折旧图

15.1 构想定义一个从线性到循环转型的战略计划：项目热图

15.2 构想自己成为循环周转经理所需的知识和技能

15.3 支持企业循环使命的商业故事和价值

"学说"平台（www.51xueshuo.com）是清华大学孵化的专业知识传播平台，平台利用学术大数据和人工智能技术，通过学术直播、音视频分享和个性化推送，推动经济金融领域的学术交流和普惠，促进中国科技创新传播与最佳商业实践分享。"学说图书"是学说旗下优秀财经图书的讲读与推荐业务。